Writing without Teachers

글쓰기를 배우지 않기

(원제 : Writing without Teachers)

피터 엘보(Peter Elbow)   한진영 옮김

이 책은 실제로 한 편의 글을 써보려는 독자가 읽어야 한다.
단지 이 책을 읽는 데 만족하는 독자라면 곤란하다.

차례

서문

오늘날 많은 사람들이 무력감을 극복하려 노력하고 있다. 자신의 삶을 제대로 관리하려는 것이다. 삶에서 무력감이 두드러지게 나타나는 영역 중 하나는 언어에 대한 통제력 상실이다. 이는 특히 글쓰기에서 나타난다. 종이 위의 언어는 우리에게 다가오는데 우리는 그 앞에서 무력감에 빠진다. 빈 종이에 몇 마디라도 적고 싶을 때 우리는 큰 무력감을 느낀다. 이 책의 목적은 언어를 제대로 사용하는 법을 알려주는 것이다. 그러기 위해서는 성실하게 노력해야 하고 그 과정을 함께 할 사람을 찾아야 한다. 글을 잘 쓰고 싶은 모든 사람을 이 책의 독자로 생각하고 있지만, 그 수는 헤아릴 수 없이 많고 부류도 다양할 것이다. 재학 중인 청소년이나 성인은 물론, 그렇지 못한 사람들을 각별히 염두에 두었다.

글쓰기에 관한 책들은 대부분 좋은 글을 쓰도록 좋은 글의 특징이 무엇인지 설명하고, 나쁜 글을 쓰지 않도록 나쁜 글의 특징이 무엇인지 설명한다. 하지만 이 책은 그런 내용이 아니다. 이 책은 좋은 구성과 나쁜 구성, 또는 정확한 쓰임과 부정확한 쓰임에 대한 설명이 아니다. 다른 사람이 내게 좋은 글이나 나쁜 글에 대한 설명을 해준다 해도 내가 글을 잘 쓰는 데는 전혀 도움이 되지 않는다. 마찬가지로 내가 다른 사람에게 그런 설명을 해준다 해도 그들의 글쓰기에는 도움이 되지 않는다. 좋은 글과 나쁜 글의 특징을 설명하는 책을 찾고 있었다면 이 책은 잘못 선택한 것이다.

대신 나는 두 가지를 목표로 삼았다. 1) 독자들이 실제로 단어를 더 잘 구사하게, 즉 더 자유롭고 명료하고 더 힘 있게 구사하도록 하는 것이다. 단어를 제대로 썼는지를 판단하는 게 아니라 단어를 더 잘 쓰도록 하는 것이다. 2) 자신이 쓴 글에서 어떤 대목을 남기고 어떤 대목을 버려야 할 지 스스로 판단하는 능력을 키워주는 것이다. 제1장부터 제3장까지는 문장을 술술 써내게 하는 데 중점을 두었다. 문장이 머릿속에 떠오르는 바로 그 과정을 발전시키는 것이다. 이를 위해 다양한 목적으로 글을 쓰는 연습과제를 제시하고, 글을 쓸 때 왜 혼란스러워지는지도 설명한다. 또한 어떻게 하면 글을 더 잘 쓸 수 있을지 구체적인 방안도 제시하려고 한다.

제4장과 제5장은 좋은 글과 나쁜 글을 스스로 판단하는 능력을 길러 주기 위한 내용이다. 이를 위해 자신이 쓴 글이 실제 독자들에게 어떤 영향을 주는지를 배울 수 있도록 지도 교사 없이 글쓰기 모임을 조직하는 법을 설명한다.

부록에 실린 글은 독자들의 글을 향상시키기 위한 목적이 아니다. 글의 진실을 탐색하려는 이 방식의 전제와 의미를 최대한 설명하기 위해, 그것을 알고 싶어 할 독자들과 공유하기 위해 작성한 글이다.

글쓰기에 관한 책을 쓰며 내가 가장 믿고 참고한 자료는 나 자신이 오랜 기간 글을 쓰면서 겪은 고충이다. 내 눈에는 별 어려움과 고민 없이 글을 쓰는 사람들이 완전히 딴 세상 사람들 같았다. 그런데도 글쓰기에 관한 조언은 항상 그런 사람들에게서 나오는 것 같았고, 글을 쓰는 일에 악전고투하다가 대부분 실패하는 나와는 근본적으로 다른 사람 같았다. 하지만 지난 몇 년 간 나는 뭔가를 쓰려고 노력하면서 어느 정도 성과를 거두게 되었고, 그 과정을 공유하며 일부 독자에게 효과를 보게 만들었다. 그러면서 글이 잘 안 써져서 고민하는 사람들에게 내가 효과적인 조언을 할 수 있겠다는 확신이 들었다. 글을 쓰는 데 곤란을 겪는 사람이라도 몇 가지 훈련을 거치면 글을 쉽게 쓰는 사람들처럼 술술 써낼 수 있다는 결론을 내린 것이다.

나는 특별히 이 책을 글쓰기 수업을 듣지 않았거나 학교를 떠난 사람들을 대상으로 썼지만, 대부분의 내용은 누구에게나 유용하리라 믿는다. 이 책을 통해 무작정 쓰기 연습(freewriting exercise), 글쓰기 방식의 모범, 그 모범을 바탕으로 한 자기관리, 글이 실제 독자들에게 일으키는 반응을 알아내는 법 등을 배우게 될 것이다.

그럼 실제로 선생님이 없는 글쓰기는 어떻게 해야 할까? 그들에게 교사가 있어도 되는 걸까? 그렇기도 하고 아니기도 하다. 나는 내가 교사처럼 진행하는 반에서도 교사 없는 글쓰기반을 운영할 수 있었다. 단 그때는 리더인 나도 다른 사람들과 똑같이 글쓰기 과정을 모두 따라야 한다. 일주일에 한 번씩 내는 글쓰기 과제를 나도 내야 하고, 그 글에 대한 다른 사람들의 반응과 의견을 들어야 하고, 다른 사람들이 쓴 글에 대해 나도 내 의견을 밝혀야 하는 것이다. 해보니 내가 글쓰기반에 가장 도움이 되는 때는 확신이 없는 글을(이것은 매주 뭔가 쓸 거리를 생각해내야 하기 때문에 어쩔 수 없는 일이다) 제출할 때, 그리고 다른 사람의 글에 의견을 낼 때도 나만의 개인적이고 독특한 시각이라고 할 만한 방식으로 말할 때였다. 내가 이 일을 제대로 하면 학생들은 긴장을 풀고 스스로도 확신하지 못하는 반응과 의견까지 터놓고 말하게 된다. 간단히 말해서, 내가 교사의 역할보다 학생의 역할을 더 많이 한다면 나의 교실에서 교사 없는 수업을 조직할 수 있었다.

내가 교사 없는 수업을 제안한다고 해서 훌륭한 글쓰기 교사가 없다는 뜻은 아니다. 나도 훌륭한 글쓰기 선생님을 알고 있다. 그들은 가르치는 대부분의 학생들을 더 잘 쓰고 더 흡족하게 쓰도록 이끌어준다. 하지만 그런 교사는 굉장히 드물다. 그런 교사들은 지금 하는 일을 계속하면서 다른 사람들에게도 그 방법을 알려줘야 한다. 그리고 그런 교사의 지도를 받는 학생들은 계속해서 잘 따르며 고마운 마음을 가져야 한다.

교사 없는 글쓰기 모임을 제안하면서 내가 부정하고 싶은 것이 있다. 흔히 당연한 것으로 간주되는 것들이다. 그것은 배우는 것과 가르치는 것이 불가분의 관계라는 편견이다. 교사 없는 글쓰기 교실은 배움은 있지만 가르침은 없는 곳이다. 뭔가를 배우지만 가르침을 받지 않는 일이 가능한 것이다. 학생이면서 교사를 두지 않을 수도 있는 것이다. 학생의 역할이 배우는 것이고 교사의 역할이 가르치는 거라면, 학생들은 교사 없이도 자기 역할을 수행할 수 있지만, 교사들은 학생 없이는 자기 역할을 수행할 수 없다. 20년 동안 학생이었고, 8년 동안 학생들을 가르치면서도 이런 평범한 진리를 몰랐다는 게 놀라웠다. 내가 보기에 교사들은 자신이 필수적인 존재가 아님을 분명히 자각할 때 더 유익한 존재가 될 수 있다. 교사 없는 수업 덕분에 나는 더 좋은 교사가 됐다. 이런 수업은 학생들과 함께 배우면서 그들에게 유익한 존재가 되기 위한 이상적인 실험의 장이기 때문이다. 이 방식이 다른 교사들에게도 도움이 되리라 믿는다.

이 책을 집필하는 데 도움을 준 분들에게 어떻게 고마운 마음을 전해야 할지 모르겠다. 특히 교사 없는 수업이라는 실험에 동참하여, 수업 시간에 녹음한 테이프를 들려줌으로써 폭넓은 경험을 하게 해준 수많은 선생님들에게 감사하다는 말씀을 드리고 싶다. 또한 내게 많은 걸 가르쳐준 나의 학생들에게도 고맙다는 말을 하고 싶다. 특히 맥스 데이, 샐리 두펙, A. R. 거니, 크리스 존스, 프랭크 피어스 존스, 마크 레벤스키, 제인 마틴, 필리스 시티븐스, 테리 월시, 마이너 화이트, 존 라이트는 이 책을 쓰는 데 여러 모로 도움을 주고 조언을 아끼지 않았다. 또한 이 책은 켄 맥로리의 선례와 격려가 없었다면 세상에 나오지 못했을 것이다. 마지막으로, 의견을 주고 제안을 하고 교정을 봐주고 무엇보다 애정 어린 응원을 아끼지 않은 아내 캐미에게 가장 깊은 고마움을 표하고 싶다.

1973년 2월
워싱턴 올림피아
피터 엘보

제2판에 붙여

『글쓰기를 배우지 않기』(원제 : Writing without Teachers)를 쓴 후에 놀라운 사실을 알게 됐다. 세상 모든 사람들이 글을 쓰고 싶어 한다는 것이다. 내 책의 제목을 듣고 수많은 사람들이 "예전부터 책을 쓰고 싶었어요."라든가 "언젠가는 제가 살아온 이야기를 쓸 겁니다."라든가 "저를 가장 잘 표현하는 언어를 찾아서 글을 써야 돼요."라고 속마음을 얘기했다. 우연히 알게 된 이들 중에는 살아오면서 글이란 걸 한 번도 써보지 않은 경우도 있었다. 그때까지도 나는 글쓰기란 학교에서 의무적으로 해야 하는 일이고, 그걸 좋아하는 사람은 일부 특별한 부류라고 생각했다. 그런데 누구나 글쓰기를 소망으로 품고 있다니 얼마나 멋진 일인가.

물론 대부분의 사람들은 글쓰기에 관한 기억이 유쾌하지 않아서 자신의 꿈을 좀처럼 얘기하지 않는다. 대개는 글을 쓰고 싶은 소망을 금기시하거나 불가능한 일로 치부하는 것이다. 하지만 그들도 내가 생각하는 글쓰기 방식을 듣고 나서는 위의 생각들을 털어놓곤 했다. 때로는 무척 소심한 태도로 말이다. 직접 글을 쓰고 싶은 욕구를 억누르던 사람들도 다른 사람과 이야기하는 도중에 무심코 그 꿈이 머릿속에 번쩍 떠오르는 것이다.

지난 몇 년 동안 나는 다음과 같은 명백한 현실을 알게 됐다.

＊네 살이나 다섯 살, 여섯 살 정도의 어린아이들은 잘한다고 칭찬해주고 철자나 문법 같은 문제를 도와주면 도널드 그레이스(Donald Graves)와 루시 캘킨스(Lucy Calkins)의 저서 참

조) 열심히 그리고 즐겁게 글을 쓴다. 그들은 글쓰기를 좋아하고 그걸 어렵게 여기지도 않는다.

✽고등학교를 졸업할 나이가 되면 대부분의 사람들이 글쓰기를 싫어하거나 두려워하여 어떻게든 글 쓰는 일을 피하려 한다.

✽하지만 그래도 글을 쓰고 싶은 욕구는 누구나 마음속에 품고 있다. 그래서 말인데 이 책의 제목 "글쓰기를 배우지 않기(원제 : Writing without Teachers)"는 잘 지은 것 같다. 우리가 글쓰기를 어렵게 생각하게 된 것은 가르치는 교사들의 영향이 큰 것 같기 때문이다. 하지만 교사들이 우리의 글쓰기 욕구를 완전히 짓밟지는 못한다.

✽ ✽ ✽

『글쓰기를 배우지 않기』는 젊고 순진하고 참신해 보이는 책이다. 그리고 지금까지 그런 평을 받고 있다. 하지만 지금 생각해보니 이 책을 썼을 때 내가 그렇게 젊거나 참신한 나이는 아니었던 것 같다. 또한 그렇게 순진하지도 않았다. 나는 그때 서른 여덟 살이었고 이 책은 나의 두 번째 책이었다. 당시는 내가 성과를 거둔 많은 일들에 흥분해 있던 때여서 개인적인 내용이 많고 자서전 같아 보이기도 하지만, 되도록 나에 대한 이야기는 쓰지 않으려고 자제했다. 하지만 이번에 제2판이 나온 김에 이렇게 젊고 순진해 보이는 책이 나오기까지 내가 겪은 일들을 이야기하고 싶다.

✽나는 뉴저지의 유복한 중산층 가정에서 평범하게 자랐다. 초등학교 때는 늘 선생님의 칭찬과 격려를 바라는 모범생이었다.

성적이 좋긴 했지만, 학업 자체에는 그다지 흥미나 관심이 없었다. 매년 새 학기가 시작되는 9월이 되면 펜이나 연필을 집으며 이런 생각을 했던 게 떠오른다. "잠깐, 내가 왼손잡이더라, 오른손잡이더라?"

* 형과 누나가 집을 떠나자 외로워진 나는 부모님을 졸라서 기숙학교에 들어가 3년을 다녔다. 내가 선택한 학교는 프록터 아카데미였는데 당시에는 스키가 필수과목이어서 그다지 끌리는 곳은 아니었다. 자신감과 의욕이 넘치는 밥 피셔 영어 선생님은 교사생활을 처음 시작하던 그 해에 나를 읽기와 쓰기를 좋아하게 이끌어 주셨고, 나는 그분처럼 영어 선생님이 되고 싶었다.

* 스키 팀은 1부 디비전에 들어갈 정도로 실력이 좋았지만 내가 못 들어갈 정도로 좋은 건 아니어서, 나는 윌리엄즈 대학을 선택해서 들어갔다. 하지만 난 읽기와 쓰기가 아무래도 역부족이었다. 그래도 제대로 해내려는 의욕으로 2학년 때까지는 좋은 성적을 유지했다. 나는 교수님들을 보며 깊은 인상을 받고 영문학 교수가 되기로 결심했다.

* 윌리엄스 대학을 졸업하고 장학생으로 옥스퍼드에 들어가서 이번에는 패기만만한 초임교수 조너선 워즈워스를 만났다. 그분은 도도하면서 냉소적이었고, 나는 여전히 조용하면서도 칭찬을 바라는 학생이었다. 그분에게 5~6주 동안 개인지도를 받은 후에도 나는 논문을 쓰지 못해서 한 주 한 주를 성과 없이 보냈고, 그러는 동안 극심한 스트레스에 시달렸다. 결국 학위를 취득하긴 했지만 그것은 지도교수를 바꾸고 신경안정제인 발륨을 복용한 덕분에, 그리고 2년 간 몇 주 동안 깊이 있게 쓴 논

문보다는 아홉 번의 세 시간 짜리 학기말 시험의 비중이 더 컸기 때문이었다.

＊학교에서 상처만 받은 나는 학교라면 진절머리가 났다. 특히 내가 사랑한 영문과 여학생에게 프로포즈를 거절당한 일이 타격이 컸다. 하지만 교수가 되기 위해 어떻게든 박사과정을 밟겠다는 결심을 굳혔기 때문에 불안함 속에서도 하버드대학 영문과에 들어갔다. 사람들은 내게 '그까짓 박사학위는 포기하라'고 충고했다. 첫 학기 때는 논문을 겨우 써냈지만 좋은 평은 받지 못했고, 나는 상황이 나아지지 않으리란 걸 깨달았다. 그래서 제적을 당할까봐 2학기 때 학교를 그만뒀다.

＊내 인생 전체가 실패작으로 느껴졌다. 일상생활을 영위하지 못할 정도로 의욕이 없었다. 다시는 책이나 학문과 관련된 일에는 발을 들여놓기 싫었다. 하지만 임시직을 여기저기 알아보던 중에 (오래 전 스승의 소개로) 매사추세츠공과대학(MIT)의 임시강사 자리를 얻었다. 나는 학생이 되는 건 죽어도 싫었지만 가르치는 것은 좋았다. 그리고 글을 못 써서 학생 신분에서 도중하차했지만 나중에 보니 그런 과거가 가르치는 일에 나쁜 영향을 주지는 않았다. 영문학, 역사, 철학과 출신의 젊은 강사들은 거의 매일 각자 맡은 학과에서 능력 있고 성격 좋은 MIT의 1학년 인재들을 뽑아서 호메로스, 투키디데스, 플라톤, 갈릴레오까지 다루는 멋진 학제 간 수업을 진행했다. 이때의 강사 경험으로 인해 두껍고 난해한 책들에 대한 관심이 되살아났다.

＊옥스퍼드 시절의 친구가 주선하여 프랜코니아 대학의 창립 교수진 다섯 명에 끼게 되었다. 알고 보니 가르친 경험은 내가 제일 많았다. 전반적으로 학제 간 수업시간을 우리가 직접 짜게

되면서 지적인 희열은 커져갔다. 굉장히 소규모인 그 대학에는 학업 성적이 낮은 학생들만 들어왔지만 시간이 지남에 따라 우리는 그들이 의외로 똑똑하고 재주도 많다는 것을 알게 됐다. 그리고 똑똑한 사람들을 열등생으로 느끼게 만드는 교육 제도에 문제가 있다는 생각을 했다. 프랜코니아 대학에서 보낸 2년 동안 나는 내가 글을 쓸 수 있다는 것을 알게 됐다. 다만 그 글은 동료들과 학생들에게 쓰는 글이지 선생님에게 제출하는 글은 아니었다. 나는 전체 학생들을 대상으로 글쓰기에 관한 소책자를 집필했다. 그리고 그중 한 권을 켄 맥로리(Ken Macrorie)에게 보냈다. 그는 고맙게도 답장을 보내 나를 격려해줬다. 나는 그를 개인적으로 전혀 몰랐지만, 글쓰기와 관련하여 그가 쓴 중요한 저서를 읽어봤었고 처음 무작정 쓰기(freewriting)에 대해 알게 된 것도 그의 책에서였다.

＊다시 대학원에 입학했는데 이번에는 브랜다이스 대학교였다. 나는 교육의 효과가 얼마나 큰지 — 아니 얼마나 효과가 없는지 — 엿보고 싶었던 것이다. 하지만 내가 박사학위를 받지 않는다면 사람들은 '당신이 학위를 비판하는 건 그걸 받을 능력이 안 돼서 그런 겁니다.' 라고 말할 터였다. 그래서 심리학이나 교육학 박사학위를 따고 싶었지만 생각해보니 영문학 박사학위에 도전하는 것이 더 빠를 것 같았다.

하지만 마음속 깊은 곳에서는 논문쓰기 과제를 받으면 다시 발목이 잡히리라는 두려움에 떨고 있었다. 내가 세운 대책은 두 가지였다. 먼저 개인적으로 마감일을 정했다. 15일 월요일까지 20쪽짜리 소논문을 써내야 한다면 미리 8일 월요일까지 20쪽짜리 소논문을 작성하는 것이었다. 이것은 글이 아무리

엉망이라도 어떻게든 계속 써야 한다는 것을 깨닫고 정한 규칙
이었다. 내 처지에서 20쪽짜리 보고서를 써내는 방법은 그 길
밖에 없었다. 둘째, 나는 머리를 싸매며 글을 쓰다 좋은 아이디
어가 떠오르면 그때마다 글쓰기와 관련한 메모를 작성해서 모
으기 시작했다. 특히 글을 쓰다가 막히면 무엇 때문에 막혔는
지 어떻게든 그 이유를 알아내려 했고, 언제 막힘없이 글이 써
지는지도 유심히 관찰했다. (이 메모 중 일부는 본문에 실었고,
일부는 부록에 실었다.)

또다시 실패해서 인생이 무너지는 일이 없도록 나는 나의 글
쓰기 방식을 분석하는 일에 매달렸다. 원래 문제를 머릿속으
로 분석하는 성향이 있었던 나는 당시 결혼생활이 위기에 처하
면서, 한편으로는 괴로움에 시달렸지만 다른 한편으로는 글쓰
기에서 괄목할 만한 발전을 보였다. 나는 친구에게 전화해서
"나 좀 도와주게! 외롭고, 가슴이 아프고, 두렵기만 한데 뭘 어
떻게 해야 할지 모르겠네. 자네한테 갈 테니 얘기 좀 나눌 수 있
겠나?" 하고 하소연하는 성격이 아니었다. 대신 절박감에 사
로잡혀 거실 바닥에 주저앉아 타자기에 내 모든 감정과 생각을
한 장 한 장 쏟아냈다. 지면에 그냥 '토해낼' 뿐 내가 글을 쓰고
있다는 의식조차 하지 못했다. 징징대고, 소리치고, 살려 달라
고 하소연할 뿐이었다. 이것이 내가 처음으로 진짜 무작정 쓰
기에 입문한 경험이었다. 내면 깊숙이 묻어둔 심경을 멈추지
않고 판단도 하지 않고 표출했다.

나는 1년 동안 은유 — 그리고 언어와 사고와 학습과 진실과
현실 — 에 관한 논문을 준비했다. 프랜코니아 대학에서 학생
들을 가르쳐본 이후, 혼자서 상당한 시간을 바쳐 심리학 공부

도 했다. 하지만 은유라는 주제로 논문을 쓰다가는 수렁에 빠진 듯 헤어 나오기 힘들 것 같아서, 결국 내가 좋아하는 작가 초서(Geoffrey Chaucer)에 대해 쓰기로 했다.

＊다시 MIT로 돌아가 처음에는 시간제 강사를 맡았다. 버클리 대학에서 내가 쓴 초서 논문을 높이 평가해서 구미가 당기는 자리를 제안해 잠시 흔들렸지만, 결국 마음을 바꿔 보스턴에 남기로 했다. 당시 나는 내 장래의 삶에 중대한 영향을 줄 것 같은 집단 상담을 받고 있었기 때문이다. (지금도 내가 1968년에 버클리에서 문학교수가 되었다면 어땠을까 하는 생각을 해보곤 한다.)

나는 박사논문을 쓴 뒤에 그것을 다듬어 책으로 출간했다. 그리고 그때서야 계속 숙제로 남아 있던 일에 눈을 돌리게 됐다. 그것은 대학원에 다니는 동안 나의 글쓰기 변천과정을 기록해둔 두툼한 메모 묶음, 즉 여러 사건과 사연들, 그리고 글을 쓰려는 내 노력의 소소한 분석들을 정리하는 일이었다. 그때쯤 나는 그 안에 중요한 통찰의 재료가 담겨있다는 걸 알고 있던 것이다. 『글쓰기를 배우지 않기』로 결실을 맺은 것이 그 메모들이다. 때로는 손으로 쓴 글씨가 지면 아래쪽 여백에서 뱀처럼 구불구불 옆 여백으로 기어 올라가다 뒷면까지 이어지기도 했다.(처음에는 한두 문장이면 될 줄 알았다.)

그러던 1970년 어느 날, 옥스퍼드대학 출판부 대표가 MIT의 내 연구실 문을 두드렸다. 그는 내가 수업시간에 쓸 만한 책들을 몇 권 보여주더니, 출판사 대표들이 흔히 하듯 책을 직접 써볼 생각은 없느냐고 물었다. 나는 교사 없이 진행하는 글쓰기 모임에 관심을 갖게 됐다고 하며 그것에 관한 책을 써볼까 생각 중이라고 했다. 그러자 그가 말했다. "저희 출판부에 편집장이 새로 왔는데 그런 특이한 책에 관심이 많은 사람 같습니다."

몇 달 후 나는 계약서와 계약금 천 달러를 받았다. 계약서에 적은 제목은 '눈물 없이 글쓰기(Writing Without Tears)'였는데, 그 이유는 내가 영국에 살 때 그런 제목(예를 들어 눈물 없이 스와힐리어 익히기 같은)으로 된 독학용 교재 시리즈를 무척 좋아했기 때문이다. 하지만 원고를 다 쓸 무렵에는 눈물이 그렇게 나쁜 건 아니지 않나 하는 생각이 들었다. 나중에 안 사실이지만 내 책은 그곳 신입편집장이 처음 낸 책이었다. 당시의 편집장 존 라이트는 지금은 옥스퍼드 출판부에 없지만 나는 지금도 몇 가지 작업을 그와 함께 하고 있으며 그것을 행운으로 여기고 있다.

계약금 덕분에 지금의 아내와 함께 한 달을 시실리 섬에서 보냈다. 나는 책을 구상해 보려고 항구 근처의 바위 많은 해변에 의자를 놓고 앉아 그때까지 한 번도 찬찬히 읽어보지 않은 메모 묶음을 꺼냈다. 그런데 그것을 열자마자 바람에 메모지들이 날아갔고 나는 그것들을 향해 달려갔다. 그래서 바람을 막아주는 안전한 지점을 찾아야 했다.

✳ ✳ ✳

『글쓰기를 배우지 않기』(초판)에서 나는 두 가지를 온 세상을 향해 주장하고 싶었다. 몇 년 동안 초판이 별로 읽히지 않고 일반 언론에 서평이 실리지 않은 이유도 몰랐으니 그땐 내가 순진했는지도 모른다.

 나의 첫 번째 주장은 내가 쓴 그 모든 메모의 핵심으로서, 글쓰기에 관한 일종의 독립선언 같은 것이다. 글에 대한 걱정이나 통제, 계획, 질서, 방향, 잘 쓰려는 노력, 멋지게 쓰려는 노력으로부터의 독립 말이다. 내가 옥스퍼드에서 2년을 낭비한 데 이어 하버드를 도중하차한 이유는 글을 쓸 때 계획을 세우려 하고, 훌륭하게 쓰려 하고, 내용을 장악하려 하고, 개요를 통해 미리 요점을 파악해야 한다는 의무감 때문이었다. 그런데 두 번째로 들어간 대학원에서 글을 쓰던 나는 살아남으려면 아무리 엉망으로 쓰더라도 어떻게든 초고를 미리 작성해야 한다는 걸 깨달으며 글에서 계획, 통제, 조심성을 포기하기만 한다면 나도 괜찮은 글을 쓸 수 있다는 것을 알게 됐다. 내 머릿속에 뭐가 떠오르건 전반적인 주제와 관련만 있다면 멈추지 않고 무조건 쓰는 것이다. 특히 내가 지금 쓰고 있는 내용이 얼마나 쓸 만한 것인지 걱정하지 않아야 한다. 그리고 무질서와 나쁜 글을 기꺼이 받아들여야 한다. 양적으로 많이 써 놓고 글을 쓰는 동안 무슨 생각을 했는지 알아낸 다음에, 앞으로 돌아가서 질서를 찾고 통제력을 회복해서 좋은 글이 되도록 다듬으면 된다. 글의 질을 높이고 싶다면, 즉 실제로 글을 마무리 짓고 싶다면 쓰레기 같은 글이든 말이 안 되는 소리든 다 받아들여야 하는 것이다.
 하지만 그런 방식으로 글을 쓰고 책까지 출간했지만, 나도 나의 주장을 철저히 실천하는 데는 역부족이었다는 사실을 고백해야겠다. 내가 책에서 설명한 방식을 실천하는 데 익숙하고 편안해지는 데는 몇 년이라는 소화기간이 필요했다는 말이다. 이 책에 실린 이론과 실천 사이에는 주목할 만한 변증법(dialectic)이 있다. 나는 내가 실제로 실천한 과정을 되돌아보며 이 새로운 이론을 습득했다. 그런데 이 이론은 내가 일관되게 따를 수 있는 것보다 더 앞서 나갔다. 나는 그 이론을 따라잡아 나의 실천을 발전시키는 데 활용했다.(도널드 쇤(Donald Schön)은 이런 흥미로운 과정을 『성찰하는 실천가(The Reflective Practitioner)』에서 적절하게 묘사했다.)

　이 책의 두 번째 주장은 제목에 포함된 '배우지 않기'에 단적으로 나타나 있다. 이는 또 다른 독립선언으로서 선생님에게 배우지 않는다는 의미이다. 즉 배움은 가르침과 별개로 존재하는 활동이라는 말이다. 나는 이 두 가지 활동에 근본적으로 불균형이 있다는 것을 깨달았다. 그것은 교사는 학생들이 없으면 가르칠 수 없지만 학생들은 교사가 없어도 배울 수 있다는 것이다. 가장 근원적인 의존은 교사에 대한 학생들의 의존이 아니라 학생들에 대한 교사의 의존이다. 나는 선생님들로부터 배운 게 많다. 그리고 가르치는 일도 계속 할 것이다. 하지만 내가 글을 못 쓴다는 사실은 선생님들과 함께 하는 동안 일어난 일이고, 이 문제는 내가 선생님과 상관없이 글을 쓸 때야 해결됐다. 즉 프랜코니아 대학에서 동료나 학생들과 함께 글을 쓰거나, 고통스럽고 혼란스러운 심경에 대처하기 위해 혼자서 글을 쓸 때 해결된 것이다.

　하지만 이 '(선생님에게) 배우지 않기'라는 말 뒤에는 더 많은 사연이 있다. 1968년에 내가 MIT에서 두 번째로 학생들을 가르치던 시기에 역사적인 그 '60년대'가 드디어 도래했다. 나는 양심적 병역 거부자가 되었다. 내가《크리스천 센추리(Christian Century)》에 처음 발표한 글은 양심적 병역거부에 관한 복잡한 법률을 분석한 내용이었다. 내게 병역거부의 자격이 있음을 징집위원회를 말과 글로 설득하는 데 실패한 후, 그 문제가 계속 마

음에 걸렸던 것이다.(그리고 내가 징집되어 감옥에 보내질 것인
가도 궁금했다. 캐나다로 도망치고 싶은 생각은 없었다. 하지만
결국 '나이 제한'으로 징집 문제가 해결됐다.)

　마틴 루터 킹 목사와 로버트 케네디가 총에 맞아 목숨을 잃었
다. 당시 나는 보스턴의 흑인 동네에서 봉사활동을 했는데, 처음
에는 어린이들 돌보는 일을 하다가 나중에는 저녁에 성인 글쓰
기반을 지도했다. 교사 없는 글쓰기 모임 실험을 시작한 것이 이
무렵이다. (MIT의 주간수업은 월급을 받고 공식적으로 가르치
는 거라 감히 엄두가 안 났다.) 왠지 이 모임을 활용하는 것이 딱
적절해 보였고, 그래서 이 책을 집필하는 동안 나의 이론을 완성
하고 좀 더 확실하게 실천하려 했다. 내가 보기에 학생들은 그들
보다 나을 것 없는 동료들과 함께 글을 썼기 때문인지 글 쓰는 솜
씨가 눈에 띄게 발전했다. 단 그들은 아래와 같은 조건에서 글을
썼다.

✽ 다른 사람에게 보여주지 않고 혼자만 읽어볼 글을 써야 한다.

✽ 서로 격려하는 분위기에서 자신의 글을 다른 학생들에게 읽어
　줘야 한다. 이때 듣는 사람들은 자신이 쓴 글을 다른 사람들에
　게 들려주는 경험과 즐거움을 배가 시키기 위해 대체로 감상하
　는 것 외에는 다른 반응을 보이지 않는다.

✽ 글을 쓴 사람은 독자들의 반응을 듣되, 독자들은 기본적으로
　글을 평가하고 개선시키려 하는 게 아니라 글을 이해하고 그것
　을 즐기려 노력하면서 자신의 머릿속에서 어떤 생각들이 떠오
　르는지를 이야기해야 한다. 그 과정이 글쓴이에게 유익하다면
　그 유익함은 좋은 조언을 들어서가 아니라 자신의 글을 이해
　받고, 자신의 글에서 독자들이 느낀 점을 듣는 데서, 그리고 그

들의 감정을 느껴보려는 데서 나오는 것 같다.

＊독자들은 각자 읽은 방식에 대해 또는 그 글의 느낌을 둘러싸고 언쟁을 벌이면 안 된다. 글 쓴 사람은 서로 다른 독법 덕분에 다양한 시각으로 자신의 글을 볼 수 있기 때문이다.

1. 무작정 쓰기 연습

내가 아는 한 글쓰기 실력을 늘리기 위한 가장 효과적인 방법은 규칙적으로 무작정 쓰기(freewriting)를 실천하는 것이다. 일주일에 적어도 세 번은 해야 한다. 무작정 쓰기는 때로는 '무의식적 글쓰기' '지껄이기' '수다 떨기' 라고도 한다. 이것은 10분 동안 그냥 쓰는 것이다. (나중에는 15분이나 20분으로 늘려도 된다.) 무슨 일이 있어도 멈추면 안 된다. 조급해 하지 말고 그냥 써 내려가면 된다. 앞으로 되돌아가거나, 쓴 것을 지우거나, 맞춤법이 무엇이었는지 생각하거나, 어떤 단어나 생각을 써야 할지 고민하거나, 지금 하고 있는 일에 대해 생각하면 안 된다. 쓸 단어나 맞춤법이 생각나지 않거든 그냥 물결 표시를 하거나 "생각이 안 난다"라고 쓴다. 그냥 뭔가를 적으라. 가장 쉬운 요령은 머릿속에 떠오르는 생각을 그대로 옮겨 적는 것이다. 생각이 꽉 막히면 '뭐라고 써야 할지 모르겠다. 뭘 써야 할지 모르겠다'라고 몇 번이고 쓴다. 아니면 마지막으로 쓴 단어를 반복해서 써도 되고 아무 단어나 써도 좋다. 단 한 가지 철칙은 '절대' 멈추지 말라는 것이다.

  무작정 쓰기 연습은 의미 있는 일이다. 그렇게 쓴 글은, 누군가 그것을 읽는다 해도 쓴 사람에게 되돌아오지 않을 것이다. 그냥 뭔가를 써서 병에 담아 바닷물에 띄워 보내는 것과 같다는 말이다. 교사 없는 글쓰기 모임은 글쓴이에게 최대한의 피드백을 줌으로써 글쓰기에 도움을 준다. 반면 무작정 쓰기는 피드백을 전혀 보내지 않음으로써 도움을 준다. 이 숙제를 내줄 때 나는 글

쓰는 사람에게 내가 그것을 읽게 해줄 것을 권하지만, 원한다면 비밀로 해도 좋다고 말해준다. 나는 그 사람의 글을 재빨리 읽지만 아무런 의견을 말하지 않고, 그 글에 대해 글쓴이와 얘기를 나누지도 않는다. 요점은 무작정 쓰기는 어떤 식으로도 평가하면 안 된다는 것이다. 토론이나 의견교환도 전혀 하지 않아야 한다.

다음은 상당히 일관성 있게 연습한 무작정 쓰기의 예다. (때로는 맥이 끊어지긴 하지만 상관없다.)

내 머릿속에 있는 걸 쓰려고 하지만, 지금 내 머릿속에 있는 생각이란 10분 동안 뭘 써야 할까 하는 것뿐이다. 이런 걸 전에는 한 번도 해본 적이 없어서 전혀 마음의 준비가 안 됐다. 이건 어떨까? 오늘은 하늘에 구름이 끼어 있다. 이젠 문장을 끝낼 때 뭐라고 써야 할지 아무 생각도 나지 않을 거라는 걱정이 든다 — 아, 문장 끝에 왔다 — 다시, 또 문장 끝이다 — 그래도 일단 나는 글쓰기를 중단하지 않았다 — 질문을 해보자. 아직 글을 쓰고 있지만 이게 기뻐할 만한 일일까 — 아 맞다! 다른 질문이 떠올랐다. 이런 식으로 하는 게 과연 무슨 이득이 될까? 그렇게 해서 무슨 소용이 있단 말인가? 정말이지 이런 식의 질문이 아무 도움이 되진 않지만 나는 늘 그렇게 자문하는 것 같다. 이와 관련된 다른 질문을 하려고 했지만 앞부분을 쓰느라 내가 뭘 쓰려고 했는지도 잊어버렸다. 이렇게 쓰는 게 좀 재밌긴 하지만 오, 쓰는 걸 멈추면 안 된다 — 창밖으로 승용차와 트럭들이 어디론가 급히 달리는 게 보이고, 다른 사람들이 종이 위에 뭔가를 쓰느라 연필 사각거리는 소리도 들린다. 하늘엔 아직도 구름이 떠 있다. 내가 이런 말을 쓰는 게 무슨 의미가 있는 걸까? 응? 모르겠다. 색깔을 써볼까. 파랑, 빨강, 욕설 — 잠깐 — 그건 안 되지, 주황, 노랑, 팔이 아프다. 초록, 분홍,

보라, 선홍, 라벤더, 빨강, 밤색, 초록 — 이제 더 생각나는 색깔이 없
다 — 시간이 다 된 것 같다 — 안심되나? 그런 것 같기도 하다.

무작정 쓰기 연습이 도움이 되는 이유

무작정 쓰기는 아무 소용없는 짓 같지만 분명한 가치가 있다. 말
하기와 글쓰기의 차이를 생각해보라. 글쓰기는 교정이 가능하다
는 장점이 있다. 하지만 그 장점은 단점이 되기도 한다. 대부분의
사람들은 단어가 의식에 떠오르기 시작하는 순간부터 그것을 연
필이나 타자기를 통해 지면에 옮기는 순간까지 머릿속에서 복잡
한 교정을 수없이 반복한다. 이것은 글을 쓸 때 '실수'에 집착하
게 만든 교육 탓도 있다. 그로 인해 많은 사람들이 글을 쓸 때 끊
임없이 맞춤법과 문법을 의식한다. 나는 글을 쓰면서 문장의 표
현이 어색하지 않은지, 장황하지 않은지, 그리고 감상적이지 않
은지를 늘 경계한다. 글을 써가면서 우리가 고치는 부분은 그저
문장 오류나 불필요한 내용만이 아니다. 말을 할 때처럼 부적절
한 느낌이나 감정도 덜어내기 마련이다. 다만 글을 쓰는 경우, 시
간은 더 넉넉하기에 고쳐야 할 부분도 더 많아지는 법이다. 말을
할 때는 바로 눈앞에 우리 답변을 기다리는 사람이 있고, 무슨 말
이든 하지 않으면 그는 지루해 하거나 우리를 이상하게 생각할
것이다. 그래서 말하는 동안에는 단어가 흘러나오는 대로 그냥
두는 수밖에 없는 것이다. 하지만 글을 쓸 때는 두서없이 떠오르
는 것들을 바로잡을 시간이 있다. 그런데 바로잡을 그 기회가 엄
청난 부담이 된다. 한 문단을 '제대로' 고치기 위해 두 시간이나

끙끙댔는데 결국 그렇게 고친 결과가 전혀 마음에 들지 않을 수도 있는 것이다. 그러면 우리는 포기해 버린다.

교정 자체가 문제인 것은 아니다. 교정은 보통 어떤 글을 만족스럽게 마무리할 때 꼭 필요한 작업이다. 문제는 교정이 글쓰기와 동시에 일어난다는 것이다. 말하자면 글쓴이가 한참 쓰고 있는 동안 교정자는 그의 어깨 너머로 계속 지켜보면서 그가 쓴 내용을 이렇게 저렇게 고친다. 그러면 당연히 글 쓰는 사람은 불안하고 신경이 예민해지고 집중이 안 돼서 결국 맥이 끊길 것이다. 이처럼 쓸 만한 단어를 찾아 고심하면서 동시에 그 단어가 부적절할까 봐 걱정한다.

무작정 쓰기의 요점은 쓰는 동안 교정을 하지 않는 것이다. 그것은 단어를 떠올리는 일과 그 단어를 종이에 적는 일을 동시에 하는 연습이다. 규칙적으로 실천하면, 글을 쓰면서 동시에 교정을 하려는 뿌리 깊은 습관을 없앨 수 있다. 이 연습을 하면 글이 덜 막히는데, 그 이유는 단어가 더 쉽게 나오기 때문이다. 종이는 더 많이 쓰겠지만 연필을 씹는 횟수는 줄어들 것이다.

다음에 글을 쓸 때는 마음먹었던 내용을 쓰다가 얼마나 자주 멈추는지를 보라. 아니면 쓴 것을 지우는 횟수를 보라. 당신은 그 이유를 이렇게 말할 것이다. "당연히 그게 마음에 안 들어서 그랬죠." 하지만 당신이 말을 잘 했을 때를 떠올려보라. 첫 마디부터 잘 나와서 말을 잘 하게 된 경우는 거의 없을 것이다. 보통은 주저하거나 급히 말하느라 무슨 말인지 모르게 시작했지만, 그래도 말을 이어 나갔고 점차 이야기의 맥락이 이어지면서 나아가 설득력도 생겼을 것이다. 여기서 얻을 수 있는 교훈이 있다. 시작부터 완벽하려고 애쓰는 것은 틀림없이 실패로, 그리고 어쩌면 글쓰기를 아예 포기하게 만드는 함정으로 이어진다는 것이다. 무엇이 됐건 몇 개의 단어를 생각해내라. 그리고 그 단어를 실마리로 삼아 단단히 잡고 온 힘을 다해 끌어당겨 보라. 서툴게 시작한 부분은 나중에 지우고 새로 쓰면 된다. 이것이 좋은 글을 쓰는 가장 빠른 길이다.

　강박적이고 조급하게 교정하는 습관은 글쓰기를 어렵게 만들 뿐 아니라 글의 생명까지 앗아간다. 의식과 지면 사이에 끼어든 그 모든 간섭과 수정과 망설임에 의해 글쓴이의 목소리가 질식한다는 말이다. 단어를 자연스럽게 생산하는 과정에는 숨결과 리듬, 목소리가 있다. 이들은 글에 생명을 주는 중요한 자원이다. 왜 그러는지는 나도 모르지만 이 목소리는 독자의 관심을 이끌어내는 활력이자 독자의 단단한 두개골을 뚫고 의미를 전달하는 에너지라고 할 수 있다. 어쩌면 본인 스스로 자신의 목소리가 마음에 들지 않을 수 있다. 남들도 그 목소리를 하찮게 여겼을 수 있다. 하지만 그것 만이 당신이 가진 목소리다. 그것이 당신이 가진 유일한 힘의 원천이다. 어떻게 되든 자신의 목소리를 회복하는 게 좋다. 그 안에서 계속 글을 쓴다면 당신이 더 좋아할 어떤 목소리로 변화할 수도 있겠지만, 그것을 내던진다면 끝내 당신의 목소리를 찾지 못한다. 그러면 아무도 귀를 기울이지 않을 것이다.

　무작정 쓰기는 진공 공간이다. 서서히 규칙적으로 글을 쓰며 이 진공상태에 스며드는 목소리와 활력과 연관성을 적어가는 단계로 넘어갈 것이다.

무작정 쓰기, 그리고 쓰레기

어떤 사람들은 무작정 쓰기라는 말에 불쾌감을 느끼는 것 같다. 그들은 무작정 쓰기를 권하는 것은 쓰레기 글을 써도 좋다는 승인이라 비판한다.

그 말은 한편으로는 맞고 한편으로는 틀리다.

쓰레기를 만들어낸다는 말은 맞지만, 그렇다 해도 나쁠 건 없다. 사람들은 다음과 같이 모종의 감염을 두려워하는 것 같다. "나는 더 깔끔하고, 더 정돈되고, 더 명료한 글을 쓰려 최선을 다했고, 백지 앞에서 포기하지 않고 당황하지도 않으려 했지. 그래서 어느 정도 나아졌어. 내가 아무리 잠깐이라 해도 쓰레기 같은 글을 쓰거나 마구잡이로 글을 쓴다면 그 혼란은 다시 잠입해서 나를 꼼짝 못하게 하고 말 거야."

하지만 나쁜 글은 이런 식으로 감염시키지 않는다. 혹시 무작정 쓰기만 하고 아무것도 하지 않는다면, 즉 좋은 글과 나쁜 글을 구분하고 세심히 다듬는 모든 노력을 포기한다면 나쁜 글에 감염될지도 모른다. 진지하게 글 쓰는 것을 말릴 사람은 없다. 하지만 오히려, 무심하게 쓰는 짧은 시간의 연습이 나중에 더 세심한 글을 쓰는 밑바탕이 될 것이다.

'무심'하다는 말을 생각해 보자. 무작정 쓰기를 할 때는 멈추거나, 되돌아가거나, 고치거나, 고민하면 안 된다. 어떤 의미에서 이것은 '무심하라'는 뜻이다. 다른 종류의 무심함도 있다. 관심과 초점과 에너지를 남김없이 쏟아 붓지 않는다는 것이다. 무작정 쓰기는 우리가 쓰는 글에 관심과 초점과 에너지를 조금 더 쏟아 붓게 만든다. 그렇기 때문에 무작정 쓰기는 단시간에 실행해야 하는 것이다.

나쁜 글과 관련하여 감염이라는 비유에 조금이라도 타당성이 있다면, 그 반대의 경우로 해석할 때다. 즉, 우리 머릿속에 쓰레기가 있다고 보는 것이다. 머릿속의 쓰레기를 종이 위에 토해내지 않는다면, 그것은 정말로 머릿속을 온통 감염시킬 것이다. 머릿속의 쓰레기는 우리에게 해롭지만, 종이 위에 쏟아낸 쓰레기는 안전하게 쓰레기통으로 들어갈 것이다.

어떤 면에서 나는 "네, 무작정 쓰기는 쓰레기를 쓰라고 권하는 겁니다. 그것이 우리에게 이로우니까요."라고 말하는 것이다. 하지만 그것이 전부는 아니다. 무작정 쓰기는 그저 치유효과가 있는 쓰레기 버리기가 아니다. 그것은 평소보다 진정으로 더 나은 글을 생산해내는 길이다. 좀 더 정돈되고 논리적인 글, 좀 더 체계적인 글 말이다. 이런 글은 무작정 쓰기 연습을 하면서 금방 쓰게 될 수도 있고, 몇 주 동안 연습한 후에야 쓰게 될 수도 있다. 자주 쓸 수도 있고 어쩌다 한 번 쓸 수도 있다. 또한 그런 좋은 글은 길 수도 있고 짧을 수도 있다. 경험의 양상은 사람마다 다르다. 하지만 누구에게나 일어난다.

그런 일이 일어나는 이유는 무작정 쓴 글의 통일성 있는 부분에서는, 다시 말해 당신의 정신이 최고조인 상태에서 생명력 있는 문장이 나온 부분에서는, 우리가 심사숙고해서 이를 수 있는 수준보다 의미의 통합이 더 정교한 수준에 이르기 때문이다. 때로는 자신에게 깊은 의미가 있는 일을 말로 하거나 글로 쓰다 보면 다른 어느 때보다 조화롭고 명료한 문장이 나온다. 이때는 구상을 해서 한 문장씩 써 나갈 필요가 없다. 그의 마음이 부족함 없이 담기기 때문이다. 문장에 담긴 의미는 더할 나위 없이 정교하게 짜맞춰지고 온전하게 통합된다. 그의 마음이 문장에 작용해서일 수도 있지만, 그보다는 문장이 그의 전체적인 자아를 통과하며 걸러졌다고 하는 게 정확할 것이다. 그런 글에서는 기계적인 조작이 느껴지지 않고 기어가 변속되는 소리도 들리지 않는다. 기어가 바뀔 때도 부드럽고 자연스럽고 유기적이다. 그것은 마치 각 부분이 희미하게 전체를 포함하는 홀로그램처럼 단어 하나하나에 해당 문장의 의미가 모두 스며들어 있다.

    내가 말하고 싶은 요지는 아주 간단하다. 평소에 무작정 쓰기를 한다면 그중 많은 글들이 혹은 대부분의 글들이 공들여 쓰고 고친 것들보다 못할 것이다. 하지만 그중 좋은 대목들은 우리가 갖은 수단을 써서 써낼 수 있는 글보다 훨씬 더 나을 것이다.

무작정 쓰는 일기

진심으로 글 쓰는 솜씨를 늘리고 싶다면, 가장 효과적인 방법은 매일 무작정 쓰기로 일기를 대신하는 것이다. 하루에 10분만 쓰면 된다. 하루 일을 전부 적을 필요는 없고, 그냥 그날 하루의 단상을 간단히 적는 것이다. 심사숙고할 필요도 없고, 준비할 것도 없고, 글을 쓰고 싶은 의욕이 없어도 된다. 멈추지 말고, 떠오르는 단어가 있다면 무작정 적어보자. 생각 같은 건 하지 말고 마음이 내키든 그렇지 않든.

무작정 쓰기를 이용하여 글의 주제 찾기

한두 번만 써보라. 그 다음에는 그 글에서 중요해 보이는 단어나 문장이 있는지, 즉 어떤 기운이나 힘을 끌어당기는 부분이 있는지 보라. 거기에 앞으로 쓸 글이 무엇인지에 대한 실마리가 있다.

혹은 중요한 인물이나 장소, 감정, 물건, 사건, 업무 등을 떠올려 보라. 그렇게 머릿속에 떠오른 인상에 집중하면서 무작정 쓰기를 한두 번 연습해 본다. 이 과정을 통해 글의 주제나 방향이 떠오를 것이다.

글 한 편 완성하기

소재를 머릿속에 담아두라. 그리고 무작정 쓰기를 한두 번 연습해 보라. 무슨 일이 있어도 멈추지 않는다는 결심을 엄격히 지키려 하면 — 꼭 그래야 한다 — 이따금 주제에서 벗어나는 문장이 나올 수도 있다. 그래도 괜찮다. 탈선이 일어나기도 전에 그것을 막으려 하다가는 기운을 낭비하여 글에 힘이 없어질 것이다. 문맥에서 벗어나더라도 걱정할 것 없으며, 그런 일이 일어났다면 적당히 그냥 원래의 주제로 돌아가면 된다. 어떤 경우에는 벗어난 주제에 오히려 마음이 끌리거나 거기에 집중하고 싶은 생각이 들 수도 있다.

어떤 경우든 무작정 쓰기를 한 다음 다시 시간을 내어 자신이 쓴 글에 대해 생각해보라. 시작한 탈선, 그리고 어쩌면 계속 이어졌는지 모르는 탈선에 대해서도 생각해보라. 언제 탈선이 일어났는지, 그리고 그 탈선이 어떤 내용으로 이어졌는지 보라. 탈선과 연관된 것들도 떠올려보고, 그것들을 단서로 삼아 또 다른 주제를 탐색해 보라.

그리고 다시 무작정 쓰기를 할 때는 그런 성찰을 반영하여 글의 질을 높여보라. 이 과정을 세 번 이상 반복하라. 다시 쓸 때마다 이전에 배운 것을 새로 쓰는 글에 재투자해야 한다. 그래야 글의 수준이 점점 높아질 것이다. 어쩌면 쓰려는 진짜 주제는 처음에 생각해둔 주제와 전혀 다를지도 모른다. 상관없다.

자신이 생각한 주제를 두고 어느 정도 관련이 있는 내용으로 무작정 쓰기를 서너 번 하고 나면 군더더기 문장이 꽤 쌓이겠지만, 한편으로는 의미 있는 단어와 어구, 문장들도 많이 나올 것이다. 그런 좋은 부분은 취하고 쓸모없는 부분은 버리면 된다. 이제 신중한 사고와 편집자의 안목을 최대한 활용하여 그 재료들을 종합해보라. 그것들에 얼마나 믿음이 가는지, 그것들이 어디까지 진실인지, 어떤 점에서 진실인지를 판단하는 것이다. 그런 다음 의미가 통하도록 해당 내용을 나름 정리한 후 필요하다면 새로운 부분이나 연결 부분을 써 본다.

이 방법은 시간을 허비하는 것처럼 보일 수도 있다. 얻는 것보다 버리는 것이 더 많기 때문이다. 하지만 장담하건대 이것은 글한 편을 더 잘 써보려는 많은 사람들에게 더 빠르고 더 쉬운 방법이다.

이 방법이 완전무결한 건 아니다. 가끔은 쓸 만한 부분은 하나도 없는 허술한 글만 쓰게 될 수도 있다. 특히 무작정 쓰기를 처음 해보거나, 삶이 잘 풀리지 않을 때 그런 일이 일어날 가능성이 크다. 하지만 매번 좋은 성과를 얻어야 한다는 조바심은 버려야

한다. 연습의 가장 큰 효용은 즉각적인 결과물이 아니라 앞으로
의 글쓰기에서 서서히 드러날 것이다.

2. 글쓰기 과정 — 성장

대부분의 사람들이 글쓰기에서 떠올리는 감정은 일종의 무력감이다. 대체로 마음에 들게 쓰지 못하고 아예 쓰지 못하는 경우도 있다. 잘 써보려 노력해도 별 소용이 없는 것 같으니 절망적이다. 아무리 봐도 글 한 편에 투입하는 노력과 에너지의 양은 그 결과에 영향을 주는 것 같지 않다. 글쓰기 교육을 받지 못한 사람들은 "글쓰기를 배웠으면 글을 쓸 수 있을 텐데.." 하고 한탄한다. 글쓰기 교육을 받은 사람들은 "재능만 있으면 글을 쓸 수 있을 텐데.." 하고 한탄한다. 글쓰기 교육도 받고 재능도 있는 사람들은 "내가 의지력만 있으면 글을 쓸 수 있을 텐데.." 하고 한탄하고, 글쓰기 교육도 받고 재능도 있고 의지력도 있는 사람들은 또 "만약에 내가..." 하다가 다음 말을 잇지 못한다. 그런데 글쓰기 교육도 받지 못하고, 의지력도 없고, 영리하지도 않고, 상상력도 부족하고, 재치도 없는(심지어 말도 유창하게 하지 못하는) 어떤 사람들에게는 남들에게 없는 특이한 능력이 있는 것 같다. 뭔가를 말하고 싶거나 이해하고 싶을 때, 그들의 생각을 글이라는 형태로 종이에 옮길 수 있다는 것이다.

그렇다면 글 쓰는 능력이 왜 대부분의 사람들에게 풀기 어려운 수수께끼인지 그 얘기부터 시작해보자. 생각해보면 삶은 어려운 과제의 연속이다. 아침에 일어나기, 피아노 치기, 야구 배우기, 역사 공부 등. 그런데 이 중 노력이나 재능과 전혀 관련이 없는 활동은 찾기 힘들다.

이 문제를 오래 전 능력 심리학자들이 주장한대로 '재능'을 통해 설명할 수 있다. '글재주'라는 능력이 있는데 어떤 사람은 이 능력이 있고 어떤 사람은 없는 것으로 말이다. 혹은 어떤 언어학자들의 견해처럼 우리 두뇌에 원래 그런 영역이 있다는 식으로 설명할 수 있다. 또는 가장 오래되고 가장 널리 퍼져 있는 '영감'이라는 개념으로 설명할 수도 있다. 신이나 뮤즈가 내려와서 그 사람에게 무엇을 쓸 것인지 알려준다는 것이다. 영감을 적당한 대체물로 바꿔 말할 수도 있다. 그 사람은 '할 얘기가 원래 많아서' 글을 잘 쓴다는 식이다. 어떤 사람들은 때가 되면 운 좋게도 마음속에서 종이 위에 쏟아내고 싶은 '어떤 할 말'을 찾아낸다는 것이다. (그리고 글을 쓸 줄 아는 사람들은 항상 할 얘기가 있는 특별한 사람이라는 것이다!) 이렇게 다시 대부분의 사람들이 서 있던 출발점으로 되돌아왔다. 이해할 수 없는 방식으로 작동하는 글쓰기 앞에서 우리는 무력하다. 우리는 그 힘에 휘둘린다. 마음대로 할 수가 없다.

무릎을 굽히지 않고 바닥에 손을 대는 게 불가능하다고 여기는 사람들이 있었다. 대부분이 그 동작을 할 수 없었던 이유는, 거기서는 손을 한껏 위로 뻗어야 바닥에 닿을 수 있다는 원칙만 통했기 때문이다. 그들은 위와 아래를 헷갈렸던 것이다. 그래서 손을 위로 뻗어 바닥에 대려고 했는데 그럴수록 바닥에 손을 대는 것은 더 힘들어졌다. 그런데 그 중 몇 사람이 우연히 바닥에 손을 대는 법을 알게 됐다. 그 일에 대해 너무 복잡하게 생각하지만 않는다면 그들은 언제든 그 동작을 할 수 있었다. 하지만 다른 사람들에게 그것을 설명할 수는 없었다. 다른 사람들이 그들의 설명을 이해하지 못했기 때문이다. 바닥에 닿으려면 손을 위로 뻗어야 된다는 원칙에 세뇌되어 있었기 때문에, 성공한 사람들마저 자신이 뭔가 특이한 방식으로 손을 위로 뻗고 있다고 생각할 정도였다. 교사들 중에서도 바닥에 손을 대는 법을 가르칠 수 있는 사람이 몇 명 있었다. 그것이 가능했던 이유는 다른 사람들에게 어떻게 하는지를 말해 주는 게 아니라, 그렇게 하면 상황이 더 악화됐기 때문에, 신발끈을 매는 자세에서 손을 주변으로 움직이라는 식으로 연습을 시켰기 때문이었다.

글쓰기가 위와 같은 상황이다. 우리도 글쓰기 방식에서 근본적인 착각을 하고 있기에 위 우화에 나오는 사람들 못지않게 딱하다.

　글쓰기에 대한 상식 또는 통념은 다음과 같다. 글쓰기는 두 단계(two-step process)로 이루어진 과정이다. 먼저 우리의 의도를 이해한다. 그리고 의도를 언어로 옮긴다. 다른 사람의 조언이나 우리가 알고 있는 지식은 이 기준에 따른 것이다. 먼저 무엇을 말하고 싶은지를 알아내라. 알아낼 때까지는 쓰려고 하지도 말라. 구성을 짜라. 개요를 작성하라. 그런 다음에 쓰기 시작해야 한다. 이 방식을 자세히 들여다보면 통제력을 유지해야 한다는 생각, 내용을 장악해야 한다는 원칙이 자리 잡고 있다. 글이 우리가 생각한 것과 다른 방향으로 흘러가게 두면 안 된다는 원칙 말이다. 이처럼 글 쓰는 방식에 대해 가장 흔히 듣는 비판은 생각을 미리 명료하게 정리하지 않았다, 모호한 생각에 휩쓸려 갔다, 방향을 정하지 못하고 헤맸다, 구성을 짜지 못했다 등이다.

　이런 신념의 전형적인 표현이 다음의 글이다. 오래 전에 내가 마음에 새기기 위해 복사해서 벽에 붙여 놓은 것이다. 이 내용이 결국 독이 된다는 사실을 간파한 날은 내게 아주 의미심장한 날이었다.

> 좋은 문체를 만들어 내기 위한 가장 중요한 원칙이자 조건은 우리 마음을 명확하게 알기 전에는 우리 자신을 언어로 표현하면 안 된다는 것이다. 자신을 온전히 이해할 때만이 글이든 말이든 전반적으로 적절한 어조가 우리 의도대로 나오는 법이다.

사실상 우리는 모두 이런 글쓰기 방식을 모범으로 삼고 있는데, 이 때문에 글이 써지지 않는 것이다. 이 방식에 대한 우리의 지식을 의식적인 언어로 옮기면 다음과 같을 것이다. "뒤죽박죽인 내 머리로는 이 방식을 완벽하게 따르지 못할 거야. 나는 작가가 아니니까. 하지만 한번 해보면 글을 쓰는 데 도움이 되겠지. 글 쓰는 걸 잠깐 쉬고 앉아서 생각을 해보자. 먼저 조금씩 메모를 하면서 내가 말하고 싶은 게 뭔지 알아내고 글의 개요를 짜보는 거야. 두 번째 단계에서는 딱 맞는 문장을 곧바로 찾진 못하더라도 내가 쓸 수 있는 최선의 문장을 고민해보는 거야. 어색한 문장이 있다면 이를 바로 알아채서 지우고, 고쳐 쓰며, 더 나은 문장으로 써야 해. 좀 더 괜찮은 글로 다듬는 거지."

하지만 이런 생각은 글쓰기의 순서를 오해한 결과이다. 이런 착각 때문에 그렇게 많은 문제가 생기는 것이다. 글쓰기는 말하고 싶은 내용을 언어로 옮기는 2단계 작업이 아니라, 유기적(organic)으로 발달해 가는 과정이다. 자신이 쓰고 싶은 게 뭔지 전혀 모르는 상태에서라도 일단 쓰기 시작하면 글은 점차 변화하고 진화한다. 글을 다 쓰고 나서야 우리는 우리가 말하고 싶은 게 무엇인지, 또는 그 내용과 어울리는 단어가 어떤 건지를 알게 된다. 그러므로 우리는 글을 시작할 때와 전혀 다른 방향에서 글이 끝날 거라고 예상해야 한다. 글쓴이의 의도는 글을 쓰기 시작할 때가 아니라 글을 다 썼을 때 드러나는 법이다. 통제력과 통일성, 자신의 생각을 파악하는 일은 글을 쓰기 시작할 때 필요한 게 아니라 글을 다 썼을 때 나타난다. 그렇다면 우리는 글쓰기를 생각을 전달하는 수단이 아니라, 생각을 발전시키고 요리하는 수단으로 생각해야 한다. 글쓰기는 미처 생각해 내지 못했던 뭔가를 생각나게 하는 수단이다. 사실 글쓰기는 언어를 통해 현재의 생각과 느낌과 인식으로부터 우리를 해방시키는 작업이다. 처음부터 자신의 생각을 명료하게 썼다면 거기서 그쳤겠지만, 글을 쓰는 과정에서 차차 발전시켜 간다면 그보다 훨씬 나은 글이 나올 수 있다. 많이 쓰고 많이 버리는 산만하고 비효율적으로 보이는 방식이 사실은 정말 효율적인 방식이다. 그것이 진심으로 말하고 싶은 것을 말하고 싶은 대로 표현하는 가장 좋은 방법이기 때문이다. 진짜 비효율적인 것은 자신이 의도한 것을 말하려다 또는 준비되기도 전에 완벽히 말하려다 절망하여 머리를 벽에 짓찧는 것이다.

   나의 글쓰기 체험담

이 대목에서 다루는 내용은 대부분 다른 책에도 — 그중 몇 권은 나도 읽어봤을 것이다 — 있을 것이다. 하지만 내 지식의 가장 큰 원천은 나 자신의 체험인 것 같다. 내가 나 한 사람의 사례에 기대어 전체를 일반화한다는 것은 인정한다. 그냥 당신에게 미리 말해 주는 것으로 생각하라. 내가 바라는 건 그저 글쓰기에 관한 이 방식을 시도해 보고 그것이 글쓰기에 도움이 되는지 보라는 것이다. 나의 입장이 그간의 내 글쓰기 경험을 통해 비롯되었다는 점을 이해하고 나면 여러분은 글을 쓰는데 어려움을 덜 겪을 것이다.

고등학교 때 나는 글을 비교적 쉽게 그리고 당시의 기준에 의하면 꽤 잘 썼다. 글쓰기에 어려움을 느낀 건 대학에 들어가서였다. 형편없이 쓸 때도 있었고, 잘 쓸 때도 있었는데 어떤 때는 고통스러울 정도로 힘겹게 썼다. 글을 일찍 쓰기 시작하고 세세하게 계획을 세운다고 해결될 일이 아닌 것 같았다. 가끔은 그런 방법이 도움이 되는 듯했지만 대체로 상황은 더 악화되었다.

뭔가를 제대로 쓸 수 있는 지의 여부는 내가 광적으로 극심한 감정에 빠져드느냐 마느냐에 달린 것 같았다. 어떤 때는 글의 주제에 빠져들었고, 가끔은 인생에서 별로 중요하지 않은 문제에 빠져들었지만, 보통은 논문 마감일을 넘겼는데도 아무것도 제출하지 못한 두려움에 빠져들었다. 3학년의 어느 학기 때는 일주일마다 상당한 분량의 소논문을 써내야 하는 과목들을 신청해 버렸다. 첫 2주 동안 위기가 찾아 왔지만, 이후로 나는 능숙하게, 그것도 별다른 어려움 없이 글을 쓰고 있다는 사실을 깨달았다. 하지만 그 다음 학기에는 다시 현실에 직면했다. 글쓰기의 신들이 제자리로 돌아가 버린 것이다.

대학에서 글쓰기가 크게 문제가 안 됐던 것은 내가 학업을 계속 이어가야 할 지 확실히 몰랐기 때문이다. 그래도 나는 대학원에 진학해 학업에 몰두했다. 이것은 더 열심히 노력해 나의 글을 더 치밀하게 구성하려 결심했다는 뜻이다. 그러자 글쓰기는 점점

더 힘겨운 일이 되었고, 급기야 글을 전혀 쓸 수 없는 지경까지
갔다. 그래서 나는 대학원을 그만두고 글쓰기를 하지 않아도 되
는 직업을 선택했다. 영어를 가르치는 일은 하고 싶지 않았지만
달리 구할 수 있는 일이 없었다.

5년이 지난 후, 나는 가르치는 일(글 쓰는 일이 아니라!)에서
중요한 진리를 발견했다는 생각이 들었다. 그리고 다른 사람들에
게도 알려서 그것이 옳다는 걸 설득하고 싶은 욕구에 불탔다. 그
래서 그 깨달음을 책으로 써서 출판하기로 결심했다. 또한 학위
를 따고 싶어서 다시 대학원에 진학했다. 이번에는 그럭저럭 글
을 쓸 수는 있었다. 하지만 마음 한 구석에는 글쓰기 문제로 결국
학업을 마치지 못할까 늘 조바심이 났다. 그러다 한 가지 요령을
생각해냈는데 그것은 무조건 무슨 내용이든 실제 마감일 일주일
전에 써 놓자는 것이었다. 그래야 그것을 대충이라도 논문 형식
에 맞춰 읽을 만하게 다듬을 수 있기 때문이다. 이 방법은 효과가
있었다. 하지만 글을 써 나가면서 스스로 관찰해 보니 내 방식이
터무니없이 비효율적이라는 것이 분명히 보였다. 글을 쓰기 위해
치르는 대가에 비해 결과는 보잘 것 없었던 것이다.

글을 쓰면서 겪은 고충들, 소질도 없는 영어 교사를 하면서 보
낸 날들, 그리고 삶이 너무 버거울 때마다, 뭐든 생각이 떠오를
때마다 이를 무작정 일기에 적어가는 습관, 이런 경험들 덕분에
나는 글을 쓰려고 할 때 무슨 일이 벌어지는지를 깨닫게 되었다.
나는 일기 비슷한 것을 써 나가고 있었는데, 주제는 크게 두 가지
였다. 내가 '교착상태(stuckpoints)'라고 부르는 것과 '돌파구
(breakthroughs)'라고 부르는 것이었다. 교착상태란 아무리
노력해도 아무것도 쓸 수 없을 때를 말한다. 그럴 때면 극심한 절

망과 분노로 인해 결국 글쓰기를 포기하고 백지 한 장을 가져와 그때의 심경을 드러냈다. 다시 말해 도무지 글을 쓸 수 없게 되면 그 순간의 느낌을 아무렇게나 적어보았는데, 대충 무슨 글을 쓰고자 했으며, 기분이나 날씨는 어땠는지 무작정 적어 나갔다. 돌파구란 꽉 막힌 상태가 해소되고 뭔가 좋은 일이 일어날 때였다. 그럴 때도 하던 일을 멈추고 무슨 일이 일어났는지 생각나는 대로 적어 두었다. 여러분도 이런 연습을 해보길 바란다. 스스로 자기만의 자료를 계속 모은다면, 어떻게 해서 글을 잘 쓰게 됐는지 독자적인 이론을 구축할 수 있을 것이다. 내가 성공한 방식에 대한 이 이론이 당신에게는 맞지 않을지도 모르니까 말이다. 이 장과 다음 장은 대충 적어 놓은 이러한 메모를 어느 정도 다듬어 정리한 것이다. 때때로 그 메모에서 글을 인용하기도 할 것이다.

실제로 효과가 있다

어떻게 보면 내가 말해줄 것은 두 가지 은유, 키우기(*growing*)와 요리하기(*cooking*) 밖에 없다. 이 두 가지가 글쓰기 방식에 관해 내가 생각하는 모델이다. 모델과 은유는 결과에 큰 영향을 미친다. 특히 우리가 당연시하는 그런 모델과 은유는 말이다.

일단 당신이 끊임없이 시도하고 있을 기존의 글쓰기 방식과, 당신이 받아들인다면 시도해보게 될 나의 성장 모델(developmental model)을 구체적인 사례를 들어 비교해 보겠다.

상당히 어려운 3~5쪽짜리 글을 쓴다고 생각해보자. 조사를 해야 하는 일은 아니지만, 또는 이미 그 조사를 마쳤지만 뭘 써야 할지 확실히 모르는 상태라고 하자. 그 글이 수업 과제일 수도 있고, 아니면 아이디어는 있지만 어떻게 써 나가야 할지 막막한 단편소설일 수도 있다. 두 가지 글쓰기 방식의 차이를 확실히 보여주기 위해 글을 쓸 시간이 하룻밤 밖에 없다고 하자.

　평소대로라면 분명히 그 글을 최대한 신중을 기해 한 번에 쓰려고 할 것이다. 즉 15분에서 한 시간 정도는 계획을 짜는 데 시간을 보낼 것이다. 고민하고 메모하고 구성을 짜거나, 세 가지를 동시에 하면서 말이다. 그리고 그 시간이 지나면 그것을 다시 검토해서 심혈을 기울여 더 명확하게 고치고 수정하면서 30분을 보낼 것이다. 대부분은 쓴 내용을 다시 쓰면서 말이다. 꽤 오랜 시간 동안 '준비하고' 그 후에 '고치는' 과정을 밟지만, 사실상 글은 한 번만 쓰는 셈이다. 그리고 글을 본격적으로 쓰는 동안에도 틀림없이 여러 번 멈춰서 생각하고, 쓴 것을 지우고, 다시 읽어보고, 고칠 것이다. 최대한 잘 쓰기 위해 글쓰기와 관련된 모든 작업을 한 번에 하는 것이다.

　반면 글쓰기의 성장 모델을 택하는 경우, 글은 한 번이 아니라 네 번을 쓰게 되는데, 목표는 이 네 단계를 거치는 동안 그 글을 진화시키는 것이다. 글 쓰는 과정은 대개 너무 느리고 고통스럽기 때문에 이 방법은 어리석고 불가능해 보일 것이다. 하지만 꼭 그런 건 아니다. 당신이 할 일은 억지로라도 글을 써 나가는 것이다. 물론 첫 번째로 쓴 글은 진정한 의미의 글이 아니라고 할 수 있다. 그것은 주어진 시간 동안 주제와 관련해서 머릿속에 떠오르는 모든 것을 쏟아낸 것에 불과하기 때문이다.

　네 시간이 주어졌다고 해보자. 그 시간을 한 시간씩 네 단위로 나눈다. 처음 45분 동안에는 누군가에게 얘기하듯 최대한 빠른 속도로 무작정 써 내려간다. 그 주제에 관해 머릿속에 있는 것을 모두 쏟아내는 것이다. 그 시간에는 알고 있는 것을 미처 다 쓰지 못할 수도 있고, 10분 동안에 모두 써버릴 수도 있다. 어느 쪽이든 멈추지 말고 계속 써라. 단어들이 백지에 적히는 동안 생각을 끌어내고, 꼬리에 꼬리를 무는 생각을 놓치지 않고, 문장이 이끄는 곳으로 따라가면서 말이다. 그러다가 45분이 지나면 멈춘다.

나머지 15분 동안에는 반대 과정을 거친다. 그 동안 쓴 내용을 재고하거나 다시 읽어보면서 중요한 것이 떠오르는지 보는 것이다. 쓴 내용이 어떤 결론을 향하는가. 그 안에서 가장 중요하거나 핵심이 되는 것은 무엇인가. 쓴 글이 모종의 결론으로 이어지게 만들거나, 그 글이 어떤 결론을 향하고 있는지 추측해보라. 또는 부족한 부분을 채워 넣는다면 어떤 결론이 도출될지 짐작해보라. 핵심이 되는 주장, 즉 초반의 무게 중심을 문장 하나로 요약해서 적어보라. 그 문장은 두리뭉실하거나 미심쩍은 게 아니라 과감해야 한다. 그것으로 논쟁을 벌일 수도 있어야 한다. (소설이나 시를 쓰고 있다면 반드시 '무게 중심'이 있어야 한다. 무게 중심은 어떤 주장일 수도 있지만, 분위기나 이미지, 가장 인상적인 세부 사항, 또는 사건이나 물건일 수도 있다. 모든 내용을 어떤 식으로든 집약한 것이면 된다.) 이렇게 요약하는 과정은 분명 쉽지 않을 것이다. 왜냐하면 내가 안다고 생각하는 것보다 더 많은 것을 말해야 하기 때문이다.

물론 이 시점에서 옳은 주장이나 설득력 있는 주장을 도출하기는 힘들 것이다. 어쩌면 45분 동안 쓴 모든 내용에 부합하는 주장을 이끌어내는 것도 힘들 수 있다. 걱정할 것 없다. 글을 쓰면서 할 일은 그 일을 잘해내는 것이 아니라 어떻게든 해내는 것이기 때문이다. 이 방식의 핵심은 한 편의 글을 써보는 것 또는 시도하는 것 또는 시작하는 것이 무엇인지 그 개념을 바꾸는 것이다. 대부분 한 편의 글을 쓴다는 것은 마치 꿈쩍도 하지 않는 바위를 있는 힘껏 밀어보는 행위와 비슷하다. 언젠가는 그 바위를 옮기기를 바라면서 말이다. 물론 그 사람은 점점 더 지쳐갈 것이다. 하지만 이렇게 무작정 글을 쓰는 법을 터득해야만 한다. 아무리 무거운 바위라도 자꾸 밀다 보면 고작 몇 센티미터에 불과하더라도 실제 움직이기 시작한다.

자, 네 시간 중 처음 한 시간을 다 썼다. 그리고 첫 번째 '버전'의 글을 썼다. 다음 한 시간 동안에 하는 일도 똑같은 작업이다. 다시 글쓰기를 시작한다. 이전의 주장을 요약한 것에서부터 시작하라. 이 말은 그 진술에 집착하라는 게 아니다. 그것이 틀렸다고 생각할 수도 있다. 15분 동안 한 걸음 물러서서 글의 지형을 살펴봤으면 거기에서 나온 '지식'이나 '관점'을 바탕으로 두 번째 버전을 쓰라는 것이다.

자주 멈추거나 고치지 말고 45분 동안 쭉 써 나가야 한다. 그리고 이번에도 마지막 15분 동안에는 한 걸음 물러서서 무엇이 떠오르는지, 어떤 한 가지 생각이나 느낌이 유독 돋보이는지 살펴보라. 다시 그것을 요약하라. 이번 주장은 좀 더 알차고 쓸모 있어 보일 수도 있지만, 그렇지 않을 수도 있다. 어떤 경우든, 단 하나의 과감한 주장을 마지막 15분 안에 도출해내야 한다.

세 번째 시간에도 똑같은 과정을 세 번째로 거친다. 이때쯤 되면 최종 버전의 글이 어떤 방향으로 가게 될지 감이 잡힐 것이다. 내가 확신하는 무게 중심이 드러난다는 느낌이 드는 것이다. 그것을 더 개발하고 개척하라. 무게 중심을 감지하지 못했다면 이 세 번째 버전을 쓰는 동안 찾아내려 노력해야 한다. 어떤 일관된 논지를 끌어내야 하지만 전체적으로 명확하지 않더라도 개의치 말라. 아직 편집을 하는 단계는 아니기 때문이다.

편집 작업을 해서 최종 버전을 완성하는 단계는 다음이다. 이 작업은 세 번째 시간의 마지막 15분과 네 번째 시간의 한 시간 전체에 해당된다. 기존 방식의 글쓰기를 해야 하는 때가 바로 지금이다. 먼저 15분 동안에는 의도하는 바를 스스로 이해할 수 있을 만큼 명료하게 정리한다. 마침내 그 작업을 할 단계에 온 것이다. 개요나 구성을 완성하고 싶을지도 모르지만 가장 중요한 것은 말하려는 바를 하나의 주장으로 요약하도록 밀어붙이는 것이다. 이 작업에서 반드시 명심해야 할 것은 그렇게 요약한 내용은 실제로 뭔가를 주장하는 문장이어야 하며, 그것으로 논쟁을 벌일 만한 내용이어야 한다. '다음은 내가 생각하는 몇 가지다' 또는 '이것이 X와 관련된 몇 가지다' 식으로 진술하면 안 된다.

마침내 의도를 구체적이고 명확하게 다듬었다면, 그것을 적절하게 표현할 언어를 찾기가 더 쉬워질 것이다. 하지만 이 마지막 글도 너무 천천하고 신중하게 작업하지 말라. 최종적으로 검토할 시간이 15분 있기 때문이다. 이때 표현을 다듬고 보충하면 된다. 불필요한 수많은 단어와 문장을 쳐내야 한다. 어쩌면 몇 대목을 재배치해야 할 수도 있다.

이런 글쓰기는 많이 썼다가 많이 버리는 방식이다. 어쩌면 일이 더 많은지도 모른다. 하지만 꼼짝도 하지 않는 바윗돌에 머리를 힘껏 부딪치는 방식으로 글을 쓸 때보다는 일이 적다. 피곤할지는 모르지만 무력감은 덜 느낄 것이다. 에너지를 좀 더 효율적으로 쓰는 방식이기 때문이다.

단위 시간의 길이는 더 늘려도 되고 줄여도 된다. 혹은 무시해도 된다. 내가 진짜 하고 싶은 말은 글을 더 많이 쓰라는 것이지 글을 쓰는 시간을 더 늘리라는 말이 아니다. 더 많이 쓰고 시간은 허비하지 않기 위해 시계를 이용해야 할 수도 있다.

성장

성장은 인간을 비롯한 생명체들이 '충분히 자라거나' '성숙한' 상태에 이르는 과정을 가리키는 말이다. 생물은 일련의 변화를 거쳐 마침내 처음보다 더 복잡하고 체계화된 상태에 이른다. 어떤 사람을 다음과 같이 이야기하는 건 전혀 은유가 아니다. "그 녀석 이제 다 컸어. 물론 똑같은 사람이지만 전혀 다른 사람이 된 것 같아. 예전에 비해 생각하는 거나 행동하는 거나 세상을 보는 시각이 완전히 바뀌었단 말이야. 나는 그 녀석이 이렇게 변할 줄은 생각지도 못 했어."

나는 단어들로 이루어진 집단도 같은 식으로 성장한다고 말하고 싶다. 다음 사례를 보자. X가 사실이라 믿는다. 그래서 X가 사실이라는 믿음이나 인식이나 주장을 글로 펼친다. 그런데 글을 다 쓸 무렵 그때까지 보지 못했던 것이 보인다. X가 틀렸거나 X를 믿지 않게 됐다는 걸 깨달은 것이다. 이제 글을 계속 써 나가되 당신이 느낀 혼란스러움과 불확실함에 대해 쓴다. 그러다 Y를 보게 되고 Y에 대해 쓰기 시작한다. 그러다 마침내 Y가 옳고 Y를 믿는다는 것을 알게 된다. 그리하여 마지막에는 Y에 대한 모든 것을 최선을 다해 쓰고 그 글에 흡족해 한다.

이때 무슨 일이 일어난 것일까? 엄밀히 말해서 성장한 건 당신이지 당신이 쓴 단어들이 아니다. 당신은 살아있는 생명체이지만 여러분이 종이 위에 적어 나간 단어들은 그저 생명 없는 흔적에 불과하다. 모두 적어 놓은 대로 그 자리에 남아 있으며 움직이거나 변화한 단어는 하나도 없다. 하지만 달리 생각하면 단어들은 변했다. 그것들은 하나로 이어진 연속체가 아니라 그보다 짧은 세 개의 연속체로서, 세 가지 '버전', 즉 세 단계를 거쳐 마침내 성장을 끝낸 생명체로 볼 수도 있다. 이 과정을 보고 이렇게 말할 수도 있을 것이다. "이제는 X를 믿지 않고 Y를 믿는다고 하네. 내용은 아주 달라졌지만 여전히 똑같은 한 편의 글이지. 나는 이 글이 이렇게 바뀔 줄은 몰랐어."

경험상 내가 쓴 글이 훌륭하고 내 마음에 들었을 때는 거의 항상 위와 같은 과정을 거쳤다. 그리고 악전고투하다가 결국 시시한 글만 쓰고 말았을 때는, 거의 항상 이런 과정을 밟지 않았다. (예외인 경우도 있는데 그것은 요리에 관한 장의 마지막 부분에서 언급할 것이다.)

또한 경험상 이런 과정이 잘 일어나게 하려면 글쓰기를 '글을 성장시키는' 과정으로 생각해야 한다. 물론 초기부터 최종 단계까지 발달과정 설계도가 각 세포에 들어 있는 어린 생명체와 달리 초기의 단어들에는 그런 설계도가 없다. 어쩌면 단어로 구성된 최종단계는 내 머릿속에 있던 고차원의 유기체에서 차용한 것이라고 할 수도 있다. 그렇다 하더라도 내가 일련의 단어들을 쓸 때, 그리고 추가로 뭔가를 더 쓰고 앞으로 되돌아가 그 주제에 대한 생각을 좀 더 추가하는 동안 이상한 일이 두 가지 일어나는 것 같다. 1. 써 놓은 내용을 검토하면서 나는 단어들 사이에서 '그냥 생각만' 했을 때보다 훨씬 더 풍부하고 흥미로운 관계와 결론을 발견하는 경우가 많다. 2. 때로 그 단어들이 마치 '어디론가 가고 있고' 그것들이 '목적지'에 도달했다면, 내가 그들이 갈 길을 제 때 비켜줬기 때문인 것처럼 느껴진다. 그러므로 내가 단어들이 더 고차원적인 유기체를 차용했다고 말하더라도 그것을 은유라고만 할 수는 없을 것 같다.

　어쨌든 나는 단어들을 성장할 수 있는 존재로 다루라고 권하고 싶다. 그러니 단어들의 앞길을 막지 않아야 하고 성장에 필요한 에너지를 공급해야 한다. 에너지를 공급해줘야 단어들이 엔트로피에 역행하여 마지막에는 그들이 생성될 때보다 더 고도로 조직화된다. 말하자면 단어들에 에너지와 전류를 보내 그것들을 충전하거나 이온화하거나 활력이 될 만한 것은 무엇이든지 주입해서 단어에 생명을 불어넣고 스스로 성장하도록 도와야 한다. 나는 이 성장단계를 다음과 같이 도식화해서 생각한다. 단어들이 하나의 더미로 모여 뒤죽박죽 상태에서 서로 교류를 한다. 그리고 모종의 패턴에 따라 작은 더미들로 나뉜다. 그 작은 더미들은 굳게 뭉치면서 최선의 조직체로 발전한다. 그런 다음에는 다시 커다란 더미로 모여 서로 교류하고 반응하면서 다른 패턴이 만들어진다. 이 새로 생긴 패턴에 의해 큰 더미는 다시 작은 더미로 나뉘고, 그 작은 더미들은 다시 뭉친다. 이런 과정을 되풀이하다가 만족할 만한 하나의 패턴 또는 구조가 생기거나 '큰 더미가 지향하던' 단계에 이르면 과정이 '끝나는' 것이다.

　이런 과정을 지속시키는 데는 많은 에너지가 필요하다. 하지만 흔히 하는 방식대로 사실상 뒤죽박죽인 글을 다듬느라 허비하는 에너지는 절약할 수 있다.

글쓰기를 핵분열이나 연쇄반응, 모든 재료가 도가니에서 용해되는 과정, 단어들 자체에 생명력이 깃드는 과정으로 만들어야 한다. 글쓰기는 잠시도 가만히 있지 않고 날뛰는 말을 타는 것이고, 그 말은 붙잡고 있는 동안에도 계속 모습을 바꾸는 프로테우스다. 필사적으로 말을 붙잡아야 하겠지만, 너무 세게 붙잡으면 말은 스스로 변신하지 못하고 결국 글쓰기의 진실도 전해주지 못한다.

이제 성장과정을 네 단계로 나누어 설명하려고 한다. 쓰기 시작해서 멈추지 않고 쓰는 단계, 방향을 못 잡고 혼란에 빠지는 단계, 무게 중심이 떠오르는 단계, 불필요한 내용을 버리고 편집하는 단계이다.

쓰기 시작해서 멈추지 않고 쓰기

10분 쓰기가 중요한 이유는 무엇보다도 교정을 보지 않고 쭉 써나가는 연습이 된다는 것이다. 이 연습에 단련되지 않으면 글쓰기가 어렵게만 느껴진다. 보통 우리의 편집본능은 생산본능보다 훨씬 더 발달해 있어서, 매번 연필을 들어 문장을 쓰는 순간 그 문장이 마음에 차지 않는 이유가 열 일곱 가지쯤 떠오른다. 그리고 종이는 그대로 백지 상태로 남아 있다. 아니면 연필로 죽죽 그어 반 토막만 남은 문장과 반 토막만 남은 단락이 계속 이어진다. 무작정 많이 써야 한다는 점을 이해했다면 아무리 형편없게 글을 써도 염려할 필요가 없다. 처음에는 늘 그렇기 때문이다. 걱정할 일이 아니다. 대부분의 경우 '잘 쓰려고 애쓴다'는 건 쓰다가 매번 중단하고, 곰곰이 생각하고, 더 적절한 단어를 고민한다는 뜻이다. 만일 당신이 그런 사람이라면 '잘 쓰려고 애쓰는 것'을 그만두라. 그렇지 않으면 잘 쓰게 될 일은 영영 없을 것이다.

가장 많이 그리고 재빨리 써야 할 때는 글쓰기에 착수했을 때다. 시작이 가장 어려운 법이다. 문장을 시작할 때, 문단을 시작할 때, 연을 시작할 때, 글 전체를 시작할 때 모두 마찬가지다. 글을 쓰기 시작할 때 우리가 하는 일이란 멍하게 앉아있기, 백지를 뚫어지게 쳐다보기, 연필 깨물기, 미간 찌푸리기, 막막해하기 등이다. 그 시작이 무슨 내용의 시작인지도 알기 전인데 어떻게 시작하는 문장을 쓸 수 있다는 것일까. 그 글이 어떻게 완성될지도 모르는데 말이다. 하지만 시작을 하지 않으면 그걸 무슨 수로 알겠는가?

글쓰기는 해결 불가능한 이런 진퇴양난에서 시작한다. 대부분의 경우 우리가 무엇을 쓰려고 하는지 정확히 알아야 적당한 단어를 찾겠지만, 한편으로는 정확한 단어를 찾아야 정확히 무엇을 말하고 싶은지 알 수 있다. 이에 대한 결론은 일단 엉뚱한 단어로 엉뚱한 의도를 씀으로써 시작해야 한다는 것이다. 적절한 단어로 정확한 의도를 쓰게 될 때까지 글쓰기를 멈추면 안 된다. 글을 다 쓰고 나서야 우리는 우리가 하고 싶은 말이 무엇이었는지 알게 될 것이다. 다음은 어느 날의 일기장에 적힌 대목이다.

다시 한 번 깨달음. 그 과목과 관련해서 X에게 편지를 쓰던 중. 좋은 아이디어와 좋은 구절, 특히 좋은 아이디어는 오직 글을 쓰는 과정에서 나온다는 것. 주스가 흐르기 시작한 후에 말이다. 이것은 맥로리[1]가 단어가 단어에게 말하게 해야 한다고 충고한 것과 통하는 원리다. 단어는 머릿속에서 나오면서 다른 단어나 개념, 비유를 떠올리고 암시한다. 거기에는 내가 명심해야 할 아주 실용적인 교훈이 있다. 글을 쓰기 전에는 최고의 아이디어는 커녕 괜찮은 아이디어도 나오리라고 기대하면 '안 된다'는 것이다. 그리고 글을 쓰기 전부터 도무지 무슨 말을 써야할지 모른다고 미리 걱정할 필요가 없다. 일단 문장을 시작하고, 다음에 일어날 일을 기다려야 한다. 이상적인 모습은 이것이다. 유명작가가 한 명 있다고 하자. 그는 20년 동안 해마다 명작을 출간하고, 한 달에 한 편 씩 평론을 써내는 인정받는 천재작가다. 그는 글을 쓰려고 앉을 때마다 항상 말도 안 되는 엉터리 같은 내용을 쓸 가능성이 많지만, 좋은 글은 마지막에 나오는 산물이라는 것을 분명히 알고 있다. 뛰어난 작가나 운동선수들은 걱정을 내려놓고 긴장을 풀고 반드시 좋은 결과가 나오리라고 믿어야 진정으로 뛰어난 역량을 발휘한다는 사실을 안다. 탁월한 음악가들도 마찬가지다.

초반에 많은 양을 쓰는 게 중요한 이유는 그때가 가장 준비가 덜되어 있고 가장 긴장해 있기 때문이다. 긴장하면 글을 쓰지 못한다. 나는 내가 쓴 내용이 최종적으로 어떤 글이 될지 알지 못한다. 이것으로 충분할까? 괜찮은 글이 될까? 비판적인 독자를 떠올리며 그들이 보일 반응을 의식한다. 걱정이 되면서 머릿속에는 먹구름이 끼기 시작한다. 아무리 사소한 거라도 놓치지 않기 위해 머리를 쥐어짠다. 하지만 한 가지 생각을 명료하게 정리하려 애쓰면 나머지는 모두 흩어져 버린다. 마치 산들바람이 부는 비탈에서 보드게임을 하면서 모든 지폐를 한 손에 쥐고 놓치지 않으려 하는 형국이다. 그러다 자신이 혹시 뇌종양에 걸린 건 아닌지 의심하기 시작한다. 걱정하던 당신은 이도저도 못하다 진절머리가 나서 결국 글쓰기를 아예 포기한다. 이 모든 걱정이 글쓰기에서 비롯되었기 때문이다. 혹은 이름을 날릴 꿈에 부풀어 지금 쓰는 책으로 인해 얼마나 유명해질지를 상상한다면 글쓰기가 훨씬 더 어려워질 것이다. 실제로 무엇을 쓰든 기대에 차지 않을 것이기 때문이다.

　다시 말하지만, 이런 난관의 유일한 해결책은 다음과 같이 그런 폭탄들을 잊어버리고 그냥 쓰는 것이다.

「고등교육 모델」이라는 논문. 가르치는 일에 대해 쓰기 시작함. 탄력이 붙기 시작한다. 교훈 : 두 가지 조건이 다소 대담한 이런 글쓰기를 가능케 한 것 같다. 1. 지칠 때까지 그리고 거기에 몰입될 때까지 충분히 많이 쓰라. 뻣뻣하고 어색하더라도 그냥 넘어가라. 정말 지칠 때가 되어야 기술이 좋아지는 크로스컨트리 시합에서처럼 말이다. 그 시합에서 통하는 방식은 분명하다. 불필요한 그리고 동작에 방해가 되는 근육의 긴장이 풀릴 때까지 지쳐야 한다는 것이다. 힘을 빼라. 꼭 필요한 근육만 쓰라. 몸의 효율성이 100%에 다다르게 하라. 다시 말하면 우아해지라는 것이다. 이 말은 바로 글쓰기와 연관시킬 수 있을 것이다. 필요 없고 거추장스러운 근육을 풀어 주기 위해 많이 쓰라는 것이다. 한밤중에 글이 잘 써지는 이유도 지친 상태라 그런 것이다. 2. 나는 감정적으로 격렬한 반응을 일으키는 주제를 찾아내거나 그런 주제에 빠져들었다. 그런 주제는 나를 도발한다. 분노가 뱃속에서도 느껴지고 두 팔과 턱에서도 느껴진다. 이런 근육의 긴장은 불필요하거나 거추장스럽게 느껴지지 않는다. 우리는 넘치도록 많이 써야 하고, 지쳐야 하고, 이리저리 기웃거리며 방황하다 탈선도 하고, 그래서 관심이 끌리는 소재에 걸려들어야 한다. 모든 건 탈선에서 시작된다. 글의 전체 맥락과 안 맞아 괄호 친 한 문장에서 새 글이 시작될 수도 있는 것이다. 우리의 느낌과 본능에 기회를 주자.

글을 막 쓰려고 할 때의 긴장은, 선이 있어야 글씨를 쓸 수 있는 아이가 선 없는 공책을 마주할 때 느끼는 긴장과 비슷하다. 나는 너무 오래 쓴 나머지 더 이상 쓸 수 없을 때가 되어야 그럴 듯 하고 흥미로운 주제로 글을 써 나갈 수 있다. 적어도 내가 쓰고 싶은 주제에 관해서는 그렇다. 쓴 글을 다시 검토하면서 그 부분을 모두 지우기도 하지만, 무작정 써 놓은 문장들은 그 뒤에 이어서 글을 쓸 때 공책의 선처럼 나를 지탱해주는 역할을 한다. 공책에 준비운동을 시켜서 내 잉크를 '안착'시키고 심리적 안정을 주는 것이다. 이렇게 본다면 글을 쓴다는 것은 대야나 연못을 한 번 채우는 것이 아니라, 맑은 물이 나올 때까지 물을 계속 흘려 보내는 과정이라 할 수 있다. 내 일기에서 발췌한 아래 내용을 보면 나는 글쓰기는 일단 착수해야 하고 계속 써 나가야 한다고 주장한다. 그리고 모든 문제 아래에는 불안함이 도사리고 있을 가능성이 크다는 인식을 보여준다.

문장을 쓰다 도중에 멈췄다. 긴 문단을 시작하려고 하다가 지금 당장 필요한 것은 정확히 내가 무슨 말을 하려고 하는지 알려주는 명료하고 간결하게 요약한 문장이라는 것을 깨닫는다. 그리고 그런 깨달음과 함께 더 까다로운 깨달음이 온다. 내가 말하려는 내용의 결론이 무엇인지 나 스스로 명료하고 정확하게 표현할 수 없다는 것이다.

내가 할 수 있는 최선은 두리뭉실하고 모호하고 불만족스럽더라도 뭔가를 쓰는 것이다. 연주하기 너무 어려운 대목에서 다른 연주자들과

박자를 맞춰 자기 몫을 하려는 연주자처럼, 그 문단의 본론으로 넘어가 내가 정확히 무슨 말을 하고 있는지 알아내는 것이다. 글을 끝까지 쓰지 않으면 딱 맞는 첫 문장을 쓸 수 없다.

그렇다면 여기서 배울 점은 글쓰기를 순차적인 과정이 아니라 통합적인 과정으로 생각하는 것이다. 출발점에서 시작해서 종점까지 가는 것이 아니라, 똑같은 그림을 연달아 스케치하되 처음 스케치는 아주 거칠고 희미하게, 하지만 새로 그릴 때마다 점점 더 또렷하고 세밀하고 정확하고 균형 있게 그리는 것이다.

그리고 글을 구성하는 부분들은 서로 영향을 주고받아야 한다. 나는 글 한 편을 거의 완성한 후에야 첫 문장을 멋지게 쓸 수 있다. 그런데 글 전체를 다 쓰고 글을 매만질 단계가 되면, 그래서 내용을 요약하는 첫 문장을 쓸 수 있게 되면, 바로 그 문장으로 인해 본문으로 되돌아갔을 때 별로 중요하지 않은 대목, 그래서 들어내거나 줄이거나 가볍게 언급하고 지나가도 되는 대목이 보인다. 그렇게 글의 뼈대를 좀 더 부각시킬 수 있다.

위 내용을 쓴 후에 나는 내가 쓴 글로 돌아갔다. 그리고 내가 무슨 말을 하려고 했는지 정확하게 알 수 있었다. 왠지 글을 멈추고 위에서 설명한 과정을 이해하고 나니 내가 쓴 글에 집착하지 않고 자유로워졌다. 이것을 어떻게 조언이나 전반적인 규칙으로 정리해야 할지 모르겠다. 잠깐. 할 수 있을지도 모르겠다. 이렇게 설명할 수 있을 것 같다. 나는 글이 막혀서 답답했고 더 나아갈 수가 없었다. 이런 상태를 의식하다 무엇이 문제인지 깨닫게 됐다. 문제와 해결책을 분석하는 메모를 하기 위해 멈췄다. 그런데 그렇게 하고 보니 그 문제엔 정말 해결책이 있다는 믿음이 생겨 막막함이 줄어들었고 내가 그냥 용감하게 꾸준히 나아가면 해결책이 다가오리라는 걸 알게 되었다. 초반의 좌절감과 무력감이 줄어들자 처음부터 그 자리에 있던 단어와 생각을 가린 머릿속의 안개도 옅어졌다.

글쓰기를 시작하면 무작정 계속 써야 하는 또 다른 이유는 다음과 같다. 너무 자주 멈추고 걱정하고 교정하고 편집하다 보면 문장 하나하나에 지나치게 공력을 들이게 된다. 그러면 그 단어들이 굉장히 소중하게 여겨진다. 정말 마음에 드는 문장들이 만들어져서 그것들을 버리지 못하는 것이다. 하지만 마지막 단계에 가면 그동안 쓰고 있던 글의 주제가 아예 바뀌진 않더라도 초점과 시각은 달라질 수 있기 때문에 쓴 내용 중 많은 부분을 버려야 한다. 그런데도 처음에 쓴 단어들에 집착하다 보면 그 글은 결국 어색하게 끝나고 만다. 처음에 쓴 글은 발판과 같은 것이다. 발판도 마련하지 않고 속성으로 건물을 짓는 방법은 없다. 하지만 그 발판이 완성된 건물의 일부가 될 수는 없다. 그것은 마치 유명한 철갑상어 요리를 이렇게 하는 것과 같다. 철갑상어를 식초에 담갔다가 2인치짜리 나무판에 못으로 박은 다음, 사흘 동안 저온 오븐에 넣는다. 그런 다음 상어를 버리고 그 판자를 먹는 것이다.

그 일이 또 일어났다. 몇 번째인지도 모르겠다. 나는 어지러울 정도로 엄청나게 긴 문장에서 거추장스럽고 거슬리고 어색한 어구를 들어내려고 안간힘을 썼다. 하지만 아무리 머리를 싸매고 고민해도 더 명료하고 간결한 글이 나오지 않았고, 내가 정말 의도한 글로도 다듬어지지 않았다. 아무 보람이 없었다. 진절머리가 났다. 나는 차선책, 즉 허술한 문장들을 그대로 둔 채 계속 써 나갔다. 그리고 그 다음 날, 최종 원고를 타이핑하고 교정을 보다가 마침내 딱 맞는 문장을 생각해냈다.

바로 내가 찾던 우아하고 간결하고 정곡을 찌르는 문장이었다. 의식적인 면에서 보자면, 전체 내용을 확실하게 정리해서 그중 아주 사소한 어구까지 분명하게 눈에 들어올 때에야 딱 맞는 문장이 떠올랐다. 감정적인 면에서 보자면, 내가 정말로 그럴듯한 글을 다 썼고 그것을 제출해도 된다는 자신감이 생긴 후에야 머릿속에 쳐진 거미줄이 걷혔다. 내가 배운 건 앞에서 정확한 구절을 찾느라 보낸 시간은 낭비였다는 것이다. 나중까지 기다려야 한다. 마지막 단계까지.

혼돈과 방향상실

글쓰기 실력을 늘리기 위한 가장 효과적인 방법이 일단 쓰기 시작해서 무작정 내리 쓰는 거라면 먼저 체험하는 것은 혼돈과 방향상실이다. 다음은 이 책을 집필하던 초기에 쓴 일기의 내용이다.

내가 왜 미쳐 가는지 방금 알았다. 왜 내가 글쓰기를 시작했다가 절망하고 멈추는지를 말이다. 그것도 여러 번 반복해서. 너무 괴로운 일이다. 드디어 내가 무슨 생각을 하고 있는지를 깨달았다. 나는 내가 무엇에 대해 쓰고 있는지도 모르면서 글을 쓰는 것을 견딜 수가 없는 것이다! 너무 위험해 보이기 때문이다. 얼마나 엉망이겠는가. 글이 어디를 향해 가는지, 어디에서 시작하는지도 알 수 없다. 그냥 쓰기 시작해서 알 수 없는 곳으로 가는 것이다. 무게 중심도 찾지 못한 채. 하지만 나는 무작정 시작하려고 한다. 아직 무게 중심이 무엇인지도 모른다. 그걸 참아내야 한다. 끝까지 가봐야 알게 될 것이다.

다음은 글을 많이 써야 하는 근거를 충분히 납득했고 그래서 많이 쓰려고 노력하고 있지만 그것이 현실에서는 얼마나 두려운 일인지를 깨닫는 내용이다. 여기서 나는 많이 써야 하는 근거에 대해 상당히 확신을 가지고 있고 차분하게 그것을 떠올리며 글을 시작한다. 그러다 다시 나의 불안함에 대해 고백한다.

모든 걸 고려하여 내가 가장 강조하고 싶은 말은 이것이다. 무조건 글쓰기를 진행하라는 것이다. 많이 쓰고 많이 버려야 한다. 많이 버리고, 많이 고치고, 거품을 걷어내고, 걸러낼 시간을 확보하려면 일찍 쓰기 시작해야 한다. 세 쪽 짜리 글을 쓰는 데 세 시간이 주어졌다면, 한 시간에 한 페이지씩 쓰지 말고 전체를 세 번 쓰라.

하지만, 하지만 나는 그것이 어렵다. 그래서 모든 것이 완벽하게 준비되고 나의 통제 아래 있어서 내가 쓰려고 하는 내용이 분명해질 때까지 실제로 쓰는 일을 계속 미루기만 한다. 이런 상황이 글쓰기에 착수하지 못할 정도로 나를 불안하게 만든다. 나는 글쓰기를 계속 미룬다. 조금 더, 조금 더 준비될 때까지. 마치 차가운 강물에 뛰어들어야 하는 상황 같다.

반면 정말 글쓰기를 시작하고 나면, 그동안 글쓰기를 준비하던 시간이 대부분 낭비였다는 것을 알게 된다. 중요한 것들은 글을 쓰는 동안에 일어나기 때문이다. 초고를 쓴 다음에, 또는 그것을 다듬거나 논리의 모순들을 해결하면서, 또는 서너 번에 걸쳐 글을 편집하면서 말이다. 나는 이것을 과거의 경험을 통해, 그리고 내 글쓰기 방식에 대한 나름의 이론을 통해 알고 있다. 하지만 지금도 나는 글을 써야 하는데 선뜻 시작하지 못하고 있다. 여기 앉아서 계속 생각하며, 간단히 적어놓은 메모를 훑어본다. 심지어 그 날 일기에 적은 내용을 베끼며 시간을 허비하기도 한다.

무작정 쓰기를 하는 것이 혼돈과 방향상실로 느껴지는 이유는 글을 장악하려는 의지를 대부분 포기해야 하기 때문이다. 우리는 완전한 계획 없이 나아가야 한다. 또는 마음속의 어떤 계획으로부터도 벗어나야 한다. 그리고 단어와 생각, 감정, 의식이 나름의 질서와 논리, 맥락을 찾을 때까지 내버려두어야 한다. 우리가 모든 걸하는 게 아니라 글의 재료들이 어느 정도 방향을 찾도록 허용하는 것이다.

글쓰기에서의 성장은 단지 수많은 단어를 썼다가 쓸모없는 것들을 버리는 것이 아니다. 그것은 글쓰기를 시작하는 사람들을 위한 단순화된 2단계 버전일 수도 있지만, 그렇게만 보면 핵심이 빠진 것이다. 마지막에 남은 단어들이 모두 처음에 썼던 단어들의 일부라면 그것은 진정한 성장이 아니기 때문이다. 상당히 많은 부분이 실제로 변해야만 한다. 하지만 글의 내용이 여러 차례 변화를 겪으면서도 마치 엄마 뱃속에 안전하게 자리 잡은 태아처럼 점차 글의 일관성이 드러나더라도 당신은 이 모든 과정이 그저 혼란하게만 보일 것이다. 왜냐하면 단어들이 계획하거나 통제하는 과정을 거치지 않고 있기 때문이다.

이런 방식의 글쓰기에서 드러나는 통제에는 역설이 있다. 내가 배운 글쓰기의 일반적 모델에서는 글을 통제해야 한다고 가르친다. 글을 쓰기 전에 미리 생각해서 자신이 정말 쓰고 싶은 내용이 무엇인지 결정하고, 구성과 개요를 짜고, 확신을 갖고 명료하게 쓰고, 글이 예기치 않은 방향으로 흘러가지 않게 주의하라는 것이다. 이 조언을 따를 때는 만족감과 통제력이 느껴진다. "나는 이 글을 확실히 장악하고 절대 수렁에 빠지지 않을 거야!" 하지만 결과는 거의 항상 통제력 상실과 막막함, 혼란, 뭔가를 쓰고 싶지만 아무것도 쓰지 못하는 상황이다. 결국 무력감과 수동성만 남는다.

반면 성장 모델은 어떤 면에서 '통제'하지 말라고 가르친다. 자신이 의도하는 바나 쓰려고 하는 내용을 미리 알지 못하더라도 걱정하지 말고, 순서도 짜지 말고, 되는 대로 글이 써지게 두고, 내용이 두서가 없거나 다른 길로 빠지더라도 내버려두라는 것이다. 처음에는 두렵지만 지금까지의 내 경험에 의하면 이런 방식이 통제력을 더 강화해 주었다. 내가 쓰는 내용이 여전히 파악되지 않고, 방향감 상실이나 당황스러움, 막막함도 여전하지만 전반적으로는 나를 무력감에서 구해준다. 그래서 뭔가를 쓰고 싶을 때 실제로 쓸 수가 있다. 미궁에 빠졌다거나 모든 게 엉망이라는 느낌이 들지 않는다.

내버려둠으로써 전반적으로 통제력이 강화된다는 이러한 역설이 역설로 보이는 이유는 대부분 통제를 고정된 것으로 오해하기 때문인 것 같다. 즉 통제라는 것을 발전하거나 과정중심적인 것으로 여기지 않는 것이다. 경직된 사고방식 때문에 우리는 통제력이 있는 사람이 될 것인지 통제력 없는 사람이 될 것인지 하나의 선택을 해야 한다고 여긴다. 그런 생각은 이렇게 흘러간다. "흠. 만일 단어들을 떠오르는 대로 받아 적기만 한다면, 그리고 계획이나 순서도 없이 쓰고 글이 엉뚱한 방향으로 흐르거나 갈피를 못 잡고 헤매는 걸 방치한다면 허튼소리를 지껄이는 한심한 사람이 될 거야. 내 글은 점차 수준 이하로 보이겠지. 내가 그토록 중요시하던 통제력도 잃게 될 거야. 처음엔 수식어와 피수식어가 서로 일치하지 않고, 게다가 단어를 잘못된 자리에 쓰게 되고, 그 다음에는 맞춤법을 틀릴 거고, 나중에는 주어와 술어가

호응하지 않는 문장도 쓰겠지. 얼마 안 돼서 생각도 제대로 못하고 조사가 틀려도 모르고 넘어갈 거야. 타당한 주장과 말도 안 되는 주장도 구별하지 못할 것이고, 조작한 증거와 믿을 만한 증거도 구분하지 못할 거야. 내 머리는 우둔하고 멍청해지고 무능력해질 거야. 그러다 끝내 퇴화되고 말겠지. 안 돼! 엄격해야 돼. 우유부단해지지 않을 거야. 기준을 높게 정해 놓고, 정확하게 쓰고, 주장 하나하나를 똑 부러지게 할 거야. 삼류가 될 수는 없어. 좋은 글이 어떤 건지 분간할 줄은 알아야지. 언제나 명석한 머리를 유지하면서 말야."

　하지만 실제 글쓰기는 이런 경직된 모델을 따르지 않는다. 생명체는 대부분의 과정을 시간의 흐름과 함께 순환하고 발전하여 마지막에는 처음 시작할 때와 전혀 다른 형태를 취한다. 사실 평소 되는대로 글을 쓰면서 원래의 계획을 따르지 않는다 해도 우리의 사고능력은 면밀함과 판단력을 갖추는 방향으로 발전한다는 것을 알게 될 것이다. 유기적인 발달 과정에서는, 엉뚱한 생각도 진정으로 마음을 열고 그것을 받아들이는 단계까지 가면 객관성과 판단력을 제대로 갖출 수 있다.

　탈선이 많아지면 풍부함과 혼돈도 증가한다. 우리는 흔히 탈선을 시간낭비로 보기 때문에 탈선이 시작된다는 것을 감지하는 순간 그것을 막으려고 한다. 하지만 오히려 탈선을 내버려두어야 한다. 그것이 우리가 쓰려는 글에 반드시 필요한 요소일 수도 있기 때문이다. 나중에 버려야 할 군더더기로 드러날 수도 있겠지만 X에 대해 생각하고 있을 때 떠오른 거라면 그것은 X와 관련이 있을 것이고, 따라서 전체 글의 지렛대 역할을 할 가능성도 있을 것이다. 글을 쓰면서 충분히 탈선을 경험해야만 원래의 생각으로 돌아올 수 있는 법이다. 그 군더더기에서 통찰력을 얻는 일은 거의 대부분 탈선이 더 진행되도록 내버려둔 후에야 가능하다. 초반에는 그 두 가지가 서로 얽혀 있어서 탈선이 통찰력을 얻을 기회인지 군더더기인지 구분이 안 될 것이다. 둘 다 흥미로우면서도 주제와 무관해 보인다. 거기에는 우리가 아직 구별하지 못하는 개념들이 있기 때문이다.

　주제에 집착하지 않는다면 글을 다시 읽었을 때 전에 보이지 않던 뭔가가 눈에 띌 것이다. 탈선이 쓰고 있는 글에 끝내 별 도움이 되지 않는다 하더라도 그것 자체로 소중할 수 있다. X에 관해 생각하고 있을 때 Y에 대한 기발한 아이디어가 생각나는 경우도 있는 것이다. 두 가지에 대해 글을 쓴다면, 한 가지를 다 쓰고 나서 나머지 하나를 쓰는 식이 아니라, 두 가지를 동시에 시작해서 한동안 한 가지를 쓰고 이어 다른 것을 쓰는 식이 좋다. 난로에 들어간 장작들처럼 서로 열을 전달하게 하는 것이다.

　이 책을 위해 일기에 쓴 내용들을 다시 읽다가 나는 혼돈이 생각보다는 덜 혼돈스러울 수 있음을 알게 됐다. 의외로 공들여 쓴 수많은 불완전한 문장들을 고치는 것보다 무작정 써 내려간 일기를 고치는 것이 훨씬 더 쉽다는 의미심장한 깨달음을 얻은 것이다. 언뜻 보면 일기에 쓴 내용은 실수 투성이에 양도 너무 많고, 문장을 끝내기도 전에 다른 내용으로 넘어가서 무슨 말인지 해독하기 힘든 경우가 많아 훨씬 더 엉망으로 보였다. 하지만 조금만 손을 보면 — 대부분은 너무 긴 문장을 두세 문장으로 나누는 일이다 — 우아하지는 않더라도 간결하고 명료한 문장들로 다시 태어났다. 반면, 공들여 쓴 문장들은 더 논리적으로 보였다. 모호하고 무겁고 장황했지만 문법에 맞고 이해 가능했다. 하지만 그것들을 간결하고 명료하게 고쳐보려고 하자 훨씬 막막했다. 간단히 말해 의식의 흐름에 따라 쓴 일기 내용은 언뜻 보면 더 엉망으로 보일지 모르지만, 사실은 공들여 쓴 문장들보다 더 확실한 구조가 있는 것이다.

통제력을 유지하면서 구성과 개요를 짜고 고수하려는 고집은 조화로운 성장과 발전을 막는다. 물론 그것은 두렵기만 한 혼돈과 방향상실을 겪지 않도록 미리 막아주는 역할을 하기도 한다.

서서히 드러나는 무게 중심

전체적인 성장주기에서 전환점이 되는 것은 초점의 부상, 즉 주제의 부상이다. 그것은 가장 신비하고 분석하기 난해한 의식상의 변화이기도 하다. 초점의 부상이란 혼돈상태로 보였던 곳에서 무게 중심이 느껴지는 순간을 가리킨다. 방금 전까지만 해도 아무것도 없던 곳에서 어떤 실체가 나타나는 것이다.

떠오르는 무게 중심이 보이지 않는다면 해결책은 글의 소재나 주제와 맞지 않는 것 같더라도 다양한 방향으로 요약을 해보는 것이다. 실제로 초반에 시도한 요약이 사실상 무게 중심이지만 그때는 너무 엉뚱해 보여서 무게중심으로 느껴지지 않았을 것이다. 혼돈 속에서 질서를 찾으려면 연습을 해야 한다. 처음에는 서투르겠지만 점차 익숙해진다. 서투르다고 해서 회피한다면 그 과정은 영영 배우지 못할 것이다.

현실에서 이것이 의미하는 바는 글 한편에서 억지로라도 모종의 무게 중심을 찾는 일, 즉 요약하는 일을 계속 해봐야 한다는 것이다. 처음 시도한 결과가 형편없더라도 개의치 말라. 어떤 면을 과장하거나 무시함으로써 그 글의 소재가 왜곡될 수도 있다. 그래도 괜찮다. 가능하다면 과장된 것들을 두드러지게 표현해 보라. 균형 잡힌 판단력을 유지했다면 미처 생각하지 못했을 것들도 과장을 함으로써 생각해낼 수 있다. 이 시도를 계속 하다보면 처음에는 감을 잡지 못했더라도 발전하면서 바로 이거다 싶은 무게 중심을 포착하게 될 것이다. 균형 잡힌 태도는 자칫 시야를 한정시킨다. 타협하려는 시도가 머리를 복잡하게 만들기 때문이다. 극단적인 관점에서 시작하여 서서히 중용을 향해 나아가는 것이 좋다. 시나 소설에 아무 초점이 없다면 과장된 초점들을 내세워 보라.

내 경우 무게 중심이 떠오르게 하는 방법이 몇 가지 있는데, 다른 사람들에게도 도움이 될 수 있을 것이다. 나열해보자면 다음과 같다.

1. 단순한 뒤집기 : X에 관해 쓰기 시작한다. 그렇게 계속 써 나가다 서서히 Y가 옳다는 것을 깨닫는다. 물론 X를 거치지 않았으면 Y에 관한 결론은 내리지 못했을 것이다. 분명 처음에 Y가 옳다는 생각이 들긴 했어도 그다지 믿음이 가지 않았다. 그래서 X에 대해 한참을 쓰고 나니 결국 Y가 옳다는 판단이 섰다.
2. X와 Y 사이를 왔다 갔다 하며 분투하다가 Z에 이르는 경우. 지름길은 없음.
3. 계속 써 나가다 문득 "아! 이제야 이 글의 의도가 무엇이었는지 알 것 같아."라고 말하게 되는 경우.
4. 한참을 쓸 때까지 내가 쓴 글의 요점이 뭔지 모름. 그렇게 끝까

지 씀. 글을 다 쓴 다음 — 적어도 내가 보기엔 다 쓴 다음 — 한동안 그 글을 치워 둔 후에야 그때까지 이해하지 못했던 내포된 의미를 이해했다. 그때는 그것이 너무 뻔한데 그 전에는 보이지 않았던 것이다.

5. 좋은 아이디어로 보이는 것이 생각남. 그것이 무척 마음에 든다. 하지만 그러다가 쓸데없는 것으로 생각됨. 허무하게 끝날 것처럼 느껴짐. 그러다 마침내 '좋은 아이디어' 안에는 좋은 부분(또는 그 아이디어가 실제로 통하는 영역)과 나쁜 부분이 있다는 것을 알게 됨. 그 전에는 그것을 구분할 수 없었다. 하나의 아이디어 안에 몇 가지 면이 있다는 것은 인식하지 못하고 통째로만 봤기 때문이다. 그래서 그 아이디어를 아예 버리거나 아니면 그대로 받아들여야 한다고만 생각했다. 하지만 상충되는 다른 아이디어와의 상호작용 덕분에 원래의 아이디어에 포함된 여러 면을 구분해서 볼 수 있게 되었고, 그래서 좋은 점은 남기고 나쁜 점은 버릴 수 있었다. 일단 이런 구분을 하게 되자 취사선택은 지극히 당연해 보였다. 그리고 처음에 '마음에 들었던 아이디어'보다 그 안에 포함된 좋은 부분들이 훨씬 더 좋았다.

6. 발판 만들기 : X를 쓴다. 대단히 잘 쓴 것 같다. 하지만 다음날엔 그저 그런 글로 보인다. 그러다 글을 써 나가면서 내용이 확장된다. 원래 쓴 글은 두 번째 버전을 쓰기 위한 발판이었던 것이다. 나중에는 그 발판을 버린다.

7. 삽입 구절, 탈선, 부분집합. 내가 쓰고 있던 글에 포함된 세부사항, 즉 어떤 장면이나 구절, 삽입 문장 등에 불꽃이 숨어 있는 것 같다. 나는 그것이 발화하기를 기다린다. 그것은 결국 요점, 즉 무게 중심이 된다. 내가 처음에 무게 중심으로 생각했던 것은

알고 보면 그저 부수적인 요소였다. 전체적인 방향이 생각지도 못하게 바뀐다. 구성요소는 대부분 그대로 존재하지만 전혀 다르게 느껴지는 것이다.

편집하기

편집할 것이 생길 때까지는 편집을 할 수 없다. 많이 써 놓으면, 그리고 흥미로운 영역으로 들어가 길을 잃고 헤매다가 (글의 맥락과 관련이 없는) 재미있는 소재를 어느 정도 축적했다면, 그러다 마침내 무게 중심이 떠올라 스스로 '그래, 이 글이 어디로 향하는지를 알겠어. 무슨 말을 하려고 이렇게 헤맸는지 알 것 같아.' 하는 생각이 든다면 드디어 마무리할 준비, 즉 편집할 준비가 된 것이다.

편집은 자신이 정말 하고 싶은 말이 무엇인지 알아내고, 그것을 머릿속에서 명확하게 정리하고, 체계적으로 구성하고, 적절한 단어들로 바꾼 다음, 불필요한 것들은 버린다는 뜻이다. 편집은 꼭 필요한 작업이다. 하지만 글의 전체적인 성장 주기 맨 마지막 단계에 해야 한다.

가끔은 한 편의 글이 마술처럼 술술 써지다가 이 마지막 단계마저 자연스럽게 써지며 전체 주기를 마치는 경우도 있을 것이다. 쓰고 쓰고 조금 더 쓰다 보니 마지막까지 방향을 잃지 않고 써 나가게 된 것이다. 첫 15페이지를 그대로 버리고 마지막 3페이지만 남길 수도 있다. 그 부분이 딱 원하는 내용이기 때문이다.

이런 일이 글 한 편 전체에서 일어나는 경우는 드물지만 부분

별로 보면 종종 일어난다. 한 단락이나 한 연(聯) 정도는 원하는 대로 연필 끝에서 곧바로 나올 수 있다는 것이다. 그렇게 되도록 시도하고 목표로 삼아야 한다. 하지만 우리는 보통 다음날 또는 일주일 후에 제출할 글을 쓰기 때문에 지극히 자연스러운 성장주기는 그보다 오래 걸리는 경우가 많다.

　편집은 대개 솜씨가 필요하고, 인위적이고, 타협적이고, 개입하는 작업이다. 수정하고, 잘라내고, 삭제하고, 다시 쓰는 일이기 때문이다. 대부분은 삭제하는 작업이다. 편집 과정에서는 글쓰기에 관한 전형적인 모든 조언을 따르면 된다. 치밀하고 가차 없이 실행하라, 질서 있고 계획성 있게 하라, 통제력을 유지하고 분별력을 잃지 말라는 조언 말이다. 이제는 드디어 자리에 앉아 미간을 찌푸리며 곰곰이 생각하고, 더 적절한 단어를 찾고, 정확한 어구를 고민하다 '죽은 나뭇가지'를 쳐내고, 자신이 정말 의도하는 바가 무엇인지 판단할 때가 온 것이다. 이 모든 작업은 너무 일찍 시도했다가는 글을 망치는 것들이다.

　보통은 편집을 잘하기 위해 개요를 작성할 필요는 없지만 조금이라도 막히면, 뭔가 거슬리는데 어디서 잘못된 건지는 모를 때면, 개요가 꼭 필요할 것 같다. 하지만 글쓰기 초반이 아니라 오직 이 마지막 단계에서만 그렇다.

　나는 전에는 개요라는 것을 한 단어나 어구로만 정리하려고 생각했다. 하지만 점차 그것만으로는 충분치 않다는 걸 알게 됐다. 유용한 개요란 각 단락에 하나씩 있는 온전한 주장들의 목록이어야 한다는 걸 깨달은 것이다. 단락마다 막연한 글의 방향이 아닌 구체적인 주장을 담고 있어야 한다. 개별 주장들은 그 자체로 논리적이고 설득력이 있어야 하며, 그렇게 전체 주장들이 모여 하나의 의미 있는 주장으로 수렴해야 한다. 하나의 주장을 향해 올라왔다면 이번에는 다시 단락으로 내려가서 글을 명료하고 빈틈없이 다듬을 수 있을 것이다. 이제 전체적인 주장을 기반으로 단락별 주장을 재배열하여 (어쩌면 몇 단락은 들어내면서) 더 견고한 질서를 만들어내야 한다. 그리고 마지막으로 당신이 실제로 쓴 단락들을 다시 쓰며 개별 단락들이 구성 요소로서 각자의 문맥에서 글 전체의 일관성을 반영하게 해야 한다.

편집에서의 진리는 쉽게 얻은 것은 쉽게 잃는다는 것이다. 당신이 '어휴. 내용이 끝이 없네. 좀 버려야겠어.'라고 생각하지 않으면 제대로 편집을 할 수가 없다. 함부로 낭비하는 사람처럼 굴어야지 구두쇠처럼 모으기만 하면 안 된다.

이런 교훈을 실행하는 것이 얼마나 어려운지는 누구보다 내가 잘 안다. 모국어에 대한 지식이 한정되어 있어도 유의미한 문장은 무한히 생산해낼 수 있다는 것을 나는 분명히 알고 있다. 다른 조건이 동등하다면 말을 많이 할수록 더 많이 말할 수 있고, 더 잘 말할 수 있음을 너무나 잘 알고 있다. 분명히 알고 있다. 노엄 촘스키도 내가 그럴 수 있음을 잘 알고 있다. 하지만 그것이 실감나지 않는다. 더 많이 말할수록, 특히 더 많이 쓸수록 유의미한 문장의 공급량을 다 써버리는 것 같고 원천이 바닥나면서 질은 더 악화될 것 같은 기분이 드는 것이다.

여기서 설명한 내용은 생물의 세포가 거치는 성장과정의 핵심이다. 후반작업(편집)의 어려움은 지금까지는 드러나지 않았던 초반작업(생산)의 어려움을 드러낸다. 전진하기 위해서는 후퇴가 필요할 수도 있다. 내게 적용되는 원칙은 초반에 난관을 제대로 경험해야 전진도 제대로 할 수 있다는 것이다. 나는 많이 쓰고 많이 생산해야 하는 이유를 충분히 납득한 상태였지만, 편집의 고충을 좀 더 확실히 인식한 후에야 그렇게 고충을 겪는 이유가 내가 생산의 어려움을 제대로 알지 못했기 때문이었다는 걸 깨달았다. 다음은 비교적 최근에 쓴 일기 내용이다.

　며칠 전에 쓴 글을 반복해서 읽고 있다. 최종원고로 다듬기 위해서다. 내가 손보고 있던 대목은 '무엇이 옳고 그른가에 대한 원칙은 없다. 어떻게 다듬어야 하는지 어떻게 통일성을 부여하는지에 대한 지침도 없다.'였다. 나는 직관적으로 이 문장이 너무 길고 깔끔하지 않다는 걸 느꼈다. 독자들에게 불명확한 것이다. 그래서 그 문장을 이렇게 고치고 있다. '문장을 다듬는 데 옳고 그른 기준은 없다. 통일성 확보를 위한 지침도 없다.' 그래 이게 더 낫다. 문득 내가 실제로 하고 있는 일을 깨닫고 나는 혼잣말을 한다. 나는 단어 하나도 버리지 않기 위해 단어를 재조합하고 있다. 그 일은 백만 번도 더 했다. 하지만 이번에 처음으로 그 작업에는 다음과 같은 심리가 깔려 있다는 것을 인식한다. '어떻게 해야 하나도 버리지 않고 이 단어들을 재배열할 수 있을까? 이 단어들은 순전히 내 힘으로 만들었어. 내 머리에서 나온 거야. 그 과정은 지옥처럼 고통스러웠지. 이 단어들을 찾아내느라 피땀을 흘렸으니까. 나는 동물 같은 감각으로 17개의 덫과 함정, 17번의 고뇌에 찬 선택, 그리고 17번의 위기일발을 피하면서 단어 하나하나를 골랐어. 그야말로 고군분투했지. 그러니 단어 하나도 잘라내지 않을 거야. 그 칼을 갖고 여기서 꺼져.'

지금까지는 가차 없이 버리려면 많은 문장을 써 놓아야 한다는 것, 즉 고도의 질서를 부여하기 위해서는 무질서를 더 많이 허용해야 한다는 진화론적 사실을 강조했으니 이제 편집의 냉혹함을 강조할 때가 된 것 같다. 이때가 글쓰기에 관한 충고 대부분이 벽에 부딪치는 시점이다. 글쓰기 과정에서 초반에는 편집을 하지 말라는 것을 충분히 강조하지 않기 때문에 편집에 대해서도 충분한 설명을 하지 못하는 것이다.

편집은 무자비해야 한다. 이를 악물고 헤쳐 나가라. 살을 도려내고 뼈만 남기라는 것이다. 또한 단어가 아니라 관련성을 중심으로 서술해야 한다. 도입 문장을 써넣거나 글의 흐름을 바꿔야한다면 그것은 쓴 글에서 순서가 잘못되었다는 뜻이다. 올바른 순서로 썼다면 도입문장을 쓰거나 글의 흐름을 바꿀 필요가 없다. 힘들더라도 부차적인 내용은 제거하고 냉철하게 핵심적인 내용들을 재배열해야 할 것이다.

단어를 지울 때마다 독자들은 우리와 가까워진다. 살아남은 단어 하나하나가 버려진 단어들의 수액을 흡수하기 때문이다. 버리는 것을 나쁘게만 보지 말고 — 무력감과 분노에 싸여 종이를 구겨서 버리는 걸로 생각하지 말고 — 긍정적이고 창의적이고 생산적인 일로 생각하라. 돌 내부에 있는 형상을 드러내기 위해 끌로 돌을 깎아내는 조각가가 되라는 것이다. 불필요한 부분을 제거해야 뼈대와 구조가 더 잘 드러나는 법이다.

깎아내는 행위에서 힘찬 동작을 느껴 보라. 입을 굳게 다문 채 직접 연필을 들고 마음에 들지 않는 한 줄, 한 단락, 한 페이지 전부 다 취소선을 긋다보면 글의 주장은 선명하게 드러나고 글의 핵심을 분명하게 이해할 수 있다. 반대로 당신이 모호하고 불확실하고 장황하게 글을 쓸 때는 분명 뭔가를 감추려 하고 있다는 것을, 즉 의도를 은폐하거나 자신을 은폐하고 있다는 사실을 간파해야 한다. 그럴 때 당신은 분명히 당신 자신의 힘을 두려워하고 있다. 단어들을 제거하면 당신의 목소리가 두드러진다. 그것이 두려운가? 단어가 많으면 그것들이 방해가 되어 중요한 목소리가 덮인다. 소심한 사람들이 말이 많은 건 이유가 있는 것이다. 아무 말도 안 하려면 배짱이 있어야 한다. 아무 의도도 드러내지 않고 눈에 띄기도 싫다면 말을 많이 해야 한다.

　편집을 한다는 건 누군가에게 실제로 그것을 읽게 할 정도로 용감하다는 뜻이다.

　단어를 버리는 것을 뭔가가 잘못되어서 그러는 거라고 오해하지 말라. 10페이지를 썼다가 그것을 모두 버리고 누군가가 정말 읽을 만한 한 단락, 즉 누군가가 실제로 60초의 시간을 들여 읽을 가치가 있는 한 단락만 남기는 것은 대단히 놀랍고 효율적인 방식이다. 그보다 훨씬 흔한 경우는 좀 더 공들여서 위에서 말한 10페이지에 포함된 오류와 터무니없는 표현들을 쓰지 않은, 하지만 읽을 만한 단락은 하나도 없는 5페이지를 쓰는 것이다. 오류가 없는 이 5페이지의 글을 쓰는 것이 더 바람직해 보이겠지만, 사실 그것은 읽을 만한 가치가 없기 때문에 당연히 쓸모없는 글이다.

앞에서 언급한 세 단계에서 공통적으로 중요한 점은 나 자신의 변화와 내가 쓰는 단어의 변화이다. 편집 단계에 이르면 결국 독자의 평가라는 엄혹한 현실에 대응해야 한다.

성장과정

이 방식을 글쓰기에 적용하고 싶다 해도 쉽게 따라 할 수 있는 규칙은 없다. 매 단계 글을 쓰면서 늘 어려운 문제와 씨름해야 한다. 자신이 어떤 단계에 있는지 알기도 쉽지 않다. 똑같은 글 두 편이 있는 것도 아니고 유기체의 성장과정이 똑같은 경우도 없다. 게다가 물론 내가 여기서 뭔가를 잘못 설명할 수도 있다. 아니면 나의 성장주기가 당신의 주기와 좀 다를 수도 있다. 그러므로 글쓰기에서 성장을 하고 싶다면, 가장 중요한 과제는 유기적이고 진화적인 방식이 무엇인지 감을 잡는 것이다. 이 말은 시간이 흐르면서 드러나는 어떤 실체, 글의 구조 안에서 벌어지는 일련의 변화를 찾아보라는 뜻이다.

　내가 처음 이 방식에 대한 감을 잡은 것은 몇 년 전 아주 중요한 글을 쓰고 있을 때였다. 그 글을 쓰는 데 필요한 메모는 많았다. 내가 말하고 싶은 모든 것이 그 메모들에 담겨 있었다. 하지만 그것들은 몇 주 동안 틈틈이 적어 놓은 것이어서 전혀 정리가 안 된 잡동사니나 마찬가지였다. 나는 거기에 담긴 아이디어를 이용해 통일성 있는 글을 써보기 위해 일주일 정도를 꼬박 바쳤다. 그리고 마지막에 중요한 걸 빠뜨리지는 않았는지 확인하려고 원래의 메모들을 다시 살펴봤다. 그런데 그 메모들의 내용이 어찌나 낯설고 조잡한지 깜짝 놀랐다. 그 전에는 논문에 있는 내용이 모두 메모에 담겨 있다고 생각했었다. 하지만 다시 보니 메모는 단편적이고 논문과 전혀 딴판인 데다 황당한 시각을 드러내고 있었다. 문득 몇 년 전에 쓴 것을 다시 읽고 있는 듯한 인상을 받았다. 맞다. 그것들은 내 아이디어였고 현재 아이디어와도 관련이 있었다. 하지만 그것은 성장해 있었다. 간단히 말해 정신을 집중해서 글을 썼다가 버리고 다시 쓰면서 시간의 흐름을 가속해 성장과정을 압축한 것 같았다.

정해진 단계를 밟으며 성장하는 것은 세포로 이루어진 생명체들의 특징이다. 그 형식은 태아가 주어진 시기를 모두 통과하는 것과 같다. 프로이트의 업적은 심리적 성장의 발달 모델을 제시한 것이다. 인간은 구강기, 항문기, 남근기를 거쳐야 한다는 것이다. 에릭 에릭슨은 7단계 모델을 만들었고, 피아제는 인지 발달 모델²을 만들었다.

성장 모델은 인간의 삶에 대해 많은 것을 설명해주고, 여러 모순들도 해명해준다. 가장 중요한 것은 이 단계들을 순서에 따라 모두 거쳐 가야 한다는 것이다. 어떤 단계도 건너뛰면 안 된다. 앞 단계를 끝마치지 못했거나, 겉으로 드러나지 않더라도 각 단계를 제대로 통과하지 않았다면 어떤 단계에도 진입하지 못한다. 따라서 우리에게 모종의 변화가 일어나지 않고 있다면, 제대로 끝마치지 못한 단계가 있는지, 혹은 건너뛰려고 한 단계가 있는지 돌아봐야 한다. 어리석게도 아직은 때가 아닌 단계에 돌입하려 하거나 이미 돌입한 척 하지는 않았는가? 그렇다면 그 전 단계에 좀 더 머물 거나 그 단계를 제대로 경험해야 할 것이다. 회피하거나 가짜로 경험하는 척 하는 것이 아니라 말이다. 게으름 때문에 고민하는 학생에게 크리슈나무르티가 해준 충고가 떠오른다. 그는 그 학생이 제대로 게으르지 않은 게 문제라고 했다.

글을 쓸 때도 우리가 쓰는 단어는 단계를 거쳐야 한다. 지름길은 없다. (각 단계가 뚜렷이 구분되는 건 아니다. 이와 관련해서는 '요리' 편에서 자세히 설명하겠다.) 다만 집중해서 시간당 더 많은 체험을 할 수 있다면 각 단계를 좀 더 신속하게 거쳐 갈 수는 있다.

물론 지칠 것이다. 하지만 그렇게 해야 글을 쓸 때 흔히 낭비되는 다른 에너지를 절약할 수 있다. 여기서 우리는 글을 쓸 때 느끼는 막막함과 절망의 근본원인 중 하나를 이해할 수 있다. 그것은 초고부터 완벽하게 쓰려고 발버둥치는 것이다. 우리는 다듬고 고치려 노력하지만 정말이지 아무 소용이 없다. 초고는 버리고 빨리 지나가야 한다. 어쩌면 두 번째 원고도 마찬가지일 것이다. 요점은 초고에 필요 이상의 시간을 낭비하지 말라는 것이다. 거칠게 윤곽만 잡으면 되기 때문에 빨리 지나가는 것이 좋다. 과잉 투자하거나 몰두하지 말라는 것이다.

그런데 여기서 이해하기 어려운 지침이 있다. 그래도 초고 수준의 글이 될 만큼은 충분히 시간과 노력을 바치라는 것이다. 그 단계를 실제로 생략하면 안 된다. 그렇지 않으면 처음 만난 막다른 길에서 벗어나지 못할 것이다. 처음 시작한 자리에서 빈둥거리면서 사실상 성장과정의 변두리만 헤매다가 초고를 최종원고로 내놓고 말 수도 있다. 이것도 사춘기를 건너뛰는 것과 마찬가지다.

성장 모델로 인해 나는 내가 자주 다음과 같은 함정에 빠진다는 것을 알게 됐다. 매번 나는 X를 향해 나아가기 시작한다. 하지만 문득 그것이 아무 소용이 없다고 느낀다. 멈춘다. 새로운 아이디어나 무게 중심이 무엇인지 찾아본다. 그러다 Y가 보인다. 한동안 Y를 향해 간다. 그런데 거기에 정말 심각한 허점이 있다는 생각이 든다. 그러다 Z에 대해 똑같은 과정을 되풀이한다. 그리고 내가 자주 부딪치는 난관을 만난다. 거대한 늪에 빠진 느낌이다. X나 Y, Z를 향해 움직이려는 순간, 셋 다 쓸모없다는 것을 알게 되는 것이다. 하지만 그 이상은 생각할 수 없다. 나는 시도했다가 버리는 과정을 반복하면서 점점 더 지쳐가고 의기소침해지고 혼란스러워진다.

　문제는 내가 그 중 하나도 온전히 받아들이지 않는다는 것이다. 나는 뭔가 잘못된 것 같다는 생각에 글쓰기를 멈춘다. 나의 비판적이고 편집자적 본능이 너무 일찍 슬그머니 작동했기 때문이다. 그런데 내가 억지로라도 그 길 하나를 택해 — X를 택하든 Y나 Z를 택하든 그것은 그다지 중요하지 않다 — 꼬리에 꼬리를 무는 생각을 끝까지 따라가면 그것이 나를 늪에서 꺼내 준다는 것을 발견하게 되었다. 그렇게 되려면 시간낭비로 끝날 거라는 두려움에 저항하여 나 자신을 강제로 그렇게 하게 만들어야 한다. 그리고 대부분 그 두려운 느낌은 기우였다. 내가 늪에 걸려든 것은 X나 Y, Z를 끝까지 밀고 나가지 않았기 때문이었다. 그러다 한번은 대충 급하게 스케치하듯 쓰는 방식이지만 끝까지 밀어붙여 보니 — 물론 흠없이 다듬어진 원고를 썼다는 건 아니다 — 그 전에는 보이지 않던 완전히 새로운 방향이 보였다. (혹은 X나 Y, Z가 정말로 옳았다는 것을 알게 되었다.) 내 눈에 그것이 보인 건 하나의 초고가 될 정도로 글을 충분히 써냈기 때문이었다.

　이 늪에서 빠져나온 경험은 성장에 필요한 핵심적인 요소가 무엇인지를 보여준다. 그것은 뭔가를 받아들이는 것보다 뭔가를 포기할 때 성장이 촉진된다는 것이다. 일반적으로 성장이란 뭔가를 받아들이는 과정으로 보인다. 즉, "이봐, 그 친구한테서 전에는 안 보이던 새로운 생각이나 감정이나 인식이 보여. 이제 어른이 다 됐군." 하고 말할 때처럼 말이다. 하지만 대부분 그 새로운 요소는 이미 내면에서 대기하고 있었다. 평상시 우리는 하루에 적어도 두 단계나 세 단계를 성장시켜줄 재료를 만난다. 우리가 '새로운' 아이디어 또는 개념을 얻었다면, 그것은 우리가 그 아이디어나 개념을 세 번, 혹은 열 일곱 번쯤 마주쳤을 가능성이 높다. 그런데 그때서야 그것을 포착했고 그 덕분에 성장이 일어난 것이다. 정말로 새로운 것은, 이미 차례를 기다리고 있던 '새로운' 것의 흡수를 방해하는 낡은 인식과 생각, 감정을 내려놓는 것이다. 이처럼 성장에서 가장 중요한 전환점은 대체로 무언가를 포기하는 시점이다. 다시 말하면 낡은 사고나 인식의 허술함을 처음 알게 되고, 그것의 한계를 발견하여 균형 잡힌 시각으로 보고, 그것이 다른 시각의 부차적인 요소라는 것을 깨달음으로써 어느 정도 놓아주는 것이다. 이 과정을 거쳐야만 새로운 인식, 아이디어, 감정을 받아들일 수 있다.

뭔가를 글로 쓰는 것이 성장을 자극하는 이유는 다음과 같다. 뭔가를 쓸 때, 과도하게 몰두해서 쓰지 않는다는 전제하에 우리는 글의 대상을 한 걸음 떨어져서 생각할 수 있다. 우리가 붙잡고 있던 생각이나 인식은 우리 머리의 짐과 같은데, 글을 쓰는 것은 그 짐을 내려놓고 머리를 쉬게 하는 것이다. 그러면 글로 풀어 쓴 생각이나 인식의 한계가 더 잘 보이고 그로 인해 새로운 생각이나 인식을 받아들이게 된다.

성장을 가로막는 인식이나 생각에서 중요한 점은 우리가 그런 인식과 생각을 보는 것이 아니라 렌즈처럼 그것을 '통해서' 본다는 것이다. 그것은 생각이라기 보다는 생각의 수단이다. 우리가 하는 생각이나 눈앞의 장면은 대부분 볼 수 있지만 우리가 생각하거나 보는 방식을 보는 건 어렵다. 하지만 무심하게 그리고 자유롭게 글을 쓰다 보면 성장을 가로막는 생각이나 인식을 훨씬 더 잘 볼 수 있을 것이다.

단계를 거치며 글이 나아지는 것을 살필 때는 다양한 시간 단위를 기준으로 그 과정을 경험해 보라. 나는 지금까지 단기간의 발전에 대해 설명하면서 네 시간 뒤에 혹은 나흘 뒤에 더 나은 글을 얻으려면 형편없는 글을 받아들여야 한다고 당부했다. 그러지 않으면 처음에 쓴 단어들이 나아지지 않고 그대로 남을 거라고 말이다.

이를 더 긴 성장주기에도 적용해야 한다. 어떤 유형의 성장은 시간이 더 오래 걸리기 때문이다. 좋은 글을 얻기 위해서 우리는 마음을 비우고 지금은 — 올해는 혹은 이번 10년은 — 엉망인 글을 받아들여야 한다. 이제 나는 글을 쓰다가 수없이 만나는 난관은 향후 10년 후에나 쓸 수 있는 글을 지금 쓰려고 했기 때문이라는 것을 알고 있다. 지금의 내 목소리와 나 자신을 회피하려 하면서 말이다.

3. 글쓰기 과정 — 요리

성장이란 전체적으로 광범위하게 진행되는 모든 생명체의 진화 과정이다. 그에 비해 요리는 더 소규모의 성장이다. 예를 들면 거품 걷어내기, 걸러내기, 발효하기, 화학적 상호작용, 미세한 분열 등이 그것이다. 요리는 성장을 일으키는 동력을 이끌어간다. 한 편의 글이 X에서 시작해서 Y로 끝나는 것, 글 쓰는 사람이 저녁을 먹은 후 일련의 사건을 보고, 느끼고, 깨달은 것에서 시작하여 그 날 자정에는 그때까지 한 번도 생각하지 못했던 것들을 보고, 느끼고, 깨닫게 되는 것도 요리 때문이다. 요리는 창작의 가장 작은 단위이며, 역엔트로피(anti-entropy)의 가장 작은 조각이다. 우리는 요리를 통해 자신의 에너지를 쓰면서 내면으로부터 새로운 인식과 통찰을 얻게 된다.

처음에 나는 자유롭게 글을 쓰는 것이 요리의 핵심이라 생각했다. 항상 통제하는 방식으로 글을 쓰다가 편집이라는 억압을 없애면 수많은 요리를 쏟아낼 가능성이 크다. 하지만 그것만으로 요리를 만들어 내기에는 부족한 경우가 많다. 때로는 먹지도 못할 음식쓰레기를 만들어낼 수도 있는 것이다.

그 다음에 나는 요리의 핵심은 열정과 노력이라고 생각했다. 요리를 하기 위해서 열정 어린 노력이 필요한 것은 사실이다. 때때로 거대한 열정의 분출이 요리로 이어지는 것 같기도 하다. 하지만 글을 써본 사람이면 누구나 알다시피 때로는 아무리 많이 노력하고 열정을 발휘해도 글을 써내는데 충분하지 않을 때가 있다.

　이제야 알 것 같다. 요리는 서로 차이나고 상충하는 재료들의 상호작용이라는 것을 말이다. 앞으로 글쓰기에서 중요한 역할을 하는 다양한 종류의 상호작용에 대해 설명할 것이다. 종류는 다양하지만 요리란 한 가지 재료 또는 하나의 과정이 다른 재료와 상호작용함으로써 형태를 바꾸는 것이기도 하다. 한 가지 재료가 다른 재료의 렌즈를 통해 관찰되거나, 다른 재료의 내부를 통과함으로써, 또는 다른 재료의 관점에서 방향이 전환되거나 재구성됨으로써, 또는 다른 재료에 맞게 면밀히 배치됨으로써 말이다.

　요리는 사람들 사이의 상호작용이다

원래 가장 흔하고 쉽게 만들어지는 상호작용은 사람들 사이에서 일어난다. 글을 쓰다가 또는 뭔가를 이해하려다가 막혔다면 그에 대해 이야기할 사람을 한 명 이상 찾아보는 것이 가장 좋다. 그들이 당신의 생각에 동의하지 않거나 당신이 한 말을 이해하지 못한다면 오히려 더 좋다. 단, 그들의 마음이 열려 있어야 한다. 다른 사람에게 이야기해야 하는 이유는 나를 비롯한 대다수에게 늘 일어나는 일을 생각해보면 알 수 있다. 나는 글을 한 편 쓴다. 그런데 별로 마음에 안 든다. 나는 그 글에 관해 누군가와 의견을 나눈다. 15분 동안 갑론을박하면서 그의 질문에 대해 답변을 한다. 그러다 그가 말한다. "그런데 왜 그 말을 안 쓰는 거예요? 그거 좋은데요. 명확하잖아요." 나는 소리치고 싶다. "썼잖아요. 제 글 전체에서 내내 그 얘기를 하고 있었다고요." 하지만 사실 나는 글 전반에서 그냥 그 얘기를 함축하거나, 그렇게 믿도록 유도하거나, 그저 우회적으로 말하고 있었을 뿐이다. 내가 그의 의식을 통해 굴절된 나의 단어와 생각들을 깨닫기 전에는 명확하게 말하지 못했던 것이다.

두 사람이 한 사람보다 나은 이유는 대립하는 요소들의 상호작용이 한 사람의 머리보다 두 사람 머리 사이에서 더 많이 일어나기 때문이다. 그렇기 때문에 아이디어 회의가 효과가 있는 것이다. 내가 뭔가를 말한다. 당신은 거기에 대해 반응을 보인다. 그 반응은 내가 말한 내용을 재구성하거나 또는 글의 방향을 변화시킨다. 그래서 나는 당신의 개입을 통해 새로운 것을 보게 되고 그 결과 내가 처음에 말한 내용을 개선할 수 있다. 그 과정은 연속적인 지렛대 효과, 다시 말하면 힘의 확대 효과를 일으킨다. 각자 번갈아가며 상대의 어깨에 올라타고 조금씩 산을 오르며, 오를 때마다 매번 조금 더 먼 곳을 볼 수 있다. 이 방식은 토론이나 논쟁이 '어떤 결론에 이르게' 해준다. 그리고 왜 어떤 토론은 아무 결론도 없이 흐지부지 끝나는지도 가르쳐준다. 완고하고 편협한 사람들이 자기 머릿속의 재료가 다른 사람들의 발언에 의해 변화하는 것을 거부하기 때문이다. 그들은 무조건 현재 자신의 판단에 집착하면서 그것을 조금이라도 포기해야 될까 봐 몹시 두려워한다.

요리는 여러 아이디어 사이의 상호작용이다

두 사람의 생각이 상호작용하면서 혼자서는 생각해내지 못할 견해나 관점을 얻을 수 있듯이, 혼자서도 자신의 아이디어나 관점들이 상호작용하도록 밀어붙이면, 예전에는 미처 생각해내기 힘들었던 견해나 새로운 시각을 얻을 수 있다.

그러려면 자신의 생각들이 서로 충돌하고 갈등하도록 몰아가야 한다. 하지만 우리는 보통 그런 충돌을 피하라고 배운다. 서로 어긋나는 아이디어를 동시에 품고 있으면 헷갈리고 막막하기 때문에 우리는 그런 가르침을 따른다. 생각이 충돌할 때는 막다른 골목에 갇히거나 덫에 걸린 기분이 들겠지만 사실 그것이 가장 생산적인 일이 벌어질 수 있는 상황인 것이다. 모순이 있는 상황으로 자신을 밀어 넣어야 기존의 생각을 벗어나 새로운 생각을 이끌어낼 동력이 생기고 정체된 사고에서 벗어날 수 있다.

우리가 생각이나 인식을 하는 경우, 특히 글을 쓰려고 할 때, 늘 충돌과 모순 속으로 빠져들기 마련이다. 그렇지 않은 사람이 있다면, 그것은 단지 그런 상황을 외면하도록 길들여졌기 때문이다. 그러므로 생각과 비유, 연상의 흐름을 더 열심히 따라가면서, 그리고 더 열심히 헤매고 다니면서, 일치하는 것보다는 일치하지 않는 것들을 더 많이 찾아내야 한다.

서로 대조되고 상충하는 아이디어를 쉽게 떠올리는 방법 중 하나는, 10분 글쓰기를 하듯 머리에 있는 생각을 쭉 써 나가며 생각이 여러 방향으로 흘러가도록 내버려두는 것이다. 동일한 소재에 머물고 있더라도 그 글의 구조는 바뀔 지도 모른다. 한 가지 견해나 구조의 관점에서 모든 소재를 살펴보고, 그 다음에는 다른 견해나 구조의 관점에서 살펴보자. 서로 모순되는 점들이 있더라도 그것은 걱정할 일이 아니다.

요리는 단어와 생각의 상호작용이다

단어들을 중심으로 글을 풀어가는 게 좋을지, 아이디어나 생각, 의미를 중심으로 글을 풀어가는 게 좋을지를 두고 나는 오랫동안 고민했다.

　양적으로 많이 쓰는 것이 좋다는 것을 처음 알았을 때, 나는 아이디어 중심으로 글을 쓰거나 개요를 짜는 것, 즉 '요점'이나 의미를 기반으로 글을 쓰는 것은 좋지 않다고 생각했다. 그리고 단어를 중심으로 멈추지 않고 글을 쓰는 것이 최선이라고 생각하며 오랫동안 이 입장을 고수했다. 거대한 단어의 늪에 빠져 허우적대면서도 아직 단어를 충분히 쏟아내지 않았다고 생각했다. 그러다 결국 생각을 따라가며 글을 쓰는 것이 좋을 수도 있다는 것을 인정할 수밖에 없었다. 다음은 이 교훈을 납득할 무렵에 쓴 일기 내용이다.

　형편없이 쓴 글에 발목이 잡혀 있다. 다시 써보려고 하지만 잘 안 된다. 효과가 없다. 절대 발표할 수 없는 글이다. 결국 나는 이 글이 힘이 없는 데다 내용도 틀렸거나 의심스럽다는 것을 인정하고 만다. 하지만 더 괜찮게 고칠 수 있을 것 같지 않다. 결국은 단어들을 생각들로 전환함으로써 — 글에 담긴 생각들을 간결한 형태로 다시 씀으로써 — 돌파구를 찾아냈다. 이 작업은 주로 각 단락에서 중심이 되는 한두 개의 생각을 찾으면서 진행했다. 이때는 오로지 진정한 생각들만 취급했다. 이를 위해 어떤 단락에서는 생각이라고 할 만한 게 없다는 것을 과감하게 인정해야 한다.

　이 해결책으로 나는 말할 수 없는 해방감을 느꼈다. 나는 그때까지 단어와 어구, 문장들에 사로잡혀 있었다. 너무 힘들게 고민해서 써 놓은 것들이라 다 마음에 들고 소중했기 때문이다.

그래서 나는 위 두 가지 방식이 모두 도움이 된다는 결론을 내렸다. 목적이 다를 뿐이다. 그 목적이란 관조와 집중이다. 아이디어를 중심으로 글을 쓰면 균형 잡힌 관점과 구조, 그리고 의미의 명료함을 얻는다. 단어를 중심으로 글을 쓰면 풍부한 내용과 창의적인 표현, 다양한 의미를 얻는다. 다음은 위 일기에 이어지는 내용이다.

나는 단어들에 사로잡혀 꼼짝 못한 채 균형 있는 시각으로 주변을 보지 못했다. 그러다 단어들에서 벗어나 "도대체 이 문장의 의미가 뭐지?" 하고 반문함으로써 그 문제를 해결했다. 단어들의 늪에 빠질 수 있다는 단점은 그것의 장점이기도 하다. 글을 쭉 써 나가며 말의 리듬과 의미의 활력을 즐기다가 맥락을 벗어나는 경우가 많기 때문이다. 개요에 맞춰 글을 쓰고 있다 해도 맥락을 벗어나는 것은 마찬가지다. 하지만 이런 탈선이 바로 내가 개요를 짤 때는 생각하지 못했던 새로운 아이디어를 떠올리게 한다.

하지만 두 가지 방식에 대한 위 시각도 항상 옳은 건 아니다. 어느 날 내가 힘들게 깨달은 사실이 있다. 그것은 아무리 '요약'하려고 노력해도 잘 안 되던 그 요약이 단어 쓰기를 통해 가능할 수도 있다는 것이다. 또한 단어 위주의 쓰기가 같은 자리만 맴돌게 붙들어 둔다면 그때는 아이디어 위주의 쓰기가 새로운 시각을 보여줌으로써 지적인 풍요로움을 선사한다.

내가 요리를 상호작용으로 이해하기 전에는 단어 중심의 글쓰기와 생각 중심의 글쓰기가 서로 연관된다는 사실을 이해하지 못했다. 어느 한 가지가 더 낫다는 게 아니다. 각 방식의 역할이 따로 정해져 있다는 뜻도 아니다. 명료함과 풍성함을 낳는 것은 그 두 방식의 상호작용, 즉 요리라는 것이다. 마음에 드는 방식이 무엇이든 그것으로 시작하면 된다. 하지만 분명한 것은 두 가지 방식을 모두 써서 그 사이를 왔다 갔다 해야 한다는 것이다. 장황한 단어들의 집합을 서투르더라도 한 가지 생각으로 요약한다면 그 단어들 안에서 새로운 함의, 관계, 이치에 맞지 않는 대목 등 그때까지 못 보던 것을 분명히 발견할 것이다. 한편 하나의 생각을 선택하여 그것을 완전한 문장으로 바꿀 때, 즉 누군가의 입에 그것을 넣어줄 때 우리는 또한 그 생각 안에서 전에는 깨닫지 못했던 것을 발견한다. 방식을 바꿀 때마다 새로운 시각이 생기고 글은 더 단단해진다.

요리는 은유 사이의 상호작용이다

은유 사이의 상호작용은 가장 섬세한 글쓰기 방식이다. 그러므로 될 수 있으면 많은 은유법을 쓰라. 유추나 비유, 예시도 좋다. 많이 쓸수록 좋다. 그것들이 연필 끝에서 자유롭게 술술 나오게 해야 한다. 넘치도록 쓰라. 그것들은 사람들 사이에서나 아이디어 사이에서처럼 상호작용을 촉진한다. 은유란 뭔가를 원래의 이름과 다른 이름으로 부르는 것이다. 비유나 유추, 예시는 다른 것을 바탕으로 뭔가를 생각하는 것이다. 모순은 어디에나 존재한다.

그래서 우리는 집을 그냥 집이라 하지 않고 놀이터나 정글이라 부르기도 하고, 저주나 상처, 천국이라 부르기도 한다. 각 명칭은, 그렇게 부르지 않았으면 깨닫지 못했을 집의 다양한 의미를 부각한다. 어떤 생각을 렌즈 삼아 다른 생각이나 개념을 보는 것이다.

여기에도 요리의 핵심이 있다. 모든 요리에서처럼 은유에서도 새로운 아이디어와 개념이 만들어진다. 논리적 연결이 느슨해지면서 어떤 요소가 그 안에 잠재된 방향으로 발전하거나 성장하기 때문이다.

자신은 '문자 그대로밖에 보지 못하는 사람'이어서 은유법은 쓰지 못한다고 생각하는 우를 범하지 말라. 그런 사람은 없다. 사람은 누구나 꿈을 꾸는데, 꿈이란 다름 아닌 은유와 비교, 유추, 예시이다. 은유를 사용하는 것이 힘들다면 그것은 그저 그것에 관심을 두지 않았다는 뜻이다. 당신이 이해하는 은유법을 발판으로 하여 다른 은유법에도 마음을 열고 그것을 받아들이려 해보라.

어쩌면 혼합은유를 쓰지 말라는 경고에 너무 충실했는지도 모른다. 혼합은유가 나쁜 것은 그것이 혼합되어서가 아니라 나쁘게 혼합되었기 때문이다. (이것은 최종원고를 두고 하는 말이다. 초고에서는 '나쁜' 혼합일수록 더 좋다.) 혼합은유에 반대한다는 사람은 키스를 두 번 하는 것에 반대하는 사람과 같다. 그 사람은 아마 키스를 한 번 하는 것도 싫어할 것이다. 그의 취향은 존중해야 하지만 그가 키스를 판단하는 재판관이 되어서는 안 된다.

요리는 다양한 형식 사이의 상호작용이다

글의 서술방식(modes)이나 문체(textures)에서도 똑같은 시
도를 해보라. 글을 산문에서 시로 바꾸었다가 다시 산문으로 바
꾸더라도 괜찮다. 가벼운 글에서 딱딱한 글로, 개인적인 글에서
비개인적인 글로, 1인칭 시점에서 3인칭 시점으로, 픽션에서 논
픽션으로, 경험적인 글에서 선험적인 글로 바뀌는 걸 피하지 말
라는 말이다. 눈앞에서 글의 서술방식이 바뀌기 시작하더라도 뒷
걸음치거나 멈추지 말라. 아무리 비상식적인 것 같아도 써지는
대로 따라가고, 그 형식이 발전하게 내버려두라. 그래야 당신이
쓰는 소재에 대해 뭔가가 보이고, 그것들이 요리되고, 발전하고,
성장할 것이다. 예전에 키웠던 개에 대해 쓰기 시작한다. 그러다
가 슬픔에 대해 쓰고, 이어서 개의 특성에 대해 쓴다. 그러다 과거
의 흔적에 대해 쓴다. 그러다 이름에 대한 시를 쓴다. 이어서 자서
전처럼 자기 분석적인 글을 쓰고, 가족 이야기도 쓴다. 각각의 형
식은 그 소재의 다양한 측면을 드러내 줄 것이다.

요리는 당신과 당신이 쓴 언어 사이의 상호작용이다

언어는 우리가 우리 자신과 상호작용하도록 도와주는 중요한 수
단이다. 화가들은 형태와 색깔로 상호작용하고, 작곡가들은 음악
소리로 한다. 언어 같은 기호체계가 없으면 한 번에 두 가지 이상
을 생각하고, 그 두 가지가 상호작용하여 요리가 되는 것이 불가
능하지는 않더라도 어려울 것이다. 한 가지 생각을 언어와 같은

상징이나 기호로 표현하면 그제서야 머리는 생각을 내려놓고 휴식을 취한다. 언어를 통해 우리는 아이디어나 감정, 인식을 단어에 투입해 놓고 (냉장고에 음식을 넣어두듯 그것을 머리 한쪽에 넣어두고) 다른 생각을 하면서도 처음의 생각이나 감정, 인식을 그대로 간직하게 된다. 두 가지 생각이나 감정을 동시에 음미하거나 그 둘의 관계에 대해 생각해볼 수 있는 것이다. 이런 점에서 볼 때 언어의 가장 큰 역할은 우리 자신과 우리의 인식, 감정, 생각 사이에 거리를 두도록 해준다는 것이다.

그러면 종이에 문장을 적어서 나와 내가 아닌 것이 상호작용하도록 해보자. 대화 상대를 만들어내는 것이다. 이는 두 단계가 필요하다. 먼저 문장을 쓰는 것도 의식하지 못할 정도로, 그리고 나와 문장들 사이에 어떤 거리감도 느끼지 못할 정도로 최대한 자유롭게 종이 위에 적는다. 그냥 혼잣말하듯 종이 위에 털어놓는 것이다. 그리고 두 번째 단계에서는 뒤로 물러나서 그 문장들 사이에 가능한 한 넓은 틈을 만들어야 한다. 글을 한쪽에 치워 두었다가 나중에 그것을 집어 들고 마치 다른 사람의 머리에서 나온 듯이 그것을 읽어보라. 써 놓은 글과 상호작용을 하며 반응하는 법을 배우라. 그 글을 바탕으로 새로운 반응을 이끌어내는 것이다.

일기의 역할은 종이 위의 기호(단어나 문장)와 나 사이에 상호작용을 일으키는 것이다. 격한 감정을 품고 있다가 그것을 거침없이 쏟아 놓으면, 거리감과 통제력이 생기기도 하지만 다른 한편으로는 그 감정을 더 깊이 느끼게 된다. 무력감에 빠지거나 휘말리지만 않는다면 때로는 어떤 감정을 더 강하게 느끼는 것은 좋다. 이처럼 글쓰기는 언어로 표현된 감정을 실제로 느끼게

도와주고, 그런 다음 어느 한 감정에 매몰되지 않고 다른 감정으로 넘어가게 해준다.

요리가 되지 않을 때

요리가 안 될 때는 좀 더 적극적으로 개입하는 것이 좋다. 이를 위해서는 왜 요리가 되지 않는지를 이해해야 한다.

요리가 되지 않는 데는 두 가지 이유가 있다. 첫 번째는 상호작용이 가능한 대조적이거나 상충되는 요소가 없기 때문이다. 무슨 말을 해야 할지 알고 있고, 그것을 말하는 경우, 그것도 완전히 직설적으로 말하는 경우가 여기에 속한다. 멋지게 요리된 재료를 머릿속에 담고 있다면 그건 괜찮다. 하지만 대개 머릿속에 있는 요리는 별로 재밌지 않고, 만족스럽지도 않고, 충분하지도 않다. 당신에게는 좀 더 나은 재료가 필요하고, 좋은 아이디어도 필요하고, 이야깃거리도 필요하다. 이런 문제는 대개 많이 쓰고, 편집자적 억압에서 벗어나 무엇이든 지껄이거나, 10분 쓰기를 하면 해결된다.

요리가 안 되는 첫 번째 경우는 집단 내 전 구성원들의 의견이 일치하는 경우를 생각해보면 쉽게 이해할 수 있다. 모든 사람이 고개를 끄덕이거나 '제가 동의하는 이유가 또 있습니다.'라고 말하는 것 밖에 다른 할 말이 없는 것이다. 때로는 모두가 지나칠 정도로 '친절'해서 그 방에서 찬성하는 일 외에는 할 일이 없을 때도 마찬가지다. 열정도, 아이디어도, 색다른 인식도 전혀 없다는 말이다.

요리가 되지 않는 두 번째 경우는, 서로 충돌하는 재료가 많은데도 상호작용을 하지 않는 경우이다. 이런 유형도 집단에 비유해서 생생하게 설명할 수 있다. 이번에는 그 집단이 의견충돌로 가득한데, 누군가 무슨 말을 하려고 하면 다른 사람이 곧바로 말을 자르며 그 사람이 하려는 말, 또는 할 것으로 추측되는 말에 왜 동의할 수 없는지를 설명하기 시작한다. 거기에는 유익한 상호작용도 없고, 상대방의 시각을 통해 아이디어나 인식이 굴절되는 생산적인 현상도 전혀 없다. 오직 교착상태와 무승부밖에 없다. 두 장사의 팔씨름처럼 엄청난 기운이 소모되고 근육이 튀어나오고 이마에서 땀이 흘러내리지만 미동도 없는 상태와 같은 것이다.

나는 이 두 번째 경우가 더 문제라고 본다. 수많은 재료들 사이에 붙잡혀 있으면서도 요리가 안 되는 이 상황 말이다. 이것은 상호작용은 일어나지 않고, 재료가 대립하고 있는 상태이다. 하나의 아이디어 또는 이어지는 생각들 또는 어떤 글쓰기 방식을 따라가지만 결국 그것이 아무 쓸모가 없다. 그래서 또 다른 아이디어를 떠올리고 따라가지만 그것도 별 소용이 없음을 깨닫는다. 그러다 다른 아이디어를 따라가고 이번에도 똑같은 일이 반복된다. 원래의 아이디어에 다시 매달려보지만 그 자리에서 조금도 나아가지 못한다. 절망이다.

언쟁만 하는 집단의 문제를 보면 어떻게 요리를 시작해야 하는지 배울 수 있다. 끼어들지 않아야 하고, 한 사람이 발언을 마친 다음에 다른 사람이 의견을 말해야 한다. 이렇게 해야 한 사람의 시각이 다른 사람의 머리에 온전히 각인될 수 있고, 원래의 생각이 변모하고 방향을 바꿀 가능성을 극대화할 수 있기 때문이다.

마찬가지로 여러 아이디어가 상호작용을 일으키지 않아서 교착상태에 빠진다면, 다음의 방법을 써보라. 먼저 각 아이디어를 한 번에 하나씩 받아들이라. 아이디어 하나하나를 온 마음으로 받아들이는 척하라. 모든 것을 그 아이디어의 관점에서 보고 그 관점에 설득된 척하라. 이렇게 하면 하나하나의 아이디어를 경청하게 되어 확실히 상호작용이 일어날 수 있다. 말하자면 다른 재료가 그 아이디어라는 렌즈를 통해 보이는 것이다.

글을 써내는 것과 요약하는 것 사이에 상호작용이 없을 때도 단어 위주의 글쓰기와 의미 위주의 글쓰기 사이에서처럼 요리가 진행되지 않는다. 글을 쓰기 시작하지만 충분히 많이 쓰기도 전에 뭔가 이게 아니라는 느낌에 글쓰기를 중단한다. 똑같은 상황이 계속 반복된다. 이런 식으로 요리가 안 될 때 — 아마 내가 가장 자주 부딪치는 난관일 것이다 — 여기에서 벗어나는 유일한 방법은 분리된 두 단계에서 억지로라도 상호작용이 일어나도록 의식적으로 나를 밀어붙이는 것이다. 적어도 글을 쓰는 동안에는 한 걸음 물러나 글의 의미나 흐름을 파악하려는 습관에서 의식적으로 벗어나라는 것이다. 논리적으로 말이 안 되더라도 계속 써 나가야 한다. 왜 그것이 말이 안 되는지를 써도 좋고 가능하다면 말이 되는 것들을 쓰기 시작해도 좋다. 어쨌든 글쓰기를 멈추지 않아야 한다.

10분이나 20분 이상 한 바탕 글을 쓴 다음에는 한 걸음 물러서서 균형 잡힌 시각으로 자신의 글을 살펴보는 게 좋다. 그리고 이렇게 관조적 글쓰기 단계에 접어들면 앞서 집중적으로 쓰던 단계처럼 자신을 밀어붙여 철저하게 글의 의미와 흐름을 검토해야 한다. 예를 들어, 내가 '프랑스 혁명의 원인' 또는 '월요일 오후 강가를 걷다가 느낀 것들' 또는 '이 후보와 저 후보 사이의 차이점'이라는 내용으로 글을 마쳤다면, 나는 내 시각을 정립하는 단계를 밟지 않은 것이다. 이 문장들에는 아직 주제라 부를 만한 게 없고, 그래서 실질적인 내용이나 주장을 제시하지 않았다. 아직 뒤로 물러나 이 글의 결론이 무엇이 될지 생각해보지 않은 것이다.

　요리가 확실히 되게 하려면, 두 가지 이상의 상호작용이 일어나야 한다. 만일 단어 위주로 글쓰기를 시작했다면 그것을 주장으로 바꾸는 것만으로는 부족하다. 내가 쓴 것을 정말로 강화하고 다듬기 위해서는 집중에서 관조로, 그런 다음 다시 집중으로, 또는 그 반대 순서로 태도를 바꿔야 한다. 이런 전환 과정이 더 많을수록 글은 더욱 견고해지고 치밀해진다.

　다음은 내가 교착상태에 빠졌을 때 쓴 일기다.

내가 왜 가르치는 일을 하는지, 나의 구상이 어떤 점에서 쓸 만한지 머릿속에서 굴러다니는 그 모든 생각들, 지금으로선 그것들을 각각 표현할 단어들은 생각나지만 어디에서 시작해야 할지 몰라서 글로 써지지가 않는다. 끝이 안 보이는 시간만 흘러가고 나는 미칠 것만 같다. 엉켜 있는 실 꾸러미에서 끝을 찾을 수 없는 상황 같다. 눈에 보이는 건 엉킨 실 뿐이다. 대화나 토론이었다면 이 모든 요점들을 표현했을 것이다. 상대방이 한 말에 대응하여 필요할 때마다 핵심이 되는 말을 머릿속에서 꺼내면 되니까 말이다. 하지만 지금은 상대방이 없는 상황이다. 나는 끔찍한 진공상태, 말하자면 감각이 제거된 공간에 갇혀 있는 느낌이다. 젖은 종이로 된 가방 안에서 한 겹 씩 힘겹게 뚫고 나가면 다시 거기에 흠뻑 젖어 축 늘어진 종이가 온통 내 머리 위에 늘어뜨려져 있는 것 같다.

이때는 내가 쓴 단어들과 애매한 거리를 두고 이러지도 저러지도 못하던 상황이었다. 나는 이 단어들이 상호작용을 일으키도록 밀어붙이지 못하고, 그 단어들을 한편으로는 내 것으로 대하고, 다른 한편으로는 남의 것으로 대하면서 어중간한 위치에 있었다. 나는 이 단어들에 좀 더 가까이 가야 했다. 좀 더 빨리 쓰면서 단어들과 일체가 되고, 뒤로 물러나 그 단어들을 마치 타인의 글처럼 바라봐야 했다. 그렇게 나의 글을 타인의 관점에서 볼 수 있었다면 아마 나는 내 생각을 모두 단어로 표현할 수 있었을 것이다. 물론 그 단어들은 열띤 논쟁에서처럼 횡설수설이었겠지만 적어도 내 의도를 드러낼 만한 글의 형태는 갖추었을 것이고, 어디에서부터 시작해야 할지도 알아냈을 것이다. 이런 식으로 글을 시작하는 게 옳지 않다고 본다면, '시작'할 곳을 찾기 위해서라도 일단 아무데서나 시작해서 많은 양의 글을 써야 한다. 그러고 나면 어디서부터 글을 시작하는 게 좋을지 알아낼 수 있다.

시나 소설이 잘 써지지 않는다면, 그것은 요리가 안 돼서 생기는 문제이다. 아마 당신은 슬픔과 기쁨을 끝까지 맛보거나, 특정 주제를 드러내는 일을 주저하고 있을 것이다. 그렇게 하는 것이 너무 부담스러워 극단적으로 가고 싶지 않은 것이다. 하지만 각 소재나 주제 또는 충동이 있는 그대로 드러나야만 요리를 할 수 있다. 두세 번 글을 쓰면서도 여전히 글의 의미와 흐름이 상충되어도 괜찮다. 원고의 한 대목과 다른 대목이 황당할 정도로 불일치하더라도 내버려두라. 그렇게 해야 상호작용이 극대화되어 결국 원하는 결과가 나온다.

요리가 안 될 때 대처하는 이 전략을 통해 우리는 모든 요리와 성장에 대해 필요한 보편적인 조언을 이해할 수 있다. 모순과 극단을 먼저 경험하고 중용에 이르는 방식은 대체로 바람직하다는 것이다. 그 사이에만 머무는 것은 무기력하게 난관에 빠져 있는 것이고 양쪽의 주장 사이에서 갈피를 못 잡게 되는 것이다. 글쓰기의 각 단계를 거치면서 어중간한 위치에 머물지 말고 각 단계마다 끝까지 밀어붙여야 한다. 엉망이라도 양적으로 많은 글을 써내야 이어서 노련하고 가차 없이 편집할 수 있다. 차고 넘치게 쓴 분량이 있어야 하고 그런 후에 냉혹한 메스를 가지고 원고에 달려들 수 있어야 한다.

자포자기식 글쓰기

글을 써야 되는데 쓰지 못하고 논리적인 생각도 이끌어내지 못할 거라는 극심한 스트레스에 시달리는 건 나 혼자만이 아닐 것이다. 그런 불안은 글을 쓰는데 큰 장애물이다. 그것은 머릿속을 하얗게 만들어버리는 걷히지 않는 안개이자 잡음이다. 내가 그런 잡음의 손아귀에서 벗어난 것은 머리가 굳어 있을 때도 뭔가를, 대단하거나 마음에 드는 글은 아니지만 유용하고 읽어줄 만한 글을 쓸 수는 있다는 것을 깨달은 후부터다. 요령은 모든 요리를 식탁 위에서 진행하는 것이다. 머릿속에서는 아무것도 할 수 없다. 먼저 할 일은 상황을 인정하는 것이다. 예를 들면, 어떤 기분이나 사건 또는 다른 이유로 인해 아무리 노력해도 그럴듯한 생각이 떠오르지 않는 상황이다. 횡설수설하는 내용을 적을 수도 있고 막연한 감정과 느낌, 또는 어설픈 생각을 형편없는 단어로 표현할 수는 있다. 물론 그 내용을 객관적으로 바라보는 것은 매우 어

렵다. 그 생각이나 감정을 다른 것과 비교하며 의미적 연관성을
탐색하려는 순간 바로 머릿속의 화면은 사라진다. 그리고 불규칙
한 선이나 색색의 물결무늬만 남는다.

　그러니 이것을 인정하자. 한 가지 감정이나 인식, 생각을 넘어
서는 노력은 안 하는 게 좋다는 것을. 그냥 최대한 많이 쓰자. 다
른 건 신경 쓰지 말고, 쓰려고 하는 방향으로 또는 전반적으로 그
비슷한 방향을 향해 머릿속의 키를 조정하고, 일단 쓰기 시작해
서 멈추지 않고 쓰는 것이다.

　무슨 일이 있어도 계속 써 내려가야 한다. 가위로 오려내고 싶
은 부분이 있을지도 모르니 노트의 한 면만 쓰는 게 좋을 수도 있
다. 하지만 오려낼 일은 없을 것이다. 일단 쓰기 시작해서 내리
써야 한다. 어쩌면 쓸 말이 파도처럼 밀려올 수도 있다. 한 바탕
쓰고 난 뒤에는 글을 멈추고 잠시 숨을 고른다. 하지만 너무 오래
쉬면 안 된다. 쓰고 있는 글에 대해 또는 쓴 글에 대해 생각하면
안 된다. 다시 머리에 과부하가 걸릴 것이다. 술이나 마약에 취한
것처럼 무아지경으로 써 나가라. 유용한 내용을 충분히 썼다고
느낄 때까지 계속 써라. 더 이상 쓸 게 남아 있지 않은 것 같더라
도 더 이상 버티기 힘들 때까지 계속 써야 한다.

　그런 다음 작은 수첩이나 3×5인치 색인 카드를 가져와 쓴 것
을 처음부터 다시 읽는다. 그러면서 한 문장이나 한 가지 주장으
로 정리할 수 있는 어떤 생각이나 감정, 인식 또는 이미지가 떠
오를 때마다 그것들을 작은 수첩에 그대로 적는다. 간단히 말해
10~20쪽의 횡설수설한 내용을 20~30개의 작고 단단한 문장
으로 바꾸라는 것이다. 어떤 때는 한 페이지에서 건질 만한 게 별
로 없을 수도 있다. 하지만 한 페이지에서 건질 만한 게 아예 없

다고 생각한다면 그 생각은 크게 잘못된 것이다. 그것은 당신을 아무것도 못하는 상태에 빠뜨리는 심각한 오류다. 형편없고 어리석고 별 볼 일 없는 아이디어, 잘못되고 유치하고 바보 같고 쓸모없는 아이디어가 있는데, 당신은 아무 아이디어도 없다고 착각하는 것이다. 할 일은 좋은 아이디어를 골라내는 게 아니라 아무 아이디어나 손에 잡는 것이다. 의식이 있다면 쓴 단어들은 감정, 진술, 아이디어라고 할 만한 것들, 즉 쥐어짜면 간단한 문장 하나를 만들어낼 수 있는 것들로 가득 차 있을 것이다. 할 일은 그것 뿐이다. 너무 많은 걸 기대하지 말라.

그렇게 적은 다음에는 그 수첩이나 카드를 들고 여러 번 쭉 읽어보라. 너무 집중하지 말고 그냥 이리저리 보면서 찬찬히 생각해보는 것이다. 앞뒤를 바꾸면서 다양한 순서를 만들어 살펴보는 것도 좋다. 어떻게 보면 이것은 혼자 하는 카드놀이라 할 수도 있는데, 이 특이한 게임에서는 자기 마음대로 카드더미를 뒤섞을 수 있다.

카드를 활용한 이 방식의 목표는 각각의 카드가 책상 위에서 두세 개 혹은 열 개나 열 다섯 개의 더미로 저절로 분류되도록 하는 것이다. 카드를 다양한 순서로 쭉 읽어 나가기만 하면 그 카드들은 거의 알아서 자리를 찾아간다. 어떤 카드들은 다른 카드들과 어울린다고 느낄 것이다. 내가 이런 수동적이고 자유분방한 방식을 강조하는 이유는 말 그대로 자포자기식 글쓰기 (desperation writing)를 언급하고 싶기 때문이다. 실제로 이 방식을 따라해 보면 어느 순간 갑자기 분별력이 되살아난다. 대부분 자기도 모르는 사이에 생각을 하게 되고, 적극적으로 생각을 펼치게 된다. 말하자면 두 장의 카드를 들고 어떤 관계를 만들어 내거나 논리적인 주장으로 만들어 내기도 한다. 집중력만 놓치지 않으면 누구나 할 수 있는 작업이다.

　이제 이 카드들을 가지고 뭔가 능동적인 작업을 시작할 수도 있고, 제대로 된 생각을 하기 시작할 수도 있다. 하지만 그렇게 되지 않더라도, 카드들이 그저 막연한 느낌이나 흐름에 따라 혹은 어떤 직관이나 무심한 생각에서 저절로 서로 어울리도록 내버려두면 된다.

　지금까지 두 가지 중요한 글쓰기 작업을 진행했다. 이제부터 무슨 요리든 머릿속에서가 아니라 본격적으로 식탁에서 할 수 있게 되었다. 즉 정리되지 않은 채 무작정 글을 쓰고 여러 개의 주장들로 요약하는 작업과 그 주장들 사이에 어떤 연관성이 있는지 감지하는 작업을 하게 된 것이다. 이제는 이 두 활동을 계속 이어가면 된다.

　처음에 한 바탕 글을 쓴 다음 하나의 주장을 만들어보았고 그렇게 글을 쓰며 여러 개의 주장들의 글뭉치들이 만들어졌다. 이 글뭉치들이 앞으로 써 나갈 단락, 절(section), 혹은 유사한 생각들과 어울린다고 느껴진다면 거기서부터 계속 나아가면 된다. 하나의 글뭉치를 다시 별도의 주요 주장으로 표현할 수 있는지 보라. 그렇게 할 수 있다면, 그 글뭉치를 구성하는 여러 개의 주장들을 이 주요 주장에 가장 알맞은 순서대로 분류하고 정리해 본다. 하나의 주요 주장으로 전환할 수 없다면, 그 글뭉치를 앞으로 더 쓰게 될 글의 참고점으로 삼으라. 그렇게 글을 쓰다 보면 어느 순간 하나의 주요 주장이 저절로 도출되는 경우도 있다. 그게 아니라면 글을 쓰고 주장들을 만들고 다시 여러 개의 주장들을 묶어 글뭉치를 만드는 작업을 다시 반복해야 한다. 어쩌면 이 작업을 두 번 이상 해야 할 지도 모른다. 하나의 글뭉치를 두 개나 그 이상으로 나누는 게 바람직할 수도 있다. 또는 하나의 글뭉치를 기존의 다른 글뭉치에 삽입하는 게 더 나을 수도 있다. 이것은 자연스러운 현상이다. 하나의 구조에 포함되었다가 나뉘고, 그러다 다시 모이고, 이어서 다른 구조로 통합되는 과정, 이것이 바로 성장과 요리다. 뒤죽박죽처럼 진행되는 과정이지만 그것을 머릿속에서 진행하지 못한다면 책상이 난장판이 되고 극심한 혼란이 일어나는 것을 감수해야 한다.

반면, 글 전체를 통틀어 유용한 재료가 없다면 그것은 쓴 글이 느슨하고 자유롭게 흘러가지 못하고, 기발하거나 돌발적이지도 못하며, 뭔가를 연상시키지도 않는다는 뜻이다. 이런 경우에는 현재의 글과 관련하여 어떤 생각이나 느낌이 자연스럽게 떠오르도록 각별히 노력해야 한다. 보기에 엉뚱하고 글의 흐름과 무관해 보이더라도 그 생각과 느낌을 그대로 따라가라. 바로 그 생각과 느낌을 은유적으로 표현해본다. 가급적 다양한 은유를 사용해보고 이왕이면 멋지게 표현해본다. 그리고 그 은유적인 표현들을 꼼꼼히 뜯어보면서 거기에 감춰진 의미를 적극적으로 탐색해본다. 모든 생명 에너지는 당신이 무시하거나 망각하고 있는 경험의 어느 한 구석에 갇혀 있는 법이다. 머릿속에 무엇이 있든 개의치 말고 써라. 그 순간 느끼는 것, 몰두해 있는 것, 의식을 비집고 들어오는 두서 없는 생각들, 벽지 무늬, 창밖에 보이는 사람들이 생각하고 있는 것 모두 좋다. 하지만 무엇에 관해 쓰고 있든 원래의 주제로 되돌아와야 한다는 건 잊지 말라. 간단히 말해 10분 글쓰기 연습을 한다 생각하라. 당신에게 떠오르는 최고의 생각과 느낌은 분명 당신이 집착하고 있는 주제와 어떤 식으로든 연관되어 있다. 그리고 당신의 생명 에너지가 머무는 곳도 그곳이다. 그 작은 글뭉치들 중 하나에서는 사랑의 시, 또는 증오의 시가 나올 수 있지만 다른 글뭉치에서는 데이터 처리에 관한 실험보고서나 결국 써내야 하는 주제의 글이 나올 수도 있다. 하지만 지금처럼 횡설수설하듯 글을 쓰는 상황이 되어야 시를 쓰면서 동시에 보고서도 쓸 수 있는 법이다. 그러면 보고서에는 그 시의 정신이 담길 것이고, 반대로 시에는 그 보고서의 핵심이 담길 것이다.

목표는 요리다

자포자기식 글쓰기는 마법 같았다. 내게 신비한 능력이 생겨서 이전에는 절대 떠오르지 않던 새로운 아이디어가 떠오르고 혼란스럽기만 하던 글의 구조가 저절로 자리 잡는 것 같았다. 하지만 점차 거기에 뭔가 함정이 있는 건 아닐까 두려워졌다. 자연을 거스른 대가로 벌을 받고 원래의 내 능력마저 빼앗길 것 같았다.

두렵다. 내 머리로 생각하는 게 아니라 안락한 편의장치에 의존하는 것 같다. 내 머리는 무용지물이 되어 가고 있다. 이제는 예전과 달리 머릿속에서 여러 가지 생각을 동시에 하지 못하겠다. 나는 마법 같은 편의장치에 의존하고 있다. 이제는 내 힘으로 더 이상 좋은 글을 쓰지 못할 것 같다. 맥없고 초점은 없으며 감상에 빠진 글만 쓰고 있다. 내 머리에 지휘본부가 사라진 느낌이다. 이렇게 쉽게 써지는 글쓰기만 반복한다면 나는 중심을 잃고 정상적인 글쓰기가 불가능해질지도 모른다. 내 발로 서지 못하고 목발 같은 이 장치에 의존하다가는 모든 것이 흐지부지 끝나고 말 것이다.

　아 그런데 어떻게 된 걸까? 한편 이제 나는 더 복잡한 글, 더 수준 높은 글도 쓸 수 있을 것 같기도 하다. 하지만 그저 망상에 불과한 게 아닐까? 지금의 글쓰기가 엉망이고 속도도 느리다는 사실, 그리고 원래 이 책을 쓰려는 그간의 노력이 무용지물이 될까봐 나 자신을 기만하고 있는 게 아닐까?

지금 분명한 건 글을 쓰겠다는 내 능력에 문제는 없다는 것이다. 하지만 뭔가가 잘못되어가고 있다는 느낌은 틀리지 않았다. 이 방식을 남용할 가능성이 있고 내가 그럴 참이었다. 문제는 진짜 요리와 사전 요리를 구별하지 못할 때 나타났던 것 같다. 사전 요리가 나를 궁지에서 구해줬기 때문에 그것을 요리의 궁극적인 목표로 착각했던 것이다. 하지만 결국 나는 그 두 가지를 구분하기 시작했다.

　나는 깊이 생각하지도 않고 머릿속에 든 내용을 종이에 쏟아내는 방식에 길들여져 있는지도 모른다. 하지만 그것은 목적 달성에 필요한 수단에 불과하다. 본격적으로 요리가 되지 않고 있다면 사전 요리에 집중해야 한다. 하지만 요리가 일단 시작되면 더 이상 사전 요리에만 머물러서는 안 된다. 무엇보다 실전의 요리가 더 중요하기 때문이다. 즉 재료가 더 뜨거운 온도에서 익는 요리, 눈에 보이는 것보다 더 지속적이고 신비롭고 미세하고 밀도 높게 변하는 요리가 더 중요하다는 것이다.

사전 요리의 극단적인 예가 '자포자기식 글쓰기'이다. 이것이 바로 앞에서 내가 설명한 방식이다. 실전 요리의 극단적인 예는 내가 '마술적 글쓰기'(magic writing)라고 부르는 글쓰기 방식이다. 이는 지극히 내면적이고 은밀하지만 가끔은 순식간에 진행되는 요리를 말한다. 이와 관련하여 머리에 떠오르는 사람이 교향곡 한 편을 순식간에 작곡하는 모차르트다. 또는 점심으로 맥주를 마시고 나른한 얼굴로 햇볕 아래서 산책한 후 흠잡을 데 없이 완벽한 시를 써내는 A. E. 하우스만이다.

사전 요리가 큰 그릇에 마른 재료를 섞는 거라면, 실전 요리는 그 재료들을 물에 풀어 분자 단위로 결합시키는 것이다. 실전 요리는 단어에 더 강한 힘과 목소리를 부여한다. 이렇게 통합된 재료는 더 선명하고 강렬한 인상을 준다. 최종 생산물의 세포 하나하나에 전체 설계도와 소우주(유전자)가 담겨 있기 때문이다. 대부분 무작정 쓴 글이 천천히 공들여 쓴 글보다 더 나은 글이 되는 이유가 바로 여기에 있다.

또한 실전 요리는 시간이 덜 걸리고 에너지도 덜 소모한다. 사전 요리는 자전거를 저단 기어로 놓고 가는 것과 같다. 저단 기어를 처음 사용하게 되면 횡재한 것 같다. 전에는 오르지 못했던 언덕을 쉽게 오를 수 있기 때문이다. 하지만 사실, 고단 기어를 능숙하게 사용할 수 있었다면 그보다 힘을 덜 들이고도 언덕을 오를 수 있었을 것이다. 낮은 기어에서 밟는 페달은 시간과 체력을 낭비할 뿐이다. 그 에너지를 절약하기 위해서는 훨씬 더 많은 힘을 들여야 한다. 마치 부자가 되어야 절약할 여유가 되는 것과 마찬가지다. 이와 비슷하게, 실전 요리는 한 솥에 재료 전체를 넣어 한꺼번에 끓여 변화를 주는 것이다. 반면 사전 요리는 작은 솥 여러 개에 재료를 따로 넣어 끓이는데 각 솥에 드는 연료는 적지만 총 연료비는 더 많이 든다. 모든 재료를 한 군데 넣어 요리를 하고 흘리는 것도 적으면 연료를 절약할 수 있지만 그러기 위해서는 한 번에 높은 화력이 필요하다. 그리고 더 뜨거운 온도를 견딜 수 있어야 한다.

교훈은 이러하다. 필요할 때는 사전 요리 방식에 의존하자. 다만 요령이 있어야 한다. 특히 요리를 처음 시작하는 시점에서 이용하면 좋다. 하지만 글쓰기의 전체 과정을 무시하고 본격적인 요리를 회피하기 위해 이용할 생각은 말라. 글을 쓰고 싶다면 진짜 요리를 해야 한다. 글을 쓸 때는 항상 난관이 존재한다. 나에게는 그 난관이 엠파이어스테이트 빌딩을 들어 올리는 것만큼이나 힘들다. 바람 부는 들판에서 10에이커 넓이의 낙하산을 반듯하게 접는 것처럼 힘들다. 우리는 그 난관을 피할 수 없다. 요리를 하려면 열과 전기, 식초가 필요하듯이 말이다. 뜨거운 열을 견디지 못하겠으면 주방에서 나가야 한다. 자신의 뱃속과 머리, 팔뚝에서 생겨나는 흥분이나 활력을 좋아하지 않는 사람은 사전 요리만 반복하다 열과 식초, 전기를 낭비할 것이기 때문이다.

중요한 건 지금까지 내가 설명한 이런 자질구레한 글쓰기 요령이 아니다. 이는 모두 사전 요리를 진행하는 방식이기 때문이다. 목표는 진짜 요리다. 이를 위해서는 요리에 대한 예민한 감각을 키우는 데 집중해야 한다. 즉 단어와 아이디어가 상호작용을 하여 더 높은 차원에서 정리될 수 있도록 노력해야 한다. 요리에 도움이 되는 거라면 옳은 것이고 요리를 방해하는 거라면 잘못된 거라는 확신을 가지고 글을 써 나가야 한다.

하지만 글이 잘 써지지 않아 고민하는 대다수의 사람들에게 사전 요리가 실제로 요리 실력을 늘려준다는 것을 강조하고 싶다. 어쨌든 결국 요리를 내놓게 해주기 때문이다. 그 요리는 보다 실현가능한 대안을 마련해준다. 즉 무슨 내용으로 글을 쓰든 요리를 해야겠다는 마음을 먹게 해준다. 만일 당신이 모든 재료를 압력솥에 넣고 고온의 열을 가할 수 있는데도 성냥을 들고 골무만 한 솥에 재료를 넘치도록 넣고 요리하는 사전 요리 단계만 반복하다 보면 어느 순간 당신도 그것을 알아챌 것이고, 곧 실전 요리로 넘어가야 한다는 암시를 강하게 받게 될 것이다.

　요리와 에너지

이 방식은 에너지와 노력이 글쓰기와 어떤 관련이 있는지 잘 보여준다. 원래의 재료를 잘 정리된 내용으로 만드는 데는 상당한 에너지가 필요하다. 자연의 흐름을 따르지 않고 반대 방향으로 움직이거나 강물을 거슬러 수영하는 것처럼 말이다. 하지만 요리를 하려고 앉았지만 성공하지 못할 때도 에너지는 소모된다. 그러므로 글을 쓸 때는 에너지가 소모되는 여러 상황을 이해하는 것이 중요하다. 그래야 자신이 언제 시간을 낭비하는지 빨리 알아차릴 수 있다.

✽글이 막혔을 때 소모하는 에너지 : 요리를 못하는데 요리를 하려고 애쓰면서 소모하는 에너지다. 이런 식으로 에너지를 낭비하는 사람은 원하는 단어를 전혀 찾을 수 없는 초보 단계일 수도 있고, 수많은 단어와 풍부한 소재가 있는 약간 높은 단계이

지만 거기서 더 나아가지 못하고 그 소재들로부터 어떤 실체나 맥락도 건져내지 못하는 단계일 수도 있다. 이런 상황은 에너지 낭비다. 요리가 시작되게 해야 한다.

❋ 형편없는 초고를 깔끔하게 보이려 다듬을 때 소진하는 에너지 : 이것은 요리를 회피하려는 시도다. 당신은 에너지를 발산하려는 의지도, 열기를 고조시킬 만한 의지도 없다. 이럴 때는 글을 쓰고 싶은 마음이 들 때까지 글쓰기를 멈추고 자리에서 일어나는 것이 낫다.

❋ 실전 요리 또는 마술적 요리를 하는 데 소모하는 에너지 : 원리는 확실히 설명하기 어렵지만, 당신에게 열과 촉매가 있는데 그것들이 재료에 저절로 작용하는 경우다. 당신은 글을 쓰고 있고 글도 잘 써지고 있다. 아니면 글을 쓰지 않고 앉아만 있거나 주변을 서성거리고 있지만 내면에서 글이 부글거리는 것을 느낄 수 있다. 일이 잘 풀리고 있는 것이다. 지금 글을 쓰고 있지 않더라도 당신은 현재 상황이 에너지 낭비가 아니라는 걸 잘 알고 있다.

❋ 사전 요리를 하는 데 소모되는 에너지 : 글을 양적으로 많이 쓰는 데 드는 에너지다. 이 에너지 덕분에 우리는 수렁에 빠질 때마다 기운을 차려 글쓰기를 다시 시작하거나 쓴 글을 요약한다. 종이를 여러 장 쓰면서, 마음에 차지 않아서 나중에 버려야 한다는 것을 알면서도 많은 양을 써내는 것이다. 이것은 완벽한 실전 요리에 비하면 비효율적이다. 하지만 요리를 아예 하지 않는 것에 비하면 훨씬 효율적이다. 게다가 그렇게 쓰다가 실전 요리로 넘어갈 수도 있다.

　에너지를 아무리 써도 그 성과가 미미한 사람들이 많은데,

이들도 글쓰기가 '잘 될' 때가 있고 잘 되지 않을 때가 있다. 뭔가를 비교적 빨리, 그리고 쉽게 쓰고 결과도 좋은 경우가 있는 반면, 그렇지 않을 때도 있다. 이들은 '오직' 실전 요리만 할 수 있고, 그게 아니면 글이 막히는 부류다. 하지만 다양한 유형의 요리에 소모되는 에너지의 종류를 자세히 이해하고 나면 그런 상황을 피할 수 있고, 글쓰기에 힘을 덜 들일 수 있으며, 글을 쓰는 데 투입한 에너지와 그 결과를 서로 비례하도록 만들 수 있다.

광고 : 나는 예전에는 글쓰기가 기력을 소진시킨다고 여겼다. 그러다가 어떻게 해야 글을 성장시키고 요리할 수 있는지를 깨닫게 되었다. 나는 여전히 글쓰기가 기력을 소진시키는 일이라고 생각하지만, 지금은 더 많이 쓰고 더 낫게 쓰며, 나아가 자주 완결된 글을 쓰기도 한다.

좋은 점과 나쁜 점

어떤 독자들은 내가 글을 엉망으로 쓰라고 권한다는 인상을 받았을 것이다. 하지만 그건 아니다. 좋은 글을 쓰는 게 우리의 목표다. 우리 머리는 신통하다. 일단 요리를 시작하기만 하면 즉석에서도 완벽한 요리를 만들어낼 수 있는 것이다. 기대했던 것보다 훨씬 더 근사하게 단어와 생각이 술술 써진 경험은 누구나 있을 것이다. 우리는 그런 일을 간절히 원해야 한다. 아예 기대도 하지 않는 것은 자신의 뇌를 무용지물로 생각하는 것이다.

　그런데 우리가 쓴 최고의 글은 최악의 글과 섞여 있을 때가 자주 있다. 쓰는 동안에는 글 전체가 형편없어 보이겠지만 그래도 계속 써 나가다 나중에 읽어보면 그 중 어떤 대목은 훌륭하다는 것을 알게 될 것이다. 어떻게 보면 가장 잘 쓴 단어들이 가장 못 쓴 단어들에 둘러싸여 있는 것 같을 것이다. 대부분 가장 강렬한 목소리, 리듬, 어조가 그리고 가장 예리한 통찰력은 자기검열을 나중으로 미루고 무작정 써 내려갈 때 드러난다. 물론 자기검열을 중단할 때 가장 형편없는 문장들이 나오는 것도 사실이다.

　우리는 어느 정도 단어에 마력이 있다고 믿는다. 우리가 어떤 단어를 생각하면 우리 머리는 그 단어를 믿는 쪽으로 기운다. 단어를 입으로 말하면 그 단어를 더 굳게 믿게 된다. 나아가 실제로 단어를 종이에 쓴다면, 왠지 모르게 그 단어에 구속되어 행동이 그 단어에 좌우된다. 그러므로 단어를 쓰면서도 그 단어를 믿지 않고 끌려 다니지 않아야 한다. 될 수 있는 한 엉망으로 쓰거나 유치하게 쓰기는 좋은 연습이 될 수 있다. 아무 것도 쓸 수 없다면, 아마 결벽증적인 성향 때문에 형편없는 글을 용납할 수 없기 때문일 것이다.

기존의 글쓰기 방식이 아직도 힘을 발휘하는 이유

내가 제안하는 글쓰기 방식이 옳고 내가 반대하는 기존의 방식이 틀리다면, 왜 아직도 예전의 글쓰기 방식을 고집하는지 그에 대한 설명이 필요할 것이다. 어떻게 그렇게 오랫동안 위로 손을 뻗어야 바닥에 닿을 수 있다고 믿는 게 가능할까? 이런 터무니없는 생각이 만연한 데는 다양한 이유가 있다.

우선, 기존의 2단계 모델, 즉 의도를 먼저 파악하고 그것을 문장으로 바꾸라고 가르치는 모델이 전혀 말이 안 되는 건 아니다. 다만 완벽하지 않다는 것이다. 그 모델에서 설명하는 것은 성장 과정의 마지막 단계인 다듬거나 편집하는 과정에 해당된다. 의도를 정확히 파악하고 그에 딱 맞는 단어를 찾는 것은 편집 단계이다. 성장 과정에서 이 단계는 의식적인 집중력과 탁월한 솜씨를 발휘해야 하기 때문에 가장 두드러진다. 그래서 사람들은 이 편집 단계를 글쓰기 과정의 전부라고 오해한다.

다른 이유로는, 사람들이 보통 요리와 성장을 일관성 있는 과정으로 받아들이지 않고 영감이나 운 좋은 뒤죽박죽, 또는 위험천만한 사고처럼 그저 비논리적 과정으로 생각한다는 것이다. X를 쓰려고 시작했는데 결국 Y로 마무리 되었고, 그런데 순식간에 쓴 그 Y가 더 마음에 들 때 사람들은 그것을 영감이라고 착각한다. 우리가 흔히 영감이라고 하는 말은 우리의 의지와 무관하게 갑자기 좋은 아이디어가 떠오른 것을 말한다. 그것은 단어와 생각, 그리고 이미지가 저절로 성장하고 요리되는 극적인 체험이다. 그래서 사람들은 신중을 기하고, 솜씨를 발휘하고, 계획을 세우는 기능을 억누름으로써, 즉 마약을 하거나 술에 취하거나 혹은 무기력하고 나른한 상태에서 글을 씀으로써 영감을 강화하려 한다.

X를 쓰기 위해 시작했는데 Y라는 결과가 나왔을 때, 그런데 그 Y가 마음에 들 때, 하지만 그 과정은 너무나 지지부진하고 혼란하며 질퍽거렸을 때, 우리는 이런 글쓰기를 운 좋은 뒤죽박죽이라고 부른다. 그리고 이렇게 생각한다. '내가 괜찮은 아이디어를

생각해 내다니 정말 놀라운 걸. 그렇게 정신없이 무작정 썼는데. 나는 원래의 개요를 하나도 따르지 않았어. 아니 개요를 짜지도 않았어! 그냥 내 멋대로 썼잖아. 나는 글 쓰는 재능 같은 것은 없는 것 같아. 다음에는 더 신경 써서 정석대로 써봐야지.'

하지만 가장 큰 이유는 요리와 성장을 위험천만한 사고로 오해하여 그것을 막으려 하기 때문이다. 문장 차원에서 보면 문장 하나가 중간에 옆길로 샜다가 전혀 다른 문장이 되는 일은 흔하다. 그 문장을 지웠다가 다시 원래의 자리에 끼워 넣는 경우도 드물지 않은 일이다. 글 전체나 문장의 차원에서 보면, X에 대해 말하고 있고, 그 길을 잘 따라가고 있고, 요점이 무엇인지 알아내려 무진장 노력했고, 그 모든 문장들에 그것을 담아내려 애를 쓴다. 그런데 어떤 문장을 쓰다 중간에 우연히 Y를 언급한다. 그 문장을 보니 Y가 맞고 X가 틀린 건 아닐까 하는 의심이 든다! 하지만 지금까지 쓴 글에 너무 많은 걸 바쳤다. 환멸감에 사로잡혀 스스로를 멍청이라고 하며 원고를 모두 찢어버린다. 그리고는 될 대로 되라며 침대로 기어들어간다. 혹은 그 글을 내일 제출해야 하므로 Y라고 소곤거리는 문장을 못 들은 척할 수도 있다. 그리고 Y에 관련된 모든 증거를 깔개 아래로 쓸어 넣어 버리고 독자들이 눈치채지 않기만을 기도한다.

이처럼 요리와 성장이 실제로 벌어지고 있는데도 이를 제대로 파악하지 못하기 때문에 그것들이 충분히 무르익지 않는다. 정말 많은 사람들이 글을 쓰지 못한다. 그들은 글쓰기는 너무 힘든 데다 보람도 없는 일이라며 쉽게 포기하는데, 정작 그들이 글을 못 쓰는 진짜 이유는 요리를 시작하는 법을 모르기 때문이다. 또한 기존의 낡은 모델을 따라서 성공한 사람이 많다는 것도 여러 이유 중 하나다. 누구나 머릿속에 설익고 시원찮은 아이디어가 뒹굴고 있다. 이런 생각들을 한데 모으고 정리하고 수정하며 글을 완성한다. 그렇게 쓴 글은 지루하고 뻔하다. 하지만 학교에서는 나름 형식과 구성을 갖춘 지루하고 뻔한 글에 높은 점수를 준다. 물론 그 중에는 머릿속에 기발하고 흥미로운 아이디어가 있는 사람도 있지만, 그들도 글을 완성하려면 기존의 낡은 모델을 따를 수밖에 없다.

　기존의 모델이 사라지지 않는 또 다른 이유가 있다. 그것은 글이 잘 써지지 않을 때 우리가 갈구하는 것 두 가지, 즉 구성과 통제력을 이 모델이 보장한다는 것이다.

　결론

자신에게 잘 맞는 글쓰기 방식이 있다면 그렇게 계속 쓰면 된다. 그리고 다른 사람들에게도 그 방식을 가르쳐줘라. 하지만 글 쓰는 데 애를 먹고 있다면 지금까지 내가 제안한 방식을 따라보고, 겪는 글쓰기의 어려움을 요리와 성장의 과정에서 생기는 당연한 문제로 이해하라.

　글쓰기를 단편적인 작업이 아니라 통합적인 작업으로 만들어야 한다. 한 편의 글을 구성하는 모든 요소는 상호 의존적이기 때문이다. 전체를 모두 완성하기 전에 특정 부분만 먼저 완성하는 건 불가능하다. 써야 할 글이 네 절(section)로 이루어졌다고 가정하면, 가장 안 좋은 방식은 그것들을 따로따로 나눠서 한 절을 다 쓰고 나서 다음 절로 넘어가는 것이다. 이렇게 하면 상호작용, 즉 요리와 성장이 일어나지 못한다. 그 네 부분을 한꺼번에 스케치하듯 빠르고 가볍게 써보라. 그런 다음 필요한 곳에서는 내용을 조금 더 추가하고 필요 없는 부분은 들어내면서 전체를 계속 다듬어간다. 그리고 네 부분을 모두 마무리할 단계가 되었을 때 비로소 하나씩 마무리한다. 전체 글은 다섯 절로 늘어날 수도 있고 두 절로 줄어들 수도 있다. 그러면서도 하나의 주제를 중심으로 통일성을 이뤄야 한다. 혹시 완결성이 떨어지더라도 글의 첫 부분을 붙들고 더 수정하거나 완벽하게 고치기 전에 글의 마지막 부분까지 다 써 놓아야 한다. 글쓰기 작업을 부분별로 마무리하며 느끼는 만족감을 포기할 필요는 없다. 하지만 그 방식에 집착하지 말자. 첫 번째 절을 끝내는 데서 오는 만족감이 아니라 전체적으로 글을 한 번 작성한 후의 만족감을 즐기는 것이다.

글쓰기를 성장과 요리의 과정으로 이해하는 게 복잡하게 느껴질 수도 있겠지만 사실 중요한 핵심은 다음 두 가지 뿐이다.

1. 요리는 재료들이 상호작용하게 만드는 작업이다. 내게 가장 의미 있는 것은 글을 작성하는 작업과 요약하는 작업의 상호작용이다. 글이 잘 써지지 않는다면 이 두 작업이 상호작용 할 수 있는 방법을 찾아보자. 계속 쓰기만 하거나 계속 뒷짐지고 생각만 하는 일은 그만 두라. 몇 문장만 쓰다 멈추고 고민하다가 그 자리에서 옴짝달싹 못하는 일은 없어야 한다. 각 과정을 완벽하게 마무리해야 한다. 즉 10분 이상은 글쓰기에만 몰두하고, 그런 다음 완전히 멈추고 글의 내용이 어떤 결론으로 이어지는지 혹은 이어지려고 하는지 살피는 것이다.

2. 성장이란 단어들이 여러 단계를 거치며 점차 진화하는 과정을

의미한다. 내가 가장 중요하다고 보는 단계는 무작정 많이 쓰는 것이다. 어떻게든 많이 쓸 수 있어야 과감하게 혼란 속으로 들어서고, 글의 무게 중심을 찾아가며, 편집하는 단계까지 이어 나갈 수 있다. 많이 쓰는 게 힘들면 아래와 같은 구체적인 요령을 활용해보는 것도 좋다.

a) 모든 걸 멈추고 정확하게 10분 동안 무작정 쓰기를 한다. 이 연습은 엄격한 규칙에 따라 10분 동안 진행되며 어떤 내용이든 써도 되기 때문에, 무엇이든 머릿속에서 자유로운 생각과 발상을 방해하는 요소들을 극복하는데 도움이 된다.

b) 글을 쓰는 동안 혼잣말을 하라. 쓰던 문장이 유치하거나 틀렸다는 것을 문득 깨닫고 나도 모르게 글쓰기가 중단됐다면, 억지로라도 계속 그 문장에 대해 느낀 점을 혼잣말로 중얼거리며 그것을 글로 쓰는 것이다. 그 문장이 왜 유치하고 잘못된 건지를 써도 되고 그것을 어떻게 알아챘는지를 써도 된다. 그 밖에 무슨 내용이든 괜찮다. 이 방법을 사용하면 글쓰기가 정체되지 않고 목소리와 표현이 자유로워진다. 독자를 위해 '완벽한' 문장만 쓰고 진실한 목소리만 전달해야 한다는 강박 관념에서 벗어나게 해주기 때문이다.

c) 시작을 미루며 지체하지 말라. 저돌적으로 펜을 움직여 돌파하라. 나는 어디에나 써먹을 수 있는 다음과 같은 표현을 자주 쓴다. "그리고 또 덧붙일 말은…"이나 "사실 그것은…"이나 "내가 하고 싶은 말은…"이나 "여기서 중요한 건…" 같은 문장들이다. 그렇게 쓰다 보면 나중엔 당신도 글을 시작하는 것이 어렵지 않을 것이다.

d) 절망적일만큼 글이 막혔다면 당신 앞에 다른 사람 또는 청

중이 있다고 생각해보라. 하고 싶은 말을 그들에게 해야 하는데 시간은 30분밖에 없다. 물론 할 말을 빈틈없이 준비했어야 하지만 그러지 못한 상황이므로 어떻게든 아무렇게나 시작하여 더듬더라도 할 말을 이어가듯 계속 써 나가야 한다. 시계를 보며 30분 동안 무작정 써라. 이것은 어떻게 보면 15분이나 20분 동안 글을 쓰다가 '그래, 이제 내가 하고 싶은 말이 뭔지 알 것 같아. 핵심이 뭔지 파악했어.'라고 생각하는 경험과 유사하다. 당신도 바로 그렇게 해야 한다. 일단 덤벼들어 무작정 쓰지 않으면 이런 경험은 절대 하지 못한다.

e) 앞선 경우보다 더 심각하게 글쓰기의 수렁에 빠진 것 같고 오히려 글을 쓰면서 그 수렁 속으로 더 깊이 빠져 드는 것 같다면, 글을 쓰는 대신에 말로 해보라. 하지만 절대 대충 해서는 안 된다. 그렇지 않으면 전혀 효과가 없다. 시계를 꺼내들고 소리를 내서 말해보는 것이다. 앞에 누군가가 있어 그 말을 듣고 있고, 당신은 어디로 숨을 데도 없다 생각하고 계속 이야기하라.

f) 무슨 수를 써도 글이 써지지 않는다면 그것은 글쓰기라고 할 수 없다. 일어나서 다른 일을 하는 게 더 낫다. 글 쓸 준비가 될 때까지는 펜과 종이를 앞에 두고 앉아있을 필요가 없다. 당신의 내면이 글쓰기를 거부하고 있다. 당신 안에서 글쓰기를 방해하는 원인이 무엇인지 들여다봐야 한다. 진짜 문제는 글쓰기가 아니라 당신 자신일 지도 모른다.

4. 교사 없는 글쓰기 모임

지금까지 나는 글쓰기가 온전히 자기 혼자 하는 작업인 것처럼 얘기했다. '실제로' 글쓰기는 자기 혼자만의 외롭고 막막한 작업이다. 그리고 사실 나는 그 작업을 장려하고 싶었다. 즉 자기 자신과의 싸움을 '더' 많이 하라고 응원하고 싶었다. 하지만 글쓰기는 다른 사람들과의 작업이기도 하다. 글을 쓴다는 것은 뭔가를 종이에 적기만 하는 게 아니라 다른 사람들의 머릿속에 무언가를 전달하는 일이기도 하다. 그러므로 글쓰기 실력을 높이고 싶다면, 다른 이들과 더 많이 교류해야 한다. 그것이 교사 없는 글쓰기 모임의 목표다.

당신이 듣지도 보지도 못하는 사람이라고 가정해보자. 당신은 말을 더 잘하고 싶다. 하지만 당신은 영원한 어둠과 정적 속에 있다. 안간힘을 써서 외부를 향해 무슨 말을 해보지만 아무 대답도 되돌아오지 않는다. 당신이 한 말에 몇 가지 단서가 있긴 하다. 뭔가를 요구했는데 아무것도 받지 못했거나, 당신이 원하지 않는 걸 받았다면 뭔가를 잘못 말했다는 것을 의미한다. 당신이 받지 못한 것, 즉 당신의 말에 대한 정확한 반응은 말을 더 잘하기 위해 꼭 필요한 요소다. 당신이 한 말에 대해 다양한 사람들이 보인 반응을 인식해야 한다.

혼자 힘으로 글쓰기를 발전시키려 노력하는 것은, 비유하자면 위와 같은 상황이다. 우리의 언어가 독자들의 마음에 어떤 영향을 주는지 우리는 전혀 알 수 없다. 혹시 글쓰기 수업을 듣고 있다면, 선생님이 우리가 쓴 글의 장점과 단점이 무엇인지 말해주고 앞으로 더 힘써야 할 사항을 알려 줄 수는 있다. 하지만 우리가 쓴 글이 선생님에게 실제로 어떤 작용을 했는지는 추측하기가 힘들다. 그가 어떻게 생각했고 어떻게 느꼈는지 말이다. 게다가 선생님은 여러 사람 중 한 명일 뿐이지 다른 사람들을 대표하는 것도 아니다. 글쓰기는 다른 사람의 의식에 가 닿기 위해 당신이 내보내는 줄이다. 하지만 대개는 그 줄이 상대에게 가서 어떻게 됐는지 느낄 기회가 전혀 없다. 낚싯줄이 항상 느슨하게만 느껴진다면 고기를 잡았는지 못 잡았는지 어떻게 알겠는가?

교사 없는 글쓰기 모임은 이런 상황을 타개하기 위한 방도다. 당신을 어둠과 정적 속에서 꺼내는 것이 목적인 것이다. 일곱 명에서 열 두 명으로 구성되는 이 스터디 모임은 구성원들이 일주일에 한 번 이상 만난다. 참석자는 모두 다른 사람이 쓴 글을 읽고, 그들의 글이 어떤 느낌으로 다가왔는지 말해준다. 목표는 일곱 명 이상의 눈을 통해 글쓴이가 자기 글을 최대한 이해하고 느끼게 하는 것이다. 그게 전부다.

어떤 점을 고쳐야 글이 더 나아질지에 대한 조언은 필요 없다. 어떤 것이 좋은 글이고 어떤 것이 나쁜 글인지에 대한 이론도 필요 없다. 필요한 건 사람들이 나의 글을 읽는 동안 그들의 머릿속에서 상영되는 영상(movie)이다. 이 과정은 일정한 기간, 적어도 2~3개월 동안은 지속해야 한다. 그리고 한두 사람의 느낌이 아니라 적어도 예닐곱 명의 느낌을 들어야 한다. 또한 늘 같은 사람들로부터 들어야 한다. 그래야 그들이 자신의 느낌을 전달하는 데 익숙해지고, 나도 그들의 반응을 듣는 데 익숙해지기 때문이다. 그리고 무슨 글이든 매 주 써야 한다. 무척 바쁘고 쓸 내용이 없을 때도, 글이 꽉 막혀서 써지지 않을 때도 뭐든 써서 다른 사람들의 눈을 통해 그 글을 느껴야 한다. 물론 쓴 글이 훌륭하지 않을 수도 있다. 마음에 들지 않을 수도 있다. 하지만 내 마음에 흡족한 글만 보여주고 그런 글에 대한 타인의 생각과 느낌만 듣는다면 글쓰기의 가장 중요한 교훈을 놓치고 만다. 감추고 싶은 글에 대한 반응을 들었을 때 가장 많이 배울 수 있기 때문이다. 배워야 할 것이 글을 잘 쓰는 법인가 아니면 감정을 보호하는 법인가?

이어지는 내용은 교사 없는 글쓰기 모임을 만들고 활용하는 데 도움이 될 만한 조언들이다. 혹시 무슨 말인지 이해가 안 된다면 모든 것은 분명한 목적 한 가지를 위해 설계되었다는 것만 기억하면 된다. 그 목적이란 글쓴이가 자신의 글이 독자들에게 실제로 어떤 느낌을 주었는지를 깨닫는 것이다.

스터디 모임 준비하기

＊모임에 충실한 사람들이어야 한다

모임이 제대로 굴러가려면 매주 똑같은 사람들이 글을 쓰고 각자의 역할을 맡아야 한다. 그들은 자신의 반응을 들려주고 남들의 반응을 듣는 데 적응할 시간이 필요하다. 그런데 교사 없는 모임을 활용하기까지는 많은 난관에 부딪치게 된다. 아무리 수업이 흐지부지 진행되더라도 그 난관을 피해나갈 수는 없다. 최소한 참가자들은 다른 참가자들이 그 자리에 나오리라 확신해야 한다.

최선의 방법은 예비모임을 몇 차례 가지면서 사람들에게 그 모임을 경험할 기회를 주는 것이다. 예비모임을 계속하면서 10주 동안 확실히 전념할 사람들로 일곱 명 이상이 될 때까지 인원을 늘려가라. 그 일곱 명을 모으기 전까지는 본격적인 모임을 시작하면 안 된다. 그리고 모든 사람들한테서 이 모임에 충실히 참여하겠다는 약속을 분명히 받아야 한다. 10주밖에 안 되지만 그 기간은 굉장히 중요하다.

10주 동안 진행되는 실제 글쓰기 모임은 7명의 확실한 참가자만으로 구성해도 좋고, 간혹 수업에 불참할지도 모를 사람들을 조금 더 충원해도 좋다. 하지만 미리 말해둘 것이 두 가지 있다. 한 반이 12명 이상이 되지 않게 하고, 직접 글을 써서 제출하지 않을 사람은 포함시키지 말라는 것이다.

＊어떤 사람들로 구성할 것인가

친구나 동료, 또는 공통점이 많은 사람들로 구성하면 분명히 장점이 있다. 모두 같은 종류의 글을 쓰고 있다면, 서로를 이해하는데 더 도움이 될 것이다.

하지만 나는 항상 다양성의 장점을 크게 친다. 다양한 종류의 글을 쓰는 다양한 사람들이 더 낫다는 것이다. 그런 구성은 약간의 긴장을 만들어낼 수 있으며 더 나은 피드백을 준다. 시인은 그의 시를 읽은 기업인이 어떤 느낌을 받는지 알아야 한다. 기업인이 그의 위원회보고서를 읽은 시인이 어떤 느낌을 받았는지 알아야 하는 것과 마찬가지다. 참가자들이 다들 서로의 글이 아무 의미가 없거나 아무 가치가 없다고 생각한다면 그것은 단점이라기보다는 장점이다. 누구나 다른 사람이 자신의 글을 쓸모없다고 생각할 때 어떤 기분이 드는지 경험해봐야 하고, 다른 사람들이 어느 부분에서 깊은 인상을 받는지도 알아야 하기 때문이다. 시인은 다른 시인들의 느낌도 필요하긴 하지만 그가 얻는 반응이 시인들의 느낌뿐이라면 그 범위는 너무 좁다. 시인들은 너무 관습에 얽매어 반응하는 경향이 있기 때문이다. 이 시는 어떤 시와 비슷하고 어떤 시와 다르다는 식으로 말이다. 누구나 한 장르의 글만 쓰다 보면 점차 어떤 특이성향을 의식하지 못하게 되는 법이다.

  ＊무엇을 쓸 것인가
뭔가를 쓰는 한 내용은 별 문제가 아니다. 규칙이 있다는 것을 다행으로 생각해야 한다. 매주 당신은 뭔가를 찾아 두리번거려야 하기 때문에 그중 어떤 글은 수준이 형편없을 것이다. 현재의 방식과 다르게 글을 쓰지 않으면, 그리고 새로운 방식으로 쓴 그 글쓰기를 다른 사람들이 어떻게 느끼는지 알지 못하면 글 솜씨를 발전시킬 수 없다. 또한 쓴 글이 창피하고 어처구니없고 두렵지 않으면 새로운 문장을 만들어낼 시도도 하지 못할 것이다. 하지만 당신은 두 가지 면에서 깜짝 놀랄 것이다. 당신이 무척 싫어하던 대목이 나중에는 훌륭해 보일 수 있다는 것과, 당신의 글을 가장 크게 발전시킬 반응은 형편없는 글, 즉 고칠 시간이 더 많았다면 공개하지 않았을 글을 통해서 얻어질 수 있다는 것이다.

  무엇을 쓸까 결정할 수 있는 최선의 방식이 따로 있는 것은 아니다. 무작정 시도해야 알아낼 수 있다. 동일한 주제의 글을 반복해서 써도 좋고, 그게 아니라면 같은 글을 계속 써 나가도 좋다. 아니면 아주 엉뚱한 주제의 글을 써보는 것도 좋다. 가장 좋은 방식도 가장 옳은 방식도 없다. 글을 쓰고 싶은 욕구가 있다면 당신이 꿈꾸는 특정한 종류의 글이 있을 것이다. 그것을 써보라. 혹은 당신이 먼저 써야 할 다른 것이 있다면, 마음 가는 대로 하라.

아무리 노력해도 무엇을 써야 할지 모르겠다면, 글쓰기를 방해하는 뭔가가 당신 내면에 있을지도 모른다고 의심해봐야 한다. 하지만 당신의 심리를 분석하는 데 매달려 글을 쓰지 못하는 상황은 만들지 말라.

글을 쓸 소재가 전혀 떠오르지 않는다면, 다음의 방법이 효과가 있을지도 모른다.

10분 글쓰기는 이 문제에서 벗어나는 최선의 방법일 것이다. 제1장을 참조하라.

글의 효과를 쉽게 확인할 수 있는 글을 무작정 한 편 써본다. 그러면 그 글이 효과가 있었는지 현실적이고 구체적으로 판단할 수 있다. 예를 들어 물건을 구입하고 환불을 요청하는 편지를 써보라. 신문에 실릴 편지를 써보라. 누군가가 읽고 웃음을 터뜨릴 만큼 재밌는 내용을 써보라. 데이트를 신청하는 편지도 써보라. 당신의 현재 기분을 바꿀 일기를 써보라. 그 글이 좋은지 나쁜지, 옳은지, 틀린지 생각하지 말고 그냥 그렇게 쓴 글이 효과가 있었는지 아니면 효과가 없었는지만 확인해보라.

✽강의 신청이나 구직처럼 목적이 분명한 글을 써서 내보라. 그리고 다른 사람들의 반응을 듣고 더 낫게 고칠 수 있도록 그 글을 모임에 가져가자. 여기서 중요한 것은 다른 사람들은 자신이 느낀 점만 말해야지 그 글을 어떻게 고쳐야 하는지를 말하면 안 된다는 것이다. 그들은 글에 대한 생각과 느낌을 말해주

고, 글을 어떻게 고칠 건지는 나중에 별도로 판단하면 된다.

✻중요한 의미가 있는 인물이나 장소, 또는 사건을 설명해보라.

그 인물이나 장소, 사건을 다른 시각에서 묘사해보라. 예컨
대 특정 장소를 내가 맹인인 것처럼, 그래서 시각이 아닌 다른
감각을 통해서만 알 수 있다고 가정하고 묘사해보라. 어떤 사
람을 내가 한 번 밖에 만나지 않은 것처럼, 아니면 그 사람이 스
스로 자신을 묘사하는 것처럼 써보라. 어떤 사건을 묘사할 때
는 그 일이 실제로 일어나지 않았고, 내가 그저 상상하는 것처
럼 그려보라.

✻어떤 특별한 기분이 든다면 구체적으로 글을 써보라. 아니면
글을 쓰며 그런 기분에 빠진 척해도 좋다. 또는 특정 기분이 느
껴지도록 글을 써보라. 글에서 그 기분을 직접 언급하는 게 아
니라, 글을 읽은 독자들이 당신의 느낌이나 감정을 알아맞히게
하는 것이다.

✻당신이 아는 누군가의 어조나 말투로 글을 써보라. 그의 목소
리나 말투를 무리하게 떠올리는 것이 아니라, 내가 그의 머릿
속에 있다 생각하고, 안에 있는 것을 얘기하듯 써보는 것이다.
독자들에게는 그 목소리의 주인공이 누구인지를 말하지 말고
듣는 목소리의 주인공이 어떤 사람인지 설명하게 하라.

✻두 사람 혹은 세 사람 사이의 대화를 써보라. 이번에도 그 목소
리의 주인공 머릿속에 들어가서 글을 쓰고, 독자들은 그 목소
리의 주인공들에 대해서도 설명하게 하라.

✻소설이나 영화, 사진 속 인물이나 사물에 대해 써보라.

✻중요한 편지를 써보라. 가장 흔한 주제는 부모님에게 원망의
편지를 쓰는 것이다. 또는 감사 편지도 좋다.

✻ 내게 중요하지만 딱히 설명하기 어려운 주제로 글을 써보라. 다른 주제(대상, 인물, 개념 등)와의 유사점과 차이점은 무엇인가? 그것을 포함하는 더 큰 주제 혹은 그것이 포함하는 더 작은 주제는 무엇인지 적어본다.

✻ 나의 믿음이나 확신을 내가 정말로 그렇게 믿고 있다고 독자들이 알아들을 수 있게 설명하라.(이것은 양심적 병역 거부자가 징병위원회를 설득할 때 꼭 필요한 일이다.) 독자로 하여금 마지못해 믿도록 해서는 안 된다.

✻ 나와 의견이 다른 사람을 설득하려면 자신의 신념을 자세히 설명하거나 주장을 논리적으로 펼쳐야한다. 명심할 것은 이 일은 실제 불가능한 경우가 많다는 것이다.

✻ 시를 써보자. 이렇게 해보면 어떨까. 당신이 좋아하는 시를 골라 그것을 고쳐서 써보거나, 번역을 하거나 그것과 비슷한 시를 써보는 것이다. 소재가 다르거나 다른 감정을 표현한다면 그 시가 어떻게 달라졌을지 다시 써보는 것도 좋다. 그 시인이 썼을 법한 다른 시를 써보라. 당신이 시인이라면 그 시를 어떻게 썼을까. 한 편의 음악에 어울리는 글이나 가사를 써보라. 연애시를 써보는 것도 좋다.

　✻ 자신이 쓴 글을 복사해서 나눠줄 것인가
　　소리 내어 읽어줄 것인가

두 가지 모두 장점이 있다. 복사본을 나눠주면 수업시간이 절약된다. 각자 조용히 읽게 하면 시간이 덜 걸리고, 읽다가 잠시 멈춰 생각을 해볼 수 있고, 읽은 곳을 다시 읽을 수 있으며, 좀 더 신중하게 읽을 수도 있다. 또한 글이 길다면 집에 가지고 가서 읽을 수도 있다. 이 방법은 생각보다 편리한 점이 많다. 복사를 해도 비용이 저렴하지만, 복사용지에 직접 쓰거나 타이핑하는 방법도 있다. 또한 자신이 쓴 글의 복사본 하나를 가져와 누구든 수업시간 전에 찬찬히 읽어볼 수 있는 곳에 둘 수도 있다.

소리 내어 읽어주는 방식도 장점이 있다. 자신이 쓴 글을 소리 내어 읽으면, 다른 방식으로는 알 수 없는 뭔가를 발견하는 경우가 많은 것이다. 자신이 쓴 글을 소리 내어 읽다보면 마치 다른 사람이 된 듯한 대리경험을 하게 된다. 그리고 글을 소리 내어 읽으면 가장 중요한 것이 강조된다. 글이 공간 위에서 펼쳐지는 단순한 기호가 아니라 실제 시간의 흐름에 따라 펼쳐지는 목소리가 되기 때문이다. 그림을 감상할 때와 달리 글은 전체를 동시에 경험할 수가 없다. 음악처럼 오직 한 번에 한 순간만 들을 수 있는 것이다. 게다가 거기에는 읽는 사람 특유의 목소리가 있다.

소리 내어 읽다 보면 그 글이 청중에게 어떤 영향을 주는지 더 자세히 알 수 있다. 청중이 좀 더 '신중'하거나 '정확'하거나 '객관적인' 반응을 보이기 위해 앞부분으로 돌아가 다시 읽을 수가 없기 때문이다. 예를 들어 세부묘사가 많았는데도 어떤 사람은 '세부묘사가 없었어요'라고 말할 수도 있고, 당신이 치밀하게 글을 구성했는데도 "'구조'가 없어서 무슨 얘기를 하는지 이해가 안 돼요."라고 말할 수도 있다. 하지만 이런 반응은 좋은 일이다. 그 독자에게는 자신의 세부묘사와 구성이 통하지 않았다는 사실을 보여주기 때문이다. 이상적인 독자보다는 현실의 독자에게 실제로 전달된 것이 무엇인지가 더 중요하다. 듣는 사람이 직접 읽었더라면 제대로 이해했을 것을 그 글을 들으면서는 이해할 수 없었다면 분명 자신의 글에 암초가 있는 것이다. 이런 글은 사실 자세히 읽는다고 해서 말끔하게 해결되지도 않는다. 독자들은 글의 흐름을 방해하는 원인을 눈치 채지 못하고, 결국 그 글은 복잡한 느낌으로 남는다. 점점 글은 모호해져서 읽기 싫어지고 오해의 소지는 커진다.

자신의 글을 소리 내어 읽을 때 느끼는 불편함은 자신의 글에 문제가 있다는 신호다. '글을 쓰는 동안에' 그 긴장을 느끼지 못했다면, 그것은 당신이 독자로서의 경험과 작가로서의 경험을 분리해서 생각했다는 의미이다. 청중에 대한 두려움은 여전히 어떤 식으로든 당신에게 영향을 준다. 글을 쓰려고 책상에 앉았을 때 두렵고 불편한 심정에 말문이 막힐 수도 있고 머리가 멍해질 수도 있다. 또는 특정 유형의 글이 안 써질 수도 있다. 소리 내어 읽기를 하면 글을 쓰는 동안 청중을 의식하게 된다. 이것은 강력한 힘의 원천이다. 청중을 의식한다는 것은 그들이 어떻게 반응할지 염려하면서 글을 쓴다는 뜻만은 아니다. 그것은 청중이 실제로 어떻게 반응할지를 배우는 것을 의미한다. 대부분의 사람들은 혹평이나 극찬처럼 그들이 가장 두려워하는 반응을 경험했을 때 글쓰기의 부담감에서 해방된다. 그래도 세상이 무너지지 않는다는 것을 알게 되기 때문이다.

수업시간에 소리 내어 글을 읽을 때는 항상 두 번씩 읽고, 청중들이 좀 더 선명한 인상을 받을 수 있도록 한 번 읽고 나서 적어도 1분 이상 침묵의 시간을 갖는 것이 좋다.

＊모임시간
정기적인 시간을 정해놓고 그 시간을 고수하라. 그렇지 않으면 골치 아픈 일을 자초하게 된다.

시간에 대해 말하자면, 일곱 명이 한 편의 짧은 글을 읽거나 듣고, 그 글을 어떻게 느끼고 이해했는지 글 쓴 사람에게 이야기하는 데 15~20분이면 충분할 것이다. 이 말은 여덟 명으로 된 반은 일주일에 두 시간에서 두 시간 반 동안 수업을 해야 한다는 뜻이다. 참가자들이 시간을 낼 수 있다면 그보다 더 길게 해도 재미있고 유익할 것이다. 하지만 이런 유형의 모임에서 가장 핵심적인 과정은 얻을 수 있는 만큼 얻고 나면 다음 단계로 넘어가야 한다는 것이다. 한 편의 글에 대한 느낌을 말하고 듣는 일을 완벽하게 끝내기란 불가능하기 때문이다. 특정한 글 한 편에 들이는 시간을 늘리기 보다는 모든 참여자가 이 과정에 익숙해지도록 활동 기간을 늘리는 편이 낫다. 이런 모임은 장기간의 활동을 염두에 두고 활동해야 하므로, 참가자들이 계속 나오는 것을 부담스러워 할 정도로 모임 시간이 길어지면 안 된다. 또한 어떤 학습방식을 쓰더라도 2~3개월 내에 글이 상당한 진전을 보이기는 힘들다는 것도 알아둬야 한다. 글쓰기 학습은 보이지 않게 천천히 실천하며 배워나가는 과정이다.

  ＊리더
리더의 역할은 모임을 전반적으로 매끄럽게 진행하고, 각자의 글에 공평한 시간이 배분되도록 시간을 관리하고, 너무 얘기를 많이 하거나 적게 하는 등의 참가자들의 소모적인 습관을 고치도록 도와주고, 그 외에 여러 가지 일을 챙기는 것이다. 이렇게 해야 사람들의 마음이 좀 더 편안해지기 때문이다.
  하지만 리더 없이 진행하는 것도 가능하다. 이 방식은 참가자들에게 조금 더 부담이 되지만, 한편으로는 모임 진행에 더 책임감을 발휘하게 한다는 장점이 있다. 어떤 결정을 내리든, 리더를 정할 것인지, 정한다면 누구로 할 것인지 정기적으로 논의하는 절차를 만들어 놓아야 한다.

＊수업 자체에 대해 피드백하기

매 수업의 마지막 5분은 그 수업 자체를 한 편의 글로 보고 수업에 관해 이야기해야 한다. 회원들이 그날 모임을 어떻게 인식하고 느꼈는지를 토로하는 것이다. 자신의 의견을 직접 말로 해도 되고 모두가 5분 글쓰기를 한 후 돌려 읽어도 된다. 하지만 이 시간을 모임에 관한 불만을 해결하는 수단으로 생각하면 안 된다. 글쓰기에 적용되는 학습 원칙이 여기에도 적용된다. 중요한 것은 이해와 느낌의 공유이지 어떻게 문제를 바로잡을 것인지가 아니다. 문제가 있다면 수업에 관한 이야기를 통해 서서히 해결되는데, 이것이 더 바람직하다.

머릿속에 떠오르는 영상 말해주기

남의 글을 읽고 자신의 의견을 말하는 독자라면, 과연 최고의 글은 어떤 건지를 두고 고민하거나 제안할 필요가 없다. 당신은 그저 제한된 시간 안에 자신의 주관적인 느낌을 있는 그대로 전달하면 된다. 오늘 이 시간에 그 글을 읽고 자신의 마음속에서 어떤 일이 일어났는가, 거기에 답하면 되는 것이다.

＊지목하기(*Pointing*)

먼저 당신의 머릿속에서 가장 선명하게 다가왔던 단어나 구절을 가리켜보라. 선명한 인상을 남긴 이유는 그 단어나 구절에 담긴 목소리가 분명하거나 힘차게 들렸기 때문이다. 아니면 왠지 진실하다는 느낌이 들었거나 특별한 신념을 담고 있어서일 수도 있다. 마음에 와 닿는 것이면 무엇이든 좋다. 나는 복사본을 읽을 때 주로 단어나 어구 또는 좀 더 긴 구절 아래에 밑줄을 그어 놓는다. 그러면 나중에 내 느낌을 이야기할 때 그 부분이 왜 와 닿았는지를 설명할 수 있기 때문이다. 글 쓴 사람이 자신의 글을 읽어주는 경우라면 그냥 끝까지 들으면서 어느 단어나 구절이 마음에 와 닿는지를 기다린다. 글을 다 들은 후 침묵의 시간에 떠오르는 느낌을 간단히 적어놓기도 한다.

특히 빈약하고 공허하게 들리는 단어나 구절도 지적하라. 왠지 모르게 거짓 같고 작위적으로 느껴지는 대목이 있을 것이다. 그런 부분은 머릿속에 들어오지 않는다. 나는 읽으면서 이런 부분에는 연필로 물결 모양의 밑줄을 긋는다.

＊요약하기(*Summarizing*)

다음에는 그 글을 요약하라.

a) 먼저 당신이 생각하는 중요한 내용이나 느낌, 또는 무게 중심을 재빨리 말하라. 머릿속에 떠오르는 생각을 약 15초 동안, 예를 들면 이렇게 얘기하는 것이다. "그러니까, 무척 슬퍼요. 죽음이 여기서 제일 중요한 사건인 것 같고요, 음… 그런데 그녀의 농담이 무척 중요한 역할을 했어요. 풍부한 의상도요."

b) 그리고 그 내용을 단 한 문장으로 요약한다.

c)다음에는 그 글에 등장하면서 글의 내용을 잘 요약하는 단어 하나를 선택한다.

d)그리고 그 글에 나오지 않으면서 글의 내용을 요약하는 단어 를 하나 떠올려본다.

　이런 작업에는 정해진 형식이 없다. 그러므로 계획을 세우거나 너무 깊이 생각할 필요가 없다. 중요한 것은 글을 쓴 사람이 당신 머리에 가장 뚜렷하게 남긴 게 뭔지, 그의 글이 당신의 의식에 무 엇을 떠올렸는지를 그에게 알려주는 것이다. 이것은 당신이 글 을 올바로 이해했는지를 평가하는 시험이 아니다. 그저 글이 당 신에게 제대로 전달되었는지를 확인하는 과정이다. 그 글에서 쓰지 않은 단어나 표현을 써야 한다는 걸 잊지 말라. 그렇게 해야 똑같은 말을 반복하는 게 아니라 글쓴이가 당신의 생각과 느낌 을 통해 걸러진 글을 대면할 수 있기 때문이다. 이 과정을 일주일 후에 다시 한 번 반복해보라. 일주일이 지난 시점에서 글쓴이에 게 지난 주 이야기한 내용을 떠올려 기억나는 대로 전해주면 된 다.

　지시하고 요약하는 과정은 당신의 생각과 느낌을 간결하게 전 달하는 방법일 뿐 아니라 가장 실수가 적고 효과적인 방법이다. 항상 지시와 요약하는 과정으로 시작하라. 만약 이 과정을 확실 하게 진행하고 싶고 모임을 제대로 하고 싶으면, 또는 모임 시간 이 너무 부족하거나 모임이 지리멸렬해지면 아래에 소개하는 방 식은 건너뛰는 것이 좋다.

　＊말하기(*Telling*)
글쓴이의 글을 찬찬히 읽는 동안 당신에게 떠오른 모든 심경을 모두 이야기해준다. 보통은 순서대로 하나씩 나열하며 말하는 것이 가장 쉬울 것이다. 처음 이런 생각이 들었고, 다음에는 이런 생각이 들었고, 그 다음엔 이런 생각이 들었어요, 하는 식으로 말이다. 다음의 두 가지 사례는 실제 모임시간에 얘기한 내용을 녹음한 것으로 하나는 소설, 하나는 시를 읽고 말한 것이다.

[소설 사례]
저는 회색 정장을 입은 남자와, 당신 주위를 배회하는 남자들의 정체가 뭔지 헷갈렸어요. 그 사람들이 경찰인 것 같았는데 나중에는 경호원일 거라고 추측했죠. 처음엔 회색 정장이 경찰이라고 생각했는데, 나중에 생각해보니 경찰에 체포된 기품 있는 신사인 것 같았거든요. 하지만 확신이 서진 않았어요. 그러다 당신이 어느 시점에 — 아마 앞부분 같았는데 — 모여든 남자들에 대해 얘기했죠. 저는 그들이 경찰이라는 느낌이 들었는데, 그들을 환상소설 속의 인물들과 대비해서 보여줬으면 좋았겠다는 생각을 했어요. 당신이 이야기한 어느 시점 있잖아요, 당신이 계단을 내려가고 있었던 것 같은데, 저는 그 신부의 아버지와 웨딩드레스 같은 모든 게 영화의 한 장면처럼 느껴졌어요. 왜, 사람이 익사할 때는 그의 온 생애가 눈앞에서 펼쳐진다고 하잖아요. 저한테는 그게 한 소녀가, 정확히 말하면 한 여인이, 그 때까지 부모님 아래서의 삶, 친구들과의 삶, 파티를 즐기던 삶에서 벗어나 새로운 세계로 들어가는 입문의식처럼 느껴지더군요. 정말 의외였어요. 당신이 그런 식으로 묘사할 거라고는 예상하지 못했거든요. 정말 기뻤죠. 그러다 왠지 모르지만 모여든 남자들, 아마 경찰 같았어요, 그 사람들에 대해 당신이 이야기할 때 말인데요, 내가 그 부분을 다시 들었다면 그 얘기는 안 하는 게 나았겠다고 생각할 수도 있겠지만, 그래

도 당신이 그 얘기를 했으니까, 저는 그 사람들이 파란색 정장이나 뭔가 눈에 띄는 걸 입었으면 좋겠다 했어요. 뭐 다른 사람들은 그게 불필요하다고 느낄지 모르지만요.

　술 마시며 부르는 노래에 대해 읽기 시작할 때는 굉장히 행복한 감정에 빠졌는데, 그건 어여쁜 신부였다가 나이가 들면서 입이 험한 아낙이 되어가는 누군가의 생애처럼 느껴졌어요. 제게는 그것이 일종의 사회비판으로 들렸죠. 사람은 꿈 많은 어린 시절을 보내다 술집에서 술친구를 하는 뚱뚱한 사람으로 변해가죠. 저는 나이에 따라 그런 변화를 보여준 것이 정말 마음에 들었어요. 그 모든 게 어떤 면에서는 한 인간의 역사를 압축해서 보여주는 것처럼 느껴졌어요. 이게 영화였으면 이런 식으로 흘러가지 않았을까요.

[시 사례]

저는 숫자 1과 2가 등장하는 중간 부분을 읽을 때까지 이 시에 몰입이 되지 않았어요. 1연과 2연까지 죽 읽어보자고 생각했지만, 음, 그래도 달라지는 게 별로 없더군요. 사실 저는 이 시가 약간 화려하고 약간은 감상적이면서도 '생각도 근사하고 단어 선택도 멋진데 따라가기는 힘드네. 몰입이 안 돼.'라는 생각이 들었어요. 하지만 처음 읽을 때였는데도 숫자 부분까지 가서는 본격적으로 속도가 나더라고요. 그 시어들에 왠지 마음이 끌렸죠. 단어들이 선명하게 다가왔고, 굉장히... 어쨌든 무척 마음에 들었어요. 저는 단어들이 질문처럼 들렸어요. 하지만 제가 보기에, 아까 메리와는 생각이 좀 다른데, 그건 감정과 논리를 배제한 시어들이 아니었어요. 분명 이성적인 어휘 같지는 않았지만, 질문 같았다는 뜻입니다. 말하자면요. 자신의 감정을 숫자로 표시해서, 재미있고 마치 논리적인 형식으로 표현한거죠. 그걸 보니 정말 정

신이 번쩍 드는 기분이었어요. 저는 '언어가 굉장히 현실적이다'라고
메모를 했어요. 왠지 모르게 그게 뭉클한 느낌을 줍니다. 논리적인 느
낌은 아니에요. 아주 강렬하게 뭔가를 두드리는 기분이었죠.

   그때부터 저는 이 시가 좋아졌습니다. 끝까지 읽어 가는 동안 정말
마음에 들었습니다. 두 번째 페이지까지 갔을 때, 저는 그것이 첫 번
째 페이지와 똑같다는 것도 눈치 채지 못했습니다. 저는 '이 시가 훨씬
좋다'라고 쓰려고 했죠. 그러다가 비교해보려고 다시 앞 페이지로 갔
을 때야 그 둘이 같은 시라는 걸 알게 됐죠. 다시 말해 숫자 1과 2가 등
장하는 대목 후에 이 시가 제대로 저에게 와 닿았고, 제가 거기에 빠
져든 겁니다. 그 시가 제 마음 속으로 들어온 거죠. "영원한 물의 형제
들" — 이 구절은 아직도 확실히 이해하지 못했지만 강렬한 느낌을 불
러일으킵니다.

   그리고 마지막 3행 말인데요. 글씨체도 다르고, 어조도 다르더군요.
하지만 여기도 어떤 면에서는 정신이 번쩍 나게 하는 것 같아요. "이
해하나요."("Do you understand.") 저는 이 말을 어떤 소녀에게
하는 말이 아니라, 자기 자신에게 한 말로 받아들였습니다. 아니면 독
자나 다른 사람들에게요. 마치 절규하는 것 같아요. 하지만 무의미한
외침이 아니라 분명한 효과를 겨냥한 절규 같아요.

   그러다 저는 다시 앞으로 돌아갔어요. 1연이 마지막 연과 같다는 것
을 알고, 왜 처음에는 그 연이 마음에 들지 않았을까 생각해봤죠. 그때
서야 당신이 2연에 멋진 장치를 숨겨 놓았다는 걸 발견했어요. 한 행
걸러 한 행에 새로운 행을 추가해서 1연을 반복한 거예요. 아이디어는
좋았지만, 시어들은 별다른 느낌이 없었어요. 무슨 말이냐 하면, 1연
을 반복하는 패턴에서 즐거움 같은 게 느껴졌거든요. 그런 게 재밌기
는 하죠. 그래도 저는 단어들이 마음에 들진 않아요. 특히 "그녀 것이

니까 특별하지" 라는 구절이 거슬려요. 거슬리는 이유 중 하나가 '것이기 때문에'를 '것이니까'라고 줄여 쓴 것이 진부하게 느껴지고 자꾸 걸리거든요. 사소한 것 같지만 그게 사실입니다. 잘 모르겠지만 어쨌든 마음에 들지 않아요. '찾으라 그러면 찾을 것이요'도 처음 나온 숫자 부분에서 제 마음에 들지 않았던 부분일 겁니다. 다 읽고 보니 제가 이 시를 형식적인 관점에서 분석하고 있었네요.

말할 때 중요한 점은 실제 글을 두고 얘기를 해야지 비약하면 안 된다는 것이다. 자기 자신에 대해서만 이야기하느라 시간을 허비하는 사람들이 종종 있지만, 반대로 자기 자신과 전혀 관계없는 내용만 떠드는 것도 바람직하지 않다. 그런 방식은 전적으로 객관적이고 공정한 비평가 흉내를 내는 것처럼 보이기 때문이다. 독자로서 느낀 점을 제대로 말하려면, 당신의 생각과 느낌을 하나도 빠뜨리지 않고 기록하는 어떤 장치에 연결되어 있다고 생각하라. 맥박이나 혈압, 뇌파 같은 것뿐 아니라 머릿속의 영상, 느낌, 생각, 떠오르는 단어까지 기록하는 장치 말이다. 당신 몸은 그런 기계 장치에 모두 연결되어 있고 당신은 그 기계에서 출력되는 데이터를 읽는다고 생각하는 것이다.

＊보여주기(showing)

글을 읽으면서 완전히 이해하지 못해서 제대로 설명할 수 없는, "어떤" 느낌과 반응이 어느 정도는 있을 것이다. 그런 느낌과 반응이 매우 희미해서일 수도 있고, 묘사할 적절한 언어가 생각나지 않아서일 수도 있고, 또는 어떤 이유에서든 그것들을 의식하지 못해서일 수도 있다. 하지만 말할 수는 없다 하더라도, 아래에 소개하는 비유 장치들을 활용한다면 그 느낌보다 반응을 말하지 않고 보여줄 수 있다. 처음엔 이상하고 어려워 보일지 모르지만, 계속 사용해보면 미처 몰라서 활용하지 못했던 나만의 지식을 발휘할 수 있다.

1. 목소리를 묘사하는 것처럼 글을 표현하라. 예를 들면 '외치다', '투덜대다', '속삭이다', '엄격하게 강의하다', '단조롭게 이야기하다', '추상적으로 이야기하다' 등으로 말이다. 이러한 표현들을 전체적인 인상을 묘사할 때 뿐 아니라 글의 여러 대목에도 적용하라.

2. 글을 날씨처럼 이야기하라. 예컨대, 안개가 끼었다, 맑다, 돌풍이 분다, 부슬부슬 비가 내린다, 춥다, 화창하다, 서늘하다, 무덥다 등. 전체적인 인상 뿐 아니라 이런저런 대목에도 적용해 사용해보자,

3. 글을 마치 동작처럼 묘사하라. 예컨대 행진하다, 바위를 오르다, 기어가다, 굴러가다, 발끝으로 걷다, 거닐다, 전속력으로 달리다 등.

4. 의상의 비유 : 예컨대 재킷과 넥타이, 작업복, 땀에 전 먼지투성이 셔츠, 미니스커트, 말끔하게 빗어 넘긴 머리 등.

5. 지형의 비유 : 예컨대 언덕이 많다, 황량하다, 폭신하고 풀로 뒤덮였다, 숲으로 뒤덮였다, 정글 같다, 숲속의 빈터 같다 등.

6. 색상의 비유 : 전체적으로 무슨 색깔인가? 각 부분은?

7. 형태의 비유

8. 동물의 비유

9. 채소의 비유

10. 악기의 비유

11. 글은 몸이다. 어떤 형태의 몸인가. 어느 부분이 발이고 손이고 심장이고 머리고 머리카락인가.

12. 글 한 편을 서로 다른 여러 편의 글이 합쳐져 마법처럼 발전한 것으로 생각하라. 그 글은 결국 또 다른 글로 진화할 것이다. 그것이 어디에서 시작됐는지 그리고 그것이 어떻게 변할 것인지도 말해보라.

13. 그 글에서 글쓴이가 어떤 의도를 갖고 있었는지 추정해보라. 그런 다음 그가 품고 있던 진짜 속마음이 무엇이었을지 상상해보라.

14. 글쓴이가 실제로 생각하고 있던, 특별한 주제 대신 이 글을 썼다고 생각하자. 그가 실제로 쓰고 싶었던 주제는 무엇이었을까?

15. 그 글을 쓰기 직전에 글쓴이가 매우 중요한 일을 했거나 그에게 중대한 일이 일어났다고 해보자. 하지만 글에서는 그 일이 드러나지 않았다. 그 일이 무엇이었을지 상상해보라.

16. 그 글을 전혀 모르는 사람이 썼다고 가정하자. 그리고 그 사람이 어떤 인물일지 추측하거나 상상해 보라.

17. 그 글이 말랑말랑한 점토덩어리라면 당신은 이 점토로 무엇을 할 것인지 말해보라.

18. 나를 내가 아닌 다른 사람으로 생각하라. 그는 그 글에 대해 나와 전혀 다른 의견을 갖고 있다. 그 글에 대한 그 사람의 느낌과 생각을 대신 말해보라.

19. 그 글이 주는 느낌을 그림이나 낙서로 표현해보라. 그 글이 오직 연필을 쥔 팔로만 전해진다고 생각하라. 이제 팔을 움직

여 글의 느낌을 그려보자.

20. 그 글이 불러일으키는 소리를 내보라. 아니면 그 글이 스스로 소리를 낸다면 어떤 소리일지 흉내 내보라. 서로 다른 대목마다 다른 소리를 내보라.

21. 그 글을 재잘거리는 소리로 표현해보라. 다시 말해 그 글을 누군가가 옆방에서 한 번도 들어보지 못한 언어로 다소 과장되게 읽는다면 어떻게 들릴지 그 소리를 흉내내보라. 그리고 글의 내용을 30초 내외로 요약하여 재잘거리며 말해본다.

22. 그 글 전체에서 느껴지는 동작 또는 글의 여러 대목에서 연상되는 동작을 몸으로 표현해보라. 소리와 움직임을 결합하는 것도 좋다.

23. 그 글에 관한 내용으로 10분 글쓰기를 해서 그것을 글 쓴 사람에게 주라.

24. 그 글에 대해 깊이 생각해보고 머리에 떠오르는 생각과 느낌을 글쓴이에게 말해보자. 글의 세부 내용에 대해서는 생각하지 말고 차라리 머릿속을 비운다고 생각하면 된다. 하지만 그러면서도 글을 향해서는 온전히 마음을 열어야 한다. 그것은 뭔가를 씹지도 않고 맛도 보지 않고 통째로 꿀꺽 삼키는 것과 같다.

이런 보여주기 방식은 주저하는 마음을 극복하고 두세 가지 방식을 동시에 시도해보지 않으면 별로 쓸모가 없다. 따라서 나는 처음 네 번의 모임 때는 각각의 글에 대해 이 간접적인 비유 장치들을 두 가지 이상 쓰는 것을 의무화한다. 당연히 처음엔 이상하고 불편하게 느껴질 것이다. 사실, 내가 이것을 엄격하게 요구하는 이유는 본격적인 글쓰기 모임이 시작되기 전에는 우리 모두 소심한 나머지 위의 방식을 사용하지 않는다는 것을 발견했기 때문이다. 하지만 이 방식을 실제로 사용했던 수업에서는 대부분의 참가자들이 그것을 즐겁게 활용했고, 또 유용하다고 여겼다.

위의 방식을 억지로 적용하려 애쓸 필요는 없다. 그냥 적절한 말이 떠오를 때까지 기다리라. 그리고 말이 안 되더라도 머릿속에 떠오르는 말을 하면 된다. 처음 몇 주 동안에는 흡족한 결과가 나올 거라고 기대하지 말라.

말하기와 보여주기의 차이를 다음과 같이 생각하면 쉽게 이해가 갈 것이다. 말하기는 자신의 내면을 들여다보고 나서 그 내용을 글쓴이에게 전달하는 것이다. 보여주기는 글쓴이가 당신의 머릿속을 들여다볼 수 있도록 머리 꼭대기에 창을 하나 내서 그에게 인사하듯 고개를 숙이는 것이다. 그러므로 보여주기는 글을 읽으면서 어떤 생각이나 느낌이 떠올랐는지 기억할 필요가 없다. 그냥 고개만 숙이면 된다. 보여주기는 더 많은 정보를 주지만, 좀 더 헷갈리고 모호한 형식이다.

독자들을 위한 추가 조언

＊자신이 글을 제대로 읽었는지 확인하라

제대로 읽지 않았다면 아무 반응도 보이지 않아야 한다. 모임 시간에 타인의 글을 눈으로 조용히 읽었다면, 적어도 두 번 정도 충분히 읽고 천천히 생각할 시간이 있어야 한다. 또한 한 번 읽을 때마다 글이 머릿속에 구체적인 인상을 남기도록 잠깐 동안 침묵하는 시간을 가져야 한다. 서두르치 말라. 글 쓴 사람이 소리 내어 읽어주면, 두 번 읽어달라고 하고 한 번 읽고 난 후 1분 이상 침묵하는 시간을 가진다. 너무 빨리 읽거나 너무 작은 소리로 읽으면 중단시켜야 한다. 글쓴이는 긴장한 탓에 자기도 모르게 다른 사람들에게 들리지 않게 읽을 수도 있기 때문이다. 그것을 내버려두면 안 된다.

  ＊한 번에 한 명의 의견만 들을 것인가, 여러 사람의 의견을
    동시에 들을 것인가

독자 한 명이 자신의 머릿속에 떠오르는 영상을 지시하기, 요약하기, 말하기, 보여주기를 통해 모두 이야기 한 후 다른 독자가 이어서 말하는 방식이 있다. 이렇게 하면 글쓴이가 혼란스럽고 버거워 하지 않고 독자 한 사람 한 사람이 받은 느낌을 온전히 경험할 수 있다. 처음 몇 주 동안에는 몰아서 표현할 수 있는 독자라면 이 방법은 나름 도움이 된다. 혹은 모두 "지시하기" 방식만 쓰다가 다음에는 모두 "요약하기" 방식만 쓰는 식으로 진행되기도 한다. 옳은 방법이 따로 있는 건 아니다. 여러 가지를 시도해보면서 어떤 것이 이 모임에 가장 잘 맞는지 찾아보라.

  자신의 의견을 말하는 한 나중에 달라진 의견이 있다면 그것을 말해주는 것도 괜찮다. 누군가의 의견을 듣다가 나의 내면에서 눈치 챌 수 없었던 생각과 느낌이 떠오를 수도 있기 때문이다. 그것이 글쓴이의 느낌과 같다면 간결하게 언급하라. 글쓴이는 그런 반응이 여러 사람에게 공통적인 것인지 드물게 나타나는 반응인지 알아야 한다. 한편 누군가가 나와 다른 생각과 느낌을 말했는데, 그 말을 듣고 깊이 수긍할 수도 있다. 이런 상황이 나의

반응을 희석시킬 수도 있고 밀어낼 수도 있다. 이런 변화가 모두
중요한 과정이다.

  ＊다른 사람의 의견을 두고 다투지 말라
누군가가 말도 안 되는 의견을 말했다 해도 마음을 열고 그의 말
을 들어야 한다. 그 느낌을 말하는 사람의 입장에서 공감할 수 있
어야 한다. 내 눈에 보이는 것이 실제로 글에 있는데 그에게는 안
보이는지도 모른다. 하지만 그에게만 잘 보이는 게 있을 수도 있
다. 내가 본 것과 어긋난다 하더라도 말이다. 단어가 서로 모순되
는 의미나 효과를 전달하는 것은 흔히 있는 일이다. 그 사람이 본
것은 글에서 중요한 의미가 없는데 그의 특정한 기분이나 기질
또는 경험 때문에 내게 보이는 것이 그에게는 보이지 않는지도
모른다. 혹은 내가 처한 상황으로 인해 그가 본 것을 내가 못 보는
지도 모른다. 글을 읽는 안목을 훈련시키는 유일한 방법은 언뜻
보기엔 말도 안 되는 의견을 진지하게 받아들이고, 그 사람이 본
것을 나도 보려고 노력하는 것이다. 이것은 내가 본 것을 그도 볼
수 있도록 유도해서 그가 더 나은 독자가 되도록 도와줄 것이다.

  ＊구체적인 부분에 대해 구체적인 반응을 하라
글 전체에 대해 전체적인 반응만 하는 것이 아니다. 구체적인 반
응을 하기 위해서는 각별한 노력이 필요한데, 수고스럽더라도 읽
은 것을 상기하며 특히 어떤 구절이 가장 기억에 남는지를 떠올
리고 그 부분을 지목해 보라. 그리고 당신이 왜 그 구절들을 기억
하는지, 왜 그 구절이 눈에 띄는지, 당신이 그 구절들을 어떻게 이
해하고 느꼈는지를 설명한다. 자신의 반응을 말할 때, "처음에는

이런 느낌이 들었고, 다음에는 이런 느낌이 들었고" 하는 식으로 그 글에의 해당 대목을 꼭 집어 말하라.

＊잘못된 반응이란 없다

만족스럽지 못한 반응은 있을 수 있지만, 틀린 반응은 없다. 그 자체로는 글쓴이에게 별로 도움이 되지 않는 반응이 있을 수 있다. 하지만 누군가의 글을 당신의 입장에서 찬찬히 읽는 동안 그려지는 전체 이야기의 일부로 보자면 그런 반응도 도움이 된다. 그러니 어떤 종류의 의견도 생략하려고 하지 말라. 오히려 더 많은 의견을 말하려고 애써야 한다. 머릿속에서 뭔가가 떠오르면 있는 그대로 말하라. 다음은 어떤 모임의 참여자들이 생략해야 한다고 생각했던 몇 가지 반응들이다.

1. 이 책의 초고를 읽고 글쓰기 모임을 하던 일부 독자들은 그들이 글의 주제나 내용이 아니라 글의 서술방식에 대한 느낌과 생각을 이야기해야 한다고 생각했다. 정반대로 생각한 것이다. 글쓴이가 알아야 할 것은 자신의 글이 실제로 사람들에게 미친 영향이다. 그런데 글이란 그 내용과 형식을 분리할 수 없는 대상이다. 그러므로 글의 내용을 두고 이견을 제시하고 싶으면 그렇게 말하라. 하지만 글쓴이와 불필요한 논쟁은 하지 말라. '형식'과 '내용'을 구분할 필요는 없다. 그냥 머릿속에 떠오른 감상을 말하라.

2. 이상한 의견. 이상하게 들리는 부분은 걸러내고 '합리적인' 반응만 보이려 애쓰지 말라. 사실 당신의 의견이 치우쳐 있어 보여도 이를 과장해서 보여주는 게 더 낫다. 그래야 글쓴이가 남

들의 의견을 선생님의 의견처럼 듣는 습관에서 조금이라도 벗어날 수 있다. 그래서 자신이 듣는 내용은 그냥 한 개인의 생각과 느낌이지 공정한 판단이나 결론, 조언이 아니라는 것을 깨닫게 된다. 그러면 자연히 당신도 자신이 매우 합리적이고 탁월한 비평가가 아니라, 남들과는 다른 의견을 제시하는 평범한 사람이라는 것을 깨닫게 된다. 당신의 특이한 견해는 다른 독자들이 솔직한 의견을 밝히는 데도 도움이 될 것이다.

3. 조언. 그것은 조언으로의 가치는 없지만 남의 글에 대한 당신의 전체적인 느낌을 보여주는데 의의가 있다. 조언해줄 말을 찾거나 생각해내려 애쓸 필요는 없다. 하지만 당신과 그의 글이 상호작용을 하여 조언을 하고 싶은 욕구가 생기거든 그 점은 글쓴이에게 알려야 한다. 어떤 글은 독자라면 누구나 조언하고 싶게 만들지만, 또 어떤 글은 그보다 훨씬 수준이 떨어지는데도 조언하고 싶은 마음을 전혀 불러일으키지 않는다. 이러한 사실을 글쓴이는 알아야 한다.

당신의 조언을 실마리 삼아 그 뒤에 숨어있는 자신의 생각과 느낌을 천천히 들여다보라. 나는 글을 읽다 어떤 부분을 고치고 조언하고 싶은 마음이 생기면 내가 그 글을 특정한 관점으로 읽고 있다는 사실을 깨달을 때가 많다. 나라면 왜 그 글을 고치고 싶은지 자문해 보면, 그 글을 흥미 있고 유익한 방식으로 이해할 수 있게 된다.

4. 평가. 조언과 마찬가지로, 평가는 그 자체로는 가치가 없다. 어떤 평가를 할 것인지 고민하지 말라. 하지만 평가하려는 나를 억제하느라 기력을 낭비하지도 말라. 평가를 하되 평가에 앞서는 나의 생각과 느낌을 찾으라는 것이다. 예를 들어 교사가 사

흘 동안 학생들의 보고서에 점수 매기는 일만 하다보면 몇 점을 줄 것인가 하는 고민이 보고서에 대한 그의 유일한 반응이 될 수도 있다. 그렇다고 꼭 B- 라는 점수에 앞서 다양한 생각과 느낌이 없다는 뜻은 아니다. 그런 상황에 처한 교사가 교사 없는 글쓰기 모임에 참가했다면 B- 라는 점수를 단서 삼아 그 뒤에 잠복해있는 자신의 다양한 반응을 선명하게 인식해야 한다. 그가 경계해야 할 태도는 자신이 내린 점수 뒤에 숨어서 자신의 진짜 느낌을 말하지 않는 것이다.

어떤 사람들은 글을 읽으면서 항상 평가를 하고, 어떤 사람들은 절대로 평가를 하지 않는다. 글쓴이는 이 두 부류에 속하는 독자들의 느낌을 모두 알아야 한다. 더 재밌는 것은, 어떤 글은 왠지 평가를 갈구하는 듯 해서 그 글을 읽은 사람들은 다들 평가하는 말을 쏟아낸다. 반면 어떤 글은 장황하지만 평가는 전혀 찾아볼 수 없는 반응을 초래한다.

한 가지 예외가 있다. 나는 처음 서너 번의 모임 때는 부정적인 평가는 하지 않아야 한다고 본다. 모임에 적응하고 나면 참가자들이 아주 부정적인 평가도 수월하게 받아들이고 그로부터 어렵지 않게 배울 수 있지만, 처음에는 괜히 위축될 수 있기 때문이다. 4주 정도는 글에서 거슬리는 부분이 있더라도 말하지 않는 것이 그리 어렵지 않을 것이다.

5. 의견보다는 객관적 사실이 중요하다. 하지만 두 가지를 확실히 구분하는 것이 쉽지는 않다. 글을 읽으면서 경험한 당신의 생각이나 느낌을 글쓴이에게 전하는 것은 객관적 사실을 말하는 것이다. 그런데 왜 그런 느낌을 받았는지, 왜 당신이 이 부분은 지루했고 저 부분은 헷갈렸는지 말하는 것은 그의 글이 어떤

효과가 있었는지 혹은 당신이 그 글을 어떻게 읽었는지를 두고 한 가지 의견을 얘기하는 것이다. 당신이 말한 객관적 사실이 훨씬 중요하다. 수많은 형용사가 항상 글을 지루하게 만든다는 건 사실이 아니다. 피동형 문장이 항상 힘이 없다는 것도 사실이 아니다. 추상적 개념이 항상 애매하다는 것도 사실이 아니다. 예시가 항상 내용을 명확히 해준다는 것도 사실이 아니다. 글에서는 어떤 장치가 어떤 역할을 하는지 정해져 있지 않다.

당신이 어떤 형용사들에 질렸다면 그것은 중요하다. 당신이 어떤 특정 구절이 약하거나 모호하다고 느꼈다면 그것도 중요하다. 당신이 어떤 예시가 유익하다고 느꼈다면 그것도 중요하다. 그런 것들을 의견으로 만들지 말고 그냥 있는 그대로 얘기하라. 형용사 전반에 대한 당신의 판단, 피동형 전반에 대한 당신의 판단, 추상적인 어휘 전반에 대한 당신의 판단은 별로 중요하지 않다. 누구의 판단이든 마찬가지다.

문제는 의견과 객관적 사실을 분리하는 것이 쉽지 않다는 것이다. 불확실한 의견을 내놓을 때에 갑자기 가장 중요한 객관적 사실이 나올 수 있다. 당신의 모든 객관적 사실은 당신의 견해에 일부 영향을 받을 수도 있다. 평소에 미사여구가 많은 글은 힘이 없다고 생각한다면 그런 생각을 하지 않았을 때에 비해 미사여구가 많은 글을 읽을 때 그 글이 힘이 없다고 느낄 가능성이 높다. 그러므로 그런 견해는 드러내는 것이 바람직하다. 그래야 글쓴이가 당신의 어떤 면을 불신할 것인지 판단할 수 있을 테니 말이다. 여기서도 교훈은 같다. 당신의 견해는 그 자체로는 쓸모가 없지만 글쓴이가 당신의 입장에서 자신의 글을 읽을 때 어떤 느낌이 들지 더 잘 보여준다.

6. 관련이 없어 보이는 반응. 예를 들어 "제가 이 글을 읽는 동안 제 머릿속에서는 내일 무엇을 할까 하는 생각밖에 없었습니다." 또는 어제 내가 뭘 했는지, 또는 여기가 너무 덥다든지, 나는 이런 주제에는 흥미가 없다 같은 반응 말이다. 이는 남의 글에 전혀 반응하지 못하는 증거라고 할지도 모르지만, 이런 식의 반응도 얘기하는 것이 좋다. 중요한 건 그런 반응이 그의 글을 읽는 동안 일어났다는 것이고, 당신이 할 일은 이처럼 엉뚱한 반응도 말해주는 것이다. 딴 생각에 빠져 글에 집중하지 못한 것이 당신의 잘못인지도 모른다. 더 집중했어야 하는지도 모른다. 하지만 누구의 잘못인지 알아낼 방법은 없다. 가장 중요한 사실은 그가 글을 썼고, 그 글은 당신의 머릿속으로 들어가야 하는데 그러지 못했다는 것이다. 여러 독자들이 똑같은 지점에서 딴 생각을 하는 경우가 종종 있다. 이것은 아마 그 지점에서 뭔가 이상한 일이 벌어지고 있다는 단서일 것이다.

글쓰기 모임의 초반에는 이처럼 엉뚱한 반응이 많이 일어날 수도 있다. 참가자들이 의견을 말하는 데 익숙해지지 않았기 때문이다. 그들은 남들의 의견을 의식하고, 누군가가 소리 내어 읽는 것을 듣는 데 어색해하기도 한다. 그렇긴 해도 딴 생각이 들었다면 글쓴이에게 그것을 알려줘야 한다. 그렇게 해야 홀가분해져서 엉뚱한 반응을 초래한 원인들을 어렴풋이 깨달을 수 있을지도 모른다.

하지만 이런 이유로 엉뚱한 반응이 유익하다는 게 아니다. 대부분의 경우 그런 반응은 그 자체로 좋은 의견이 된다. 대부분의 말이나 글은 상대방에게 있는 그대로 전해지지 않는다. 그래서 사람들이 주고받는 말의 주요 내용은 잘못 전해지거나 애매하게 전해진 생각이나 경험들이다. 우리는 뭔가를 들은 척하지만 사실은 그저 다른 사람의 입이 움직이는 것을 보고 분위기나 그 사람의 표정을 통해 내용을 추측할 뿐이다. 나는 대부분의 모임 참가자들이 이런 중요한 사실을 미처 깨닫지 못하고 있음을 잘 알고 있다. 독자들은 자신의 생각과 느낌을 글쓴이에게 말하려 하지만 그들은 사실 할 말을 찾거나, 포장하거나, 없는 것을 만들어내고 있다. 그 자리에서 "저는 당신이 하는 말 중에 어느 하나 귀에 들어오는 게 없었어요."라고 솔직하게 반응을 할 용기가 없기 때문이다. 글쓴이의 처지에서는 그런 반응이 결코 유쾌하지 않을 것이다. 하지만 결국 남의 글을 읽거나 듣는 내내 들었던 생각을 있는 그대로 말해주는 게 바람직하다.

＊어떤 반응도 틀리지 않지만 그래도 잘 읽으려 노력해야
　한다

이 모임은 그저 게으르고 산만하고 수동적인 참가자, 즉 무책임한 독자가 모인 곳이 아니다. 교사 없는 모임을 녹음한 어느 테이프에서 한 여성의 수필을 두고 어떤 남자는 이렇게 말했다. "저는 첫 단락만 읽고 그 뒤는 읽지 않았습니다. 이게 대체 뭐야, 싶더군요. 글이 마치 《선데이타임즈》지에 나오는 글 같았거든요. 굳이 이런 걸 읽으려면 《선데이타임즈》지에서 읽으면 되죠." 그가 첫 단락을 읽고 그에게 어떤 일이 일어났는지를 말한 건 잘한 일이다. 그것은 별로 기분 좋은 내용은 아니지만 유용한 정보다. 글에서 무엇이 거슬렸는지 이유는 설명하지 않았지만, 그래도 좋다. 그가 자신의 심리를 분석 하거나 문장의 효과를 설명할 필요

는 없기 때문이다. 그는 자신의 반응을 첫 단락에 한정해서 말했다. 그것도 좋다.

문제는 그가 나머지 부분은 읽지 않았다는 것이다. 그건 옳지 않다. 계속 읽어나갔으면 그의 반응이 달라졌을지도 모르는 일이기 때문이다. 혹시 달라지지 않았다 하더라도 반감을 느낀 독자들의 생각과 느낌이 어땠는지는 글쓴이에게 유익한 정보다.

대학에서 문학 수업을 들을 때 글을 읽는 동안 내게 가장 중요한 것은 올바른 의견을 가져야 한다는 의무감이었다. 하지만 그 올바른 의견이라는 게 뭔지 도저히 알아낼 수가 없었다. 틀린 의견을 갖게 될까봐 읽고 있는 작품에는 거의 집중하지도 못했다. 그러면 절대 좋은 독자가 되지 못한다. 나는 어떻게 보면 덜 적극적이고 더 나태해지는 방법, 즉 긴장을 풀고 걱정을 내려놓고 글이 흘러가는 대로 따라가는 법을 배웠다. 하지만 이것이 뒷짐 지고 앉아서 글에서 저절로 어떤 결론이 나오기만을 기다려도 좋다는 뜻은 아니다. 좋은 독자가 되기 위해서는 굉장한 노력과 집중력 그리고 에너지를 쏟아 부어야 한다.

＊아무 의견도 말하고 싶지 않을 때

왠지 의견을 말하고 싶지 않다면, 그리고 이유는 모르지만 그냥 할 말이 없어 입을 다물고 싶다면, 그냥 그렇게 하라. 그런 느낌은 이상한 게 아니다. 당신 머릿속에 흐르는 영상을 알려주는 것은 극도의 관용이자 자기희생이다. 그런 일은 당신이 스스로 계량기, 기니피그, 실험실의 역할을 자처하는 일이기 때문이다. 즉 글쓴이의 목적을 실현하기 위한 도구로 당신을 사용하라고 허락하는 일이다. 예를 들어 그의 글이 너무 길고 복잡하다고 생각한다. 이런 의견과 함께 머릿속에 떠오르는 영상을 설명해주고, 그와 관련된 생각과 느낌을 말해준다면 (그 기분은 어디서부터 시작되었는가? 정말로 어리둥절했는가 아니면 화가 났는가 아니면 그냥 마음에 들지 않았는가?) 등 예를 들어 글을 읽으며 어떤 느낌이 들었는지 바로 그게 글의 어느 부분이었는지, 황당하거나 화가 나는 부분이 있었는지, 혹은 받아들이기 어려운 부분이 있었는지를 말해준다면 이는 글의 길이나 난이도를 문제 삼는 게 아니다. 그는 이런 다양한 반응을 들은 후 글의 길이나 난이도는 신경 쓰지 않아도 되겠다고 판단할 수 있다. 그가 옳을 수도 있다. 하지만 결론만 말하지 말고 독자로서 당신의 반응을 온전히 보여줬을 때만이 글쓴이는 판단을 제대로 내릴 수가 있다. 만약 이러한 충분한 설명 없이 결론만 말한다면, 글쓴이는 그 결론의 배경에 대해 전혀 모르기에 당신의 의견을 좋아하거나 억지로 수긍할 수밖에 없을 것이다.

그러니 그런 반응도 가치가 있다. 때때로 이런 기분을 느끼지 않는다면 인간이 아닐 것이다. 그것은 인정하는 것이 좋다. 나아가 그런 기분을 존중하여 당신의 반응도 말해주지 말라. 지금은 피곤하다고 하고, 차례를 그냥 넘어가는 것이다. 이것이 자신을 속이고 판단력을 흐리는 반응을 알려주는 것보다 훨씬 낫다.

＊당신은 항상 옳기도 하고 항상 틀리기도 하다

다음과 같은 역설을 잘 알고 있어야 독자로서의 역할을 가장 잘 할 수 있다.

나만의 생각과 느낌을 가르칠 자격이 있는 사람은 아무도 없다. 그런 점에서 당신은 항상 옳다. 당신은 일종의 신념이 있어야 한다. 당신의 생각과 느낌이 항상 정확하다는 뜻이 아니라, 그 생각과 느낌에 더 많이 의지하고 그것에 더 주의를 기울임으로써 가장 정확해진다는 점에서 그렇다. 그리고 글쓴이에게 해줄 수 있는 가장 귀중한 선물은 정말로 내가 보고 느낀대로 정말로 내 마음 속에서 벌어진 것을 있는 그대로 말해주는 것이다.

한편, 당신이 항상 타인의 글을 정확하게 이해하고 충분히 경험할만한 방법이 없다는 점에서 당신은 항상 틀리다. 글에는 내가 이해하지 못하는 요소가 항상 있기 마련이다. 그러므로 다른 사람의 생각과 느낌을 경험하기 위해 항상 더 많은 노력을 쏟아야 한다. 그래서 더 민첩하고 더 유연하고 더 치밀해져야 한다. 내 것이라는 이유만으로 나만의 감상에 고집스럽게 갇혀 있으면 안 된다.

간단히 말해서, 당신은 당신 자신에 대해 확신을 가지는 동시에 겸손해야 한다. 말은 쉽지만 실천하기는 어렵다. 하지만 실천해볼 가치는 있다. 글쓰기 모임에서 얻을 수 있는 그 덕목은 그 외 다른 상황에서도 꼭 필요하기 때문이다.

글쓴이가 다른 사람들의 의견을 들을 때 주의할 점

＊조용히 들으라
몇 주 동안 혀를 깨물어야 할 것이다. 내가 입을 여는 순간 나의 글을 읽은 사람들이 중요한 의견을 털어놓지 못할 수도 있기 때문이다. 소개말도 길게 하지 말라. 사실 독자들이 내가 쓴 글에 대해 아는 게 거의 없고, 글을 쓴 목적도 모르고, 대상 독자가 누구

인지도 모를 때 나는 더 많은 것을 배울 수 있다. 글을 쉽게 판단하지 못하면 독자로서 그들은 궁금한 점이 더 늘어나게 되고 그럴수록 더 집중해서 읽을 것이기 때문이다.

사과나 변명, 예를 들어 "이걸 어젯밤에야 쓰는 바람에 전혀 다듬지를 못했어요."라든가 "정말 이 글이 마음에 안 들어요."라든가 "겨우 제 마음에 들게 쓰긴 했는데, 이걸 네 번이나 고쳐 썼어요." 같은 말은 하지 않아야 한다. 무엇보다 글이 어땠으면 좋겠는지, 독자들이 어떻게 반응하기를 원하는지는 절대 얘기하지 말라. 그러면 바라는 대로 됐는지 알 만한 객관적인 증거를 영영 얻지 못하기 때문이다. 나의 글을 읽은 사람들에게 그 글이 어떤 느낌으로 다가왔는지 물은 다음에 다른 독자라면 어떻게 반응할 것 같은지 물어보는 것은 괜찮다.

그들이 자신의 느낌을 말하는 동안, 엉겁결에 이렇게 반응하지 않도록 조심해야 한다. "이 단락의 요점이 무엇인지 모르겠다니요? 제가 쓴 걸 보면 바로 첫 문장에서…." 독자의 반응을 다 듣고 난 후에, 내 글의 의도가 무엇이고 그 의도가 글에 어떻게 담겼는지 설명하는 것은 괜찮다. 그들이 "이러이러한 것은 왜 그런 거예요?"라든가 "여기 이건 무슨 의미에요?"라고 묻더라도 그들의 반응을 듣기 전까지는 그런 질문에 대답하지 말라. 그들에게 그런 질문을 하게 만든 생각이나 느낌, 그리고 의문점들이 무엇인지 먼저 물어보라는 것이다. 그런 질문은 흔히 독자들이 보인 반응의 단서가 되기도 하는데 그런 질문을 받지 않으면 그들은 스스로 깨닫지 못할 것이다.

＊사람들이 당신에게 하는 말을 이해하려고 애쓰지 말라

독자들이 하는 말이 도무지 무슨 뜻인지 이해가 안 갈 수도 있다. 앞뒤가 안 맞고, 모호한데다 하나마나하고 말이 안 되는 조언 같기도 할 것이다. 그냥 듣고 통째로 받아들이면 된다. 이해하면서 배우려고 한다면 절반밖에 배우지 못할 것이다. 온몸으로 받아들이면 머리로 이해하는 것보다 훨씬 더 많은 것을 배울 수 있다.

＊하지만 그들이 어떤 식으로 말하려고 하는지는 이해하려고 노력하라

유용한 정보를 은쟁반에 고이 담아서 주기를 바랄 수는 없다. 그러니 사람들이 당신의 글을 읽고 나서 느낀 점을 어떤 식으로 이야기하는지 유심히 살펴보라. 그들은 "이 글을 읽고 당신한테 화가 났어요"라고 말하지는 못할 것이다. 하지만 그냥 듣기만 해도 당신의 글이 '정말' 그들을 화나게 했다는 것을 눈치 챌 수 있을 것이다. 또는 기분 좋게 만들어줬다는 것을. 또는 우쭐하게 만들어줬다는 것을. 또는 당신의 글을 정말 진지하게 받아들일 기분이 아니라는 것을. 그들이 한 말을 모두 수용하라.

＊독자들이 한 말을 거부하지 말라

독자들이 한 말을 모두 진실이라 생각하고 경청하라. 올빼미가 쥐 한 마리를 통째로 삼키듯이 말이다. 올빼미는 쥐의 좋은 부위와 나쁜 부위를 가리지 않는다. 자신의 몸이 알아서 좋은 것은 이용하고 나쁜 것은 버릴 거라고 믿기 때문이다. 독자가 당신에게 말한 내용은 여러 면에서 틀릴 수 있다. 하지만 통째로 받아들일 만한 가치가 있다.

1. 그가 당신의 글을 읽고 가벼운 평가를 하거나 글을 어떻게 고치면 좋을지에 대한 조언, 또는 글쓰기에 대한 이론을 말해준다 해도 그것 자체는 당신에게 중요한 것이 아니다. 하지만 그의 말을 막지 말라. 그러면 그는 하던 말을 멈추고 글을 어떻게 느끼고 받아들였는지에 대해서도 말하지 않을 것이다. 유심히 듣다보면 그의 평가나 조언, 입장 뒤에 그의 나머지 의견이 무엇인지, 그리고 당신의 글을 읽고 무엇을 느꼈는지도 감지할 수 있다.

2. 독자는 자신의 반응을 오해할 수 있다. 예를 들어 그가 실제로는 당신의 글에 주눅이 들었으면서도 그런 느낌을 인정하지 않는 상황인데, 당신은 그가 당신 글을 깔보고 있거나 지루해하거나 이해하지 못한다고 착각할 수 있는 것이다. 이런 오류를 완전히 막을 수는 없다. 최소화할 수 있을 뿐이다. 그러려면 독자 스스로 자신의 솔직한 반응을 받아들일 수 있게 글쓴이는 마음을 열고 독자의 반응을 사심 없이 인정해야 한다.

3. 당신이 분명히 썼다고 확신하는 것을 독자가 보지 못하고 느끼지 못한다면, 그런 점에서는 그가 틀렸다. 코앞에 있는데도 그의 눈에는 보이지 않는 것이다. 하지만 그런 실수를 했다고 해서 그가 봤다고 주장하는 것까지 틀렸다고 속단하지 말라. 글은 대개 여러 가지 효과를 불러 일으키지만 때로는 정반대의 의미를 내포하기도 한다. 글쓰기 모임의 장점은 다양한 단어와 문장들이 초래하는 효과와 의미를 낱낱이 드러낸다는 것이다. 글 속에서 아주 희미하게 드러나는 의미를 어떤 독자는 아주 두드러진 것으로 느끼는데, 어떤 독자들은 그것을 전혀 눈치 채지 못하는 경우도 있다. 물론 그런 의미가 거기 없을 수도

있다. 하지만 조금이라도 배우려면 잘못된 부분을 차별하지 않
고 독자의 반응을 통째로 받아들여야 한다.

   사실 우리는 일종의 수수께끼 같은 원칙을 연습해야 한다.
가장 말도 안 되는 생각이나 느낌이 사실은 가장 중요한 부분
이라고 믿어야 한다. 우리의 생각과 느낌은 늘 자기만의 고유
한 시각에 영향을 받는데, 그래서 자기만의 시각을 벗어난 생
각이나 느낌은 늘 어색하고 황당하게 보이게 된다.

 * 그들이 보이는 반응을 막지 말라
독자들의 반응을 보며 진지하게 배우지 못한다면 그것은 당신의
잘못이지 그들의 잘못은 아닐 것이다. 당신의 글에 대한 솔직한
감상을 당신이 너무 두려워한다면, 그 두려움은 독자들에게 전
달되어 그들은 어떻게든 자신의 감상을 드러내기를 주저할 것이
다. 또한 당신이 그들의 말을 건성으로 듣거나 가볍게 받아들인
다면, 그런 태도도 그들에게 전달되어 자신들의 반응을 유보할
것이다. 모든 독자를 지나치게 단순화해서 분류하는 것도 — 속
으로 '이 사람은 문법에 집착하는 사람이고, 이 사람은 감상적인
사람이고, 이 사람은 너무 논리만 따지는 사람이군'이라고 생각
하면서 — 그들의 말을 진심으로 경청하지 않는 태도에서 비롯된
다. 그들의 느낌을 온전히 받아들이지 않기 위해 방어하는 것이
다. 그러면 그들은 당신의 태도를 감지하고 할 말을 하지 않을 것
이다.

 * 하지만 그들이 말한 내용에 휘둘리지는 말라
마음을 열고 독자의 반응에 귀를 기울이고 받아들여야 하지만,

그것 때문에 움츠러들거나 무력감을 느끼면 안 된다. 그러면 그들은 주저하며 결국 말문을 닫을 것이다. 이상적인 상호작용이 가능하려면 일종의 암묵적 합의가 있다. 상대가 어떤 반응에도 당황하지 않아야만 누구나 자신의 속마음을 털어놓을 수 있다.

당신이 쓴 글이 형편없다는데 독자들의 의견이 일치했다고 해보자. 이 말의 의미를 잘 이해해야 한다. 그것은 당신의 글이 그들에게 어떤 영향도 주지 못했다는 의미이다. 그들이 글에 다가가지 못했거나 글이 그들에게 다가가지 못했기 때문이다. 그렇다고 해서 그 글이 반드시 형편없다고 단언할 수는 없다. 글은 훌륭할 수도 있다. 아주 훌륭한 글도 종종 많은 사람들이 싫어하는 경우가 있다. 그러므로 독자들이 당신의 글에서 작은 장점이라도 찾아내기를 바라기보다는 당신의 글이 그들의 의식에 실제로 어떤 영향을 줬는지를 이해하기를 노력해야 한다. 당신의 글이 실제 독자들에게 어떤 영향을 주는지를 알아야만 자신의 글에 어떤 장점이 있는지를 스스로 파악할 수 있다.

어떤 독자들이 당신의 글이 너무 감상적이라고 혹은 너무 모호하다고, 너무 지적이라고, 너무 진부하다고 했다면, 이 말은 무슨 뜻일까? 아마 감상적인 면이 거슬린다는 뜻일 것이다. 하지만 분명히 그들도 때로는 그보다 더 감상적인 글 또는 모호한 글을 좋아할 수도 있다. 그래서 당신의 글에 약간의 다른 변화를 주기만 해도 이런 그 불평이 싹 사라질지도 모른다. 감상적인 면과 아무 상관도 없는 아주 사소한 것을 바꾼다 해도 말이다. 그렇기 때문에 온갖 해결책을 찾아내려고 노력해도 소용이 없다. 그냥 통째로 받아들이면 된다. 그러면 나중에 다른 글을 쓰거나 지금의 글을 고치며 과연 글을 어떻게 쓸까 고민할 때 독자들이 보여준 지금의 반응이 큰 도움이 될 것이다.

　누가 어떤 임무를 맡고 있는지를 잊지 말라. 독자의 경험을 전해주면 된다. 그 다음에 할 일이 무엇인지 결정하는 것은 당신의 임무다. 이런 결정까지 그들의 손에 넘겨주는 것은 자진해서 무대에서 사라지는 것이다.

　당신의 생각이나 글의 내용을 두고 판단하는 행위는 독자의 역할이 아니다. 독자라면 그저 자신의 생각과 느낌을 전달하면 그만이다. 그들이 공정할 필요는 없다. 불쾌한 인식 또는 부정확한 생각이나 느낌으로부터 당신을 보호할 필요도 없다. 그런 일을 하면 그들은 독자로서 자신의 경험을 스스럼없이 밝히지 못하게 된다. 교사나 신이 된 듯이 당신의 글을 이렇게 저렇게 바꿔보면 어떻게 보일지 가르치는 것도 그들의 역할이 아니다. 당신의 글을 고쳐 쓴다면 무엇이 달라질지 가르치느라 실제로 당신의 글이 어떤 인상을 주는지 정확하게 전달할 수 없게 된다. 글쓰기 교사들이 제 역할을 못하는 이유가 바로 여기에 있다.

　＊당신이 원하는 것을 요구하라
　　하지만 교사처럼 굴지는 말라
당신에게 도움이 될 것 같은 독자의 반응이나 피드백이 따로 있다면 (예를 들어 '보여주기' 목록에 있는 간접적이거나 비유적인 표현) 그들에게 부탁하라. 원한다면 어떤 문단이나 글의 어떤 특정한 면에 대해 느낀 점을 물어봐도 좋다. 그들이 꼭 대답하지 않아도 될 만큼 가볍게 물어봐야 한다.

　그런데 당신이 교사처럼 행동하면 목적을 달성하지 못할 것이다. 그들한테서 원하는 대답을 유도한다거나 대답할 때 거든다거나 그들을 자신이 원하는 방향으로 이끌어 가면 안 된다. 어떤 사람이 독자 입장에서 자신의 생각이나 느낌을 제대로 전달 못 했다면 그에게 그렇게 말해줘라. 하지만 그 상황을 어떻게 해결 해야 하는지 가르치지는 말라. 문제 해결은 독자의 몫이다. 최선 의 해결책을 찾을 수 있는 사람은 바로 독자이기 때문이다. 몇 주 가 걸리더라도 말이다.

* 당신은 항상 옳기도 하고 항상 틀리기도 하다

독자이면서 필자이기도 한 당신은 다음의 역설의 의미를 이해할 때 가장 많은 것을 얻을 수 있다.

자신의 글에 대한 판단은 그것이 최종적이라는 점에서 당신은 항상 옳다. 독자는 자신의 느낌을 말해줄 뿐, 그것을 바탕으로 이 제 어떻게 할지는 당신이 결정한다. 당신이 책임자다. 결정을 내 리는 사람은 당신 뿐이다.

하지만 당신의 글을 읽고 독자들이 어떤 생각과 느낌을 갖는 지 알 수 없기에 당신은 항상 틀리다고 할 수 있다. 그들의 느낌 을 어떻게 보고하든 그것을 두고도 왈가왈부하지 말라. 글을 쓰 는 당신은 자신의 제한된 시각에서 벗어나 독자의 입장과 인식 을 공유하는데 분명한 한계가 있다는 사실을 명심해야 한다. 독 자도 그렇지만 필자인 당신도 자신감 뿐 아니라 겸손함도 갖춰 야 한다.

모임의 진행

나는 오랫동안 글쓰기 모임을 진행해 왔다. 그러면서 다양한 시도를 해보았고 초창기에는 분석의 내용을 반영한 수업 과정을 녹음하고 이를 다시 들어보기도 했다. 어떤 모임은 잘 진행됐고, 어떤 모임은 그럭저럭 진행됐고, 어떤 모임은 아예 망했다.

이어지는 내용은 앞으로 갈 길에 대한 빈틈없고 모범적인 지도가 아니라 그저 내가 아는 것을 모두 알려주려는 시도로 생각해주길 바란다. 그래도 가끔은 길을 잃고 헤맨다는 기분이 들 것이다. 나도 이런 방식의 모임에 참여할 때 자주 그런 기분이 들었다.

＊준비 작업
다음의 내용을 잘 숙지하면 글쓰기 모임에서 흔하게 나타나는 문제점들을 예방할 수 있을 것이다.

1. 10주 내내 모임에 성실하게 참여하겠다고 다짐한 사람을 일곱 명 이상 모은다.
2. 모든 참가자가 일주일에 한 편 이상 무엇이든 쓰게 한다.
3. 모든 글은 소리 내어 두 번씩 읽고, 한 번 읽을 때마다 1분 정도 침묵의 시간을 갖는다.
4. 모든 글에 지목하기(pointing)와 요약하기(summarizing) 방식으로 독자의 반응을 전달한다.
5. 처음 네 번의 모임 때는 모든 참가자가 두 번에 걸쳐 보여주기 (showing) 방식으로 독자의 반응을 보여준다.

6. 매주 10분 글쓰기를 세 번씩 한다.
7. 매 수업의 마지막 5분은 글쓰기 모임 자체에 대한 생각과 느낌을 말하는 시간으로 쓴다.

＊동기

이 모임에서 가장 중요한 것은 직접 글을 쓰고 글쓰기 실력을 향상시키는 데 있다. 보통 수업 시간이라면 당신은 선생님과 이런 식으로 변죽만 울릴 수 있다. "선생님, 글을 좀 더 잘 쓰고 싶어요. 하지만 노력은 하기 싫어요. 어떻게 해야 글을 쓰고 싶은 마음이 들까요. 그렇게 할 수 없으면 제가 선생님을 원망하더라도 강제로 시켜 주세요." 진지하지 않은 사람들은 10주 동안이나 성실하게 글쓰기 모임에 나오진 않을 것이다. 그러면 머지않아 글쓰기에 진심인 사람들만 남게 된다. 그것은 더 잘된 일이다.

＊용건에 충실하기

용건(business)은 여기서 유용한 개념이다. 이 모임은 참가자들의 반응을 중요시한다는 점에서 어떤 사람들은 이 모임을 마치 불편한 대면 집단처럼 생각할지 모른다. 하지만 대면 집단은 용건이나 의제가 없다. 그저 만나서 얼굴을 마주치는 게 용건이다. 거기에서는 무슨 얘기를 하든 시간을 허비하는 것으로 여기지 않는다. 하지만 교사 없는 글쓰기 모임에서는 그렇지 않다. 여기에서는 분명한 용건이 있다. 참가자들이 각자의 글에 반응을 보여야 한다는 것이다. 이렇게 분명한 과제가 있어야 모임은 체계를 갖추고 참가자들 사이에 결속이 생긴다.

＊인내심

원하는 결과를 얻고 용건에 충실해야 하지만, 그렇더라도 서두르면 안 된다. 글쓰기는 항상 더디게 향상되며 일정한 속도로 개선되지도 않는다. 교사 없는 글쓰기 모임은 통상적인 수업보다 대개는 더 느리게 보인다. 통상적인 수업에서는 보이지 않는 곳에서 서서히 글이 성장하는 동안 교사가 조언을 해주거나 믿을 만한 사람을 알려줄 수도 있다. 예를 들어, 그렇게 많은 형용사를 쓰지 말고, 문장의 길이를 줄이고, 더 구체적으로 묘사하고, 문단의 통일성을 강화하라고 할 것이다. 어떤 점에서 이것은 훌륭한 충고다. 그리고 그런 식으로 글이 향상되기도 한다. 5주째가 되면 이렇게 생각할지도 모른다. "그래, 아직은 내 글이 완벽하지는 않지만, 적어도 형용사와 장황한 문장은 어느 정도 줄였고, 구체적인 묘사와 문단의 통일성도 어느 정도 갖췄어." 이런 변화로 인해 모두가 한결 흡족해진다. 문제는 글이 실제로는 전혀 나아진게 아닐 수 있다는 점이다. 어떻게 보면 더 나빠질 수도 있다. 당신의 글은 귀감이 되는 어떤 사람의 글에 가까워지지만, 현실의 독자들에게 뭔가를 실제로 전달하는 능력은 전혀 나아지지 않을 가능성이 높은 것이다. 게다가 이런 식의 개선 방식은 그 학기가 끝나면서 중단될 것이다.[3] 당신이 실제 글을 쓰는 방식에는 아무 변화가 없는 것이다. 글쓰기는 어쩌면 더 어렵고 고통스럽고 더 혼란스러워질 것이다. 새로운 시도를 하려고 하지만 실제 단어를 선택하고 문장을 작성하는 방식은 변하지 않았기 때문이다. 많은 사람들이 글을 잘 쓰는 법을 배우기 시작하면서 글쓰기를 포기하는 데는 이런 이유가 있는 것이다.

글쓰기를 새롭게 배우려면, 즉 우리가 작성한 문장과 글이 실제 독자에게 전달되도록 하려면 상당한 시간이 필요하다. 오랜 시간 정체와 퇴보를 반복하고 생각지도 못한 순간에 비약하는 등의 다양한 상황을 대비해야 한다. (학습과정에 대한 더 자세한 설명은 다음 장을 참조하라.) 하지만 교사에게서 흔히 얻는 혜택을 잊으면 안 된다. 교사는 당신을 채찍질하고 격려한다. '포기하지 마. 네가 자신 없는 건 이해되지만 계속 해 나가야 돼. 조금씩 나아지고 있으니까.' 교사는 의지할 수 있는 존재이다. 그리고 어떤 학습단계에서는 당신을 계속 버티게 해줄 것이다. 반면 교사 없는 글쓰기 모임에서는 당신 자신과 동료들한테서 응원과 격려를, 필요하다면 강제도 얻어야 한다. 어렵긴 해도 그렇게만 되면 엄청난 기쁨과 마주할 수 있다. 굉장히 강력하고 효과적인 새로운 에너지원을 쓸 수 있기 때문이다.

그리고 이 모임에 참여하는 동안 즐기는 법을 배우라. 다른 사람들을 더 이해하게 되는 과정을 좋아해야 한다. 타인의 눈을 통해서 세상을 보는 것은 유익한 일이다. 피드백을 주고받는 과정을 놀이처럼 생각하고 즐겨보자. 그 모임을 일주일에 한 번 모여서 취미로 악기를 연주하는 음악애호가들의 모임이라 생각하면 어떨까.

＊상호 작용의 다양한 유형
이 모임에서는 혼자 있을 때와는 다른 방식으로 다른 사람들과 작업해야 한다. 중요한 태도 몇 가지를 바꿔야만 이 모임을 지속할 수 있을 것이다. 내가 관찰한 바에 의하면 교사 없는 글쓰기 모임을 위한 수많은 실험이 도중에 실패로 돌아갔다. 이제 당신이 바꾸어야 할 태도가 무엇인지 좀 더 구체적으로 설명하려 한다.

우선 교사 없는 글쓰기 모임에서 '논쟁'은 아예 하지 않는 것이다. 지적인 차원에서 타인의 잘못된 의견이나 입장을 두고 논쟁할 수 있다. 하지만 타인의 생각이나 느낌을 두고 논쟁해서는 안 된다. 상대방은 원래의 것을 대체할 다른 생각이나 느낌이 있어야만 그 원래의 것을 버릴 것이다. 그리고 그 새로운 생각이나 느낌은 분명 그가 이미 갖고 있고 믿는 것이지, 다른 사람이 강요한 것은 아닐 것이다. 간단히 말해 다른 사람의 생각이나 느낌을 개선시키고 싶다 해도 논쟁을 통해서는 불가능하다는 것이다. 할 수 있는 최선의 행동은 당신의 생각과 느낌을 공유하도록 그를 설득하는 것이다. 그리고 그렇게 할 수 있는 거의 유일한 방법은 그의 입장이 되어 그의 생각과 느낌을 받아들일 줄 알아야 한다.

그리고 논쟁보다 더 중요한 문제가 있다. 그것은 논쟁의 원인, 즉 애매하고 불편한 상황을 서둘러 정리하고 싶은 충동, 상황을 판단하고 싶은 충동이다. 우리는 어느 수업이나 모임에서든 결국엔 합의에 이르러야 한다고 여기는 경향이 있다. 그래서 토론을 할 때 서로 의견이 다른데 최종적인 합의에 이르지 못한 채 끝나면 좌절감을 느낀다.

교사 없는 글쓰기 모임에서는 이런 태도에서 벗어나야 한다. 이 모임은 최대한의 차이를 이끌어내지만 상황을 정리하거나 어떤 게 진실인지 판단하지는 않는다. 상황을 정리하고 합의를 종용하는 강박적인 충동에서 벗어나 최대한의 차이를 이끌어내야 한다. 교사 없는 글쓰기 모임의 이상적인 상황과 비교해보면 기존의 글쓰기 수업, 모임, 토론에서는 차이의 빈곤 현상이 두드러진다. 다시 말해 의견 차이가 부재하거나 빈약한 상황이 자주 목격된다. 모두의 목표가 정확히 50분 후에 문제를 해결하는 것인데 누가 문제를 일으키고 싶겠는가. 누군가가 이미 결론을 내렸는데 거기에 대해 누가 찬성이나 반대를 하고 싶겠는가. 열띤 토론이 있다고 해도 그것은 극과 극 사이의 싸움이거나 선택의 범위가 좁은 경우가 대부분이다. 뭔가를 하나로 정리해야 한다는 분위기가 있기 때문에 흥미롭고 다양한 관점이 허심탄회하게 펼쳐지지 않는 것이다. 흡족한 자료를 얻기 위해서는 오랜 시간 애매모호한 현실에서 다양한 모순과 충돌하면서 다급하게 상황을 마무리하고 싶은 충동과 싸워야 한다.

그러니 두 가지 위험신호를 잘 간파해야 한다. 즉 어떻게든 결론을 내리고 싶은 마음에 휘둘리는 사람이 너무 많으면 글쓰기 모임은 자칫 다음 두 가지 방향으로 흘러가게 된다.

1. 참가자들이 논쟁을 그만두지 않는다. 흥분한 나머지 그들은 어떤 게 옳은지 결론을 내리기 위해 오랜 시간을 낭비한다. 또는 공개적인 언쟁은 마지못해 그만두지만, 다른 사람들도 느낄 정도로 속으로는 언쟁을 그만두지 못한다. 마음속으로 이렇게 투덜거리는 것이다. "저 바보는 저렇게 틀린 말을 하고도 왜 그걸 모르지? 어떻게 된 거 아냐? 왜 자기가 틀렸다는 걸 인정하고 내 말에 동의를 못하느냐고. 정말 멍청하긴!" 속으로 삼키는 이런 노여움은 심신을 지치게 하고 기력을 소진시키며 모임이 제 기능을 못하게 만든다.

2. 혹은 참가자들이 아예 논쟁을 하지 않는다. 그럼에도 그들은 논쟁을 단념하는 게 마치 견디기 힘든 굴욕처럼 느껴진다. 결국 부푼 돛에서 바람을 빼버린 상태처럼 무력해지고 만다. 그래서 그냥 아무 말이나 해도 좋고, 요점도 없는데다 마냥 무기력한 상황으로 전락한다. "뭐, 논쟁을 통해 결론을 내리는 게 아니라

아무나 자기가 하고 싶은 말만 하고, 헛소리를 지껄이더라도 내버려둔다 이거지. 그럼 나도 하고 싶은 말만 하면 되겠네. 어차피 남들도 그럴테니깐. 누가 뭐라겠어." 평소 모임의 활력이 흐르던 통로가 꽉 막혔기 때문에 그들은 아예 모든 열정을 거둬들인다. 그 모임은 태만해지고 규율도 없는데다 지루하고 초점도 없어진다. 그러다 결국 모임도 사라진다.

그래서 결국 내가 가장 중요하게 생각하는 요소는 이 글쓰기 모임에 필요한 고유한 활력과 관심이다. 여기에는 대단한 노력이 필요하다. 단, 모임의 활력은 글쓰기를 중단시키는 논쟁과 결론을 향해가는 게 아니라 그와 반대 방향으로 가야 한다. 즉 다른 사람의 경험을 자신의 것처럼 느껴보려 노력하면서 마음을 열고 경청해야 한다. 이것은 마치 한 번에 모든 사람들의 의견에 공감하려는 노력으로 볼 수 있다. 그렇게 된다면 우리는 본능적으로 이를 악문 채 기회만 염탐하는 태도에서 벗어나 고도의 집중력과 긴장감 그리고 활력을 유지하며 타인의 의견을 이해하고 경험할 수 있게 된다.

＊용기

교사 없는 글쓰기 모임을 모범적으로 진행했던 수업의 녹음 자료를 들으며, 이 모임의 가장 두드러지는 특징은 용기라는 사실을 알게 되었다. 용기는 위험을 기꺼이 무릅쓰려는 자세다. 교사 없는 글쓰기 모임은 사람들을 긴장하게 만든다. 그들 스스로 알아서 잘 해야 하기 때문이다. 거기에는 이 사실을 깨우쳐주는 사람도 없다. 바람직한 모임에는 마치 누군가가 이렇게 읊조리는 것만 같다. "우리가 잘 할 수 있게 도와줄 사람을 기다리는 건 아무 소용도 없지. 모임을 제대로 이끌어 갈만한 사람도 딱히 없어. 그러니 누구든 먼저 시작해야 할 것 같아. 그럼 내가 해보지 뭐." 그리고 그는 자신이 생각하고 느낀 점을 다른 사람들과 기꺼이 공유한다. 그렇게 시작하고 나면 다른 사람들도 그를 따라 자신의 몫을 다 한다. 먼저 시도한 사람에게 아무 일도 일어나지 않았다는 것을 나머지 사람들에게 보여준 셈이다. 누가 먼저 나서지 않으면 모임은 자연스레 흘러가지 못하고 다들 누군가가 먼저 시작하기만을 기다리며 모두 발을 빼고 있게 된다.

누군가 한 번 솔선수범했다고 해서 모든 게 해결되지는 않는다. 참가자들이 일제히 솔직한 태도로 모임에 임하지는 않기 때문이다. 성공적인 글쓰기 모임의 특징은 오랜 기간에 걸쳐 여러 번의 작은 돌파구가 있다는 것이다. 이러한 돌파구가 쌓이면서 참가자들은 본격적으로 글에 대한 감상과 경험을 더 깊이 공유하게 된다.

글쓰기 모임이 안정되게 잘 굴러가게 하려면, 그 모임에서 활동할 배짱 있는 사람들을 구해야 할 것이다. 다른 사람들의 이목에 연연하지 않고 자신의 생각과 느낌을 거리낌 없이 말하는 사람들 말이다. 그래서 젊은 사람들이 이런 모임에 들어오면 좋다.

  ＊ 책임

기존 글쓰기 수업에서는 대개 다른 학생들보다는 교사의 눈치를 본다. 우리가 수업에 갈까 말까 망설일 때 내면의 갈등은 주로 '내가 안 가면 선생님이 뭐라고 하실까' 하는 것 아니었던가. 대부분의 경우 우리가 수업에 가는 이유는 오로지 선생님 때문이었다.

　이런 상황에서는 동료에 대한 책임감을 배우는 게 쉽지 않다. 내가 10주 동안의 헌신을 강조하는 이유가 여기에 있다. 보통 사람들의 경우 책임감의 문제를 교사가 아닌 자기 자신과 동료의 문제로 전환하는 데는 상당한 시간이 소요된다. 다시 말해 배우고 성장하려면 그 누구도 아닌 동료가 필요하다는 사실을 실감하고 이를 서로 공감하는데 말이다.

　제대로 굴러가는 글쓰기 모임에서는 참가자들이 스스로를 바로세우고 있다는 것이 느껴진다. 즉 시간을 허비하지 않아야 하고, 무언가를 배워야 한다는 점을 서로에게 진심으로 요구하고 기대하는 것이다. 문제가 있는 모임에서는 참가자들이 사실상 이렇게 말하면서 스스로에 대한 책임을 방기한다. "내가 뭘 하겠어. 나도 어쩔 수가 없어. 그만두는 수밖에."

　한 번에 세상을 개혁하거나 사람들을 변화시킬 수는 없지만, 이 모임에서는 일주일에 두 시간을 할애해서 여덟 명에서 열 명이 당신에게 보여주는 행동을 어렵지 않게 바꿀 수 있다. 어떤 사람이 너무 말을 많이 하거나 지시하는 투로 말한다고 해서 당신이 그의 성격을 바꿔놓을 수는 없다. 하지만 이 모임에서는 그의 불쾌한 발언과 지시하는 습관을 몇 시간 동안은 저지할 수 있다. 당신이 그것을 목표로 삼아 공손하지만 단호한 태도로 끈질기게 요구하면 된다. 이런 모임을 조직하면서 사람들이 내심 두려워했던 점은 자신들이 무력하다고 생각하지만 실제로는 그렇지 않다는 사실과 마주하는데 있다. 그들을 그토록 무력하게 만든 이유는 글쓰기 수업에 항상 교사가 있어야 한다는 편견이다.

＊교사 없는 글쓰기 모임을 은밀하게 해산시키는 법

이런 방식의 글쓰기 모임이 결국 흐지부지 끝나고 마는 수순이
있다. 이런 모임은 너무 낯설고 불안한 작업이라서 누구나 나름
긴장하고 지레 겁을 먹는다. 이런 상황에서 불안함을 달래는 가
장 쉬운 방법은 말하기 좋아하는 사람을 데려오는 것이다. 자신
의 개인적인 경험을 장황하게 이야기하는 사람, 연설하기 좋아하
는 사람, 또는 침묵의 시간이 불편해서 그 침묵을 채우기 위해 한
없이 이야기를 이어가는 사람을 말이다. 물론 그 다음부터는 일
이 쉬워진다. 그 사람을 내버려두면 그만이다. 그에게 힘을 실어
주되 공공연히 부추기지는 않는다. 그냥 기회가 닿는 대로 그가
말하게 하는 것이다 . 그리고 그의 말이 아무리 지루해도 막지 않
는다. 당신은 그저 예의 바른 사람인 척만 하면 된다.

그리고 사람들은 다들 속으로 중얼거린다. "또 시작이야. 정말
지겨워 죽겠네. 저 사람은 또 끝없이 떠들면서 분위기를 망치고
있고. 난 더 이상 못 버틸 것 같아." 누구나 이런 느낌에 사로잡히
고 그러다 한두 사람이 모임을 그만둔다. 문제는, 공식적으로 탈
퇴 의사를 밝히면 그 이유를 물을 수 있지만, 갑자기 중요한 일이
생겼고 모임 시간과 겹쳐 어쩔 수 없다는 변명만 듣게 된다. 그러
다가 다들 이렇게 말하기 시작한다. "아아, 정말 이 모임은 안 되
겠어. 얼마 못 갈 것 같아. 다들 의욕도 없으니 나도 힘이 안 나.
참, 방금 생각난 건데 나도 다음 시간에 중요한 약속이 있었네.
거기에 꼭 참석해야 될 것만 같아"

결국 이 글쓰기 모임은 해체된다. 어쩌면 당신은 그 전에 그만
두거나 끝까지 남아 있을 수도 있다. 죄책감 때문이거나 아니면
다른 사람들은 왜 그렇게 끈기가 없을까 궁금해 하며 남아 있을

수도 있다. 그리고 당신은 아무 생각 없이 이 모든 원인을 엉뚱한 사람에게 돌린다. 바로 제일 당신이 말을 잘할 거라고 모임에 불러들였지만 정작 수업을 따분하게 만들어버린 그 한심한 사람에게 말이다. 하지만 정작 당신 스스로 두려워하는 것을 오히려 남들은 즐기는 게 아닐까 하며, 이를 참지 못하고 결국 그 모임을 붕괴시키는 데 일조한 것이다. 그것도 다른 사람이 눈치 채지 못하게 말이다. 모든 사람이 그를 탓한다. 그 사람도 자기 자신을 탓한다. 그러나 당신을 탓하는 사람은 아무도 없다.

이 실패로부터 얻을 수 있는 교훈은 명확하다. 당신이 참여하는 모임에서 일어나는 일은 당신 스스로 책임져야 한다는 것이다. 위와 같은 사태를 막으려 최선을 다하지 않았다면 그것은 그 모임이 해체되기를 바랐기 때문이라고 봐야한다.

＊다양성
제대로 진행되는 글쓰기 모임은 개인들 '사이의' 차이점을 활용하여 개인 '안에' 있는 다양성을 활짝 꽃피게 한다. 모두가 상대방의 느낌과 생각을 공유하려고 노력할 때, 그 다양성은 꾸준히 그 모임에 재투자되고 각자 경험의 다채로움이 계속 확장된다.

하지만 늘 그런 건 아니다. 안타깝지만 나는 이와 정반대로 흘러간 글쓰기 모임을 본 적이 있다. 글쓰기 모임 참가자가 모두 비슷해지며 집단 이데올로기를 향해 변해간 것이다. 이처럼 특정 유형의 느낌과 글쓰기가 다른 유형보다 우월하다는 암묵적인 신념으로 모임 전체가 변질되는 것은 늘 경계해야 한다. 예를 들어 '간결함은 좋고 복잡함은 나쁘다, 강렬한 감정은 좋지만 그 반대는 나쁘다, 진지함은 좋고 가벼움은 나쁘다' 같은 신념이 바로 그것이다. 당연히 이는 잘못된 믿음이며, 사람들이 그런 믿음을 지지하는 이유는 자신감이 부족하거나 막연한 두려움 때문이다. 그러므로 글쓰기 모임 전체의 이익을 위해서라면 글쓰기에 관한 유일하게 믿을 만한 주장, 즉 모든 것이 가능하다는 입장을 강조해야 한다. 이것은 e. e. 커밍스가 오래 전에 어느 프로그램에서 한 말과도 통한다. "임신한 여성을 치겠습니까?" "꼭 쳐야 한다면 야구배트로 치겠습니다!" 글쓰기에서는 무엇이든 가능하고 그것을 쓰기만 한다면 그것이 무엇이든 옳다.[i]

i　질문은 "Would you hit a lady with a baby?"이다. 커밍스는 'with a baby'를 '아기를 임신한'이라는 뜻이 아니라 '아기를 도구로 해서'라는 뜻으로 해석했다. 그래서 아기가 아니라(not with a baby) 야구배트로(with a baseball bat) 치겠다고 한 것이다. – 역주

5. 교사 없는 글쓰기 모임에 관한 고찰

내가 교사없는 글쓰기 모임을 고안하게된 중요한 이유는 이러하다. 우리는 이론을 믿기보다 오히려 사실을 믿는다는 점이다. 그렇다고 해도 이론을 완전히 배제할 수는 없다. 객관적 사실이란 항상 어느 정도 이론에 오염되어 있기 때문이다. 어느 누구도 모델이나 이론을 전제하지 않고 '객관적 사실을 보거나' '실제 벌어진 사건을 말하지' 못한다. 무엇보다도 나 자신도 이론과 모델을 좋아해서 내가 그것들을 버릴 수 있다 해도 진짜 버리지는 못할 것이다.

'글쓰기를 배우지 않기'를 쓰는 동안, 나는 끊임없이 옆길로 빠져 이론과 모델을 정립해보려고 나름 시도했다. 그러다 결국 이번 장에서 그 내용을 정리하고 다듬어야겠다는 생각을 하게 되었다.

내가 교사없는 글쓰기 과정을
정립하게 된 배경

가장 큰 계기는 교사로 재직하며 학생들이 쓴 글에 평을 해줄 때의 경험이다. 교사 1년차일 때는 학생들의 글에 뭔가 유익한 것을 써주려고 해도 생각이 정리가 안 되고 혼란스럽기만 했다. 하지만 몇 년이 지나고 보니 상황이 달라졌다. 점차 내가 찾고 있던 모범적인 글에 대한 기준이 어느 정도 확고해지면서 수긍할 수 있는 입장으로 발전했던 것이다. 그것은 장황하지 않고 깔끔한 문장, 요점 중심으로 명료하게 구성된 단락들, 전체적으로 뚜렷하고 논리적인 구성, 설득력있는 논증과 근거자료였다. 이러한 기준은 아마 대학에서 가장 이상적으로 간주되는 작문 형식으로 볼 수 있다. 깔끔한 글쓰기, 즉 글 자체보다는 그것이 전달하는 내용에 더 관심을 집중시키려는 글쓰기 말이다.

마침내 나는 학생들의 글에 점수를 매기고 논평을 적으면서 내가 할 일이 무엇인지 알게 되었다. 이제 어둠 속을 헤매는 악몽에서 벗어난 것이다. 어떤 게 좋은 글인지 알았으니 말이다. 내가 터득한 기준은 범위가 너무 협소하지도 않고 특이하지도 않기 때문에 이것을 활용하는 것이 합리적이라고 생각했다. 나는 학생들의 작문에서 어느 부분이 어색하고, 이를 어떻게 수정하면 좋을지 자신있게 지적할 수 있었다. 말로 하지는 않았어도 글쓰기에 대한 나의 입장은 분명 일관성이 있었고, 내가 학생들이 글을 평가할때면 자신감이 있었으며 그들에게도 도움이 된다고 생각했다.

하지만 이런 나의 입장은 전혀 근거가 없었다. 몇 년이 지나고 한참 학생들의 글에 코멘트를 적으면서 과연 나의 생각이 믿을 만한지, 정말 학생들에게 도움이 되는 건지 의심스러워지기 시작했다. 내가 어느 학생의 글을 읽다 그의 미사여구와 장황한 어법에 대해 지적했다고 하자. 그의 어법은 실제로 장황하고 화려한 미사여구로 가득찬 글이었다. 그런데 나는 학생의 못마땅한 어법이 내가 그 글을 비판하는 진짜 이유일까하는 의문이 들었다. 꼭 집어 말할 수는 없지만, 내게 거슬린 것은 다른 문제인데

딱히 그 이유를 몰라 미사여구가 좋은 트집거리가 된 건 아닐까 하는 생각이 들었다. 만일 그날 내 기분이 달랐거나 그 글이 다른 과제물 더미에 있었다면 그런 평가는 하지 않았을지도 모른다.

또는 미사여구가 주범으로 보이는 건 맞지만, 그가 자기만의 독특한 개성을 드러내려 그렇게 썼을 수도 있다. 그 학생은 일부러 그렇게 쓰며 즐거웠고, 나름 올바른 생각을 가진 독자라면 그런 글을 얼마든지 재밌게 읽을 수도 있다. 하지만 나 자신이 그런 화려한 어법을 좋아하지 않기 때문에 도무지 그런 글을 재밌게 읽을 수가 없었고, 이런 이유로 그런 글을 못마땅하게 느꼈을 수도 있다.

혹은 누군가가 쓴 글의 구성이나 주장에서 결점을 지적하다가, 문득 사실은 내가 오류를 일부러 찾고 있었다는 것을 깨닫기도 했다. 다른 사람의 글에서도 그와 유사한 구성을 발견했지만 그때는 지적을 하지 않았던 것이다. 심지어 다른 상황에서라면 구성이 잘 짜여졌다고 생각하며 글의 주장에 무척 공감하고 설득되지 않았을까하는 생각까지 들었다. 그런 점들을 결점으로 볼 수도 있지만 곰곰이 생각해보니 어법, 단락이나 글의 구성, 혹은 논증같은 전문적이고 객관적인 문제는 글에 대한 나의 반응을 결정하는 중요한 요인이 아니었다.

그래서 실제로 내가 어떻게, 그리고 왜 반응했는지를 말하려 할 때마다 적절하지 않은 반응이라는 것이 금방 드러났다. 나의 반응에는 늘 당시의 기분과 나만의 특이한 성향, 취향, 그리고 여러 기질이 섞여 있었던 것이다. 이는 분명 공정한 입장이 아니다. 틀림없이 나는 다른 글에 비해 형편없어 보이는 글을 더 좋아할 수도 있고, 월등히 훌륭한 글을 무슨 이유에선지 싫어할 수도 있기 때문이다.

결국 나의 좌절감은 커져갔고 급기야 도대체 하나도 모르겠다는 생각에 자포자기하고 말았다. 그러다 무작정 공정하고 객관적인 평가와 반응을 추종하기보다는 반대로 최대한 주관적인 입장을 유지하는 건 어떨까 하는 생각이 들었다. 그래서 이제 주관적인 태도로 바꿔보려 노력했고 나름 그런 노력에 즐거움도 없지 않았다. 글 속 문장들을 읽으며 내 머릿속에서 무슨 일이 일어났는지, 그 모든 반응을 모조리 그것도 정확하게 있는 그대로 적어보았다. 왜 그런 생각과 느낌이 들었는지 납득이 안 가더라도 그리고 그런 생각과 느낌이 아무리 엉뚱해 보여도 말이다.

그런데 정작 그렇게 해보니 이 일이 객관적인 입장을 유지하는 것보다 결코 더 쉽지만은 않았다. 평소의 습관이 전부 내 의지와 정반대로 작동하는 것이었다. 때로는 내 반응이 솔직히 무엇인지도 알 길이 없었다. 그리고 왜 나한테서 그런 반응이 일어나는지 납득하지 못한 채 그것을 말로 하려니 온통 어색하고 허술하게 느껴졌다. 내 반응의 진짜 의미를 놓친 적도 한 두 번이 아니었다. 하지만 새로 시작한 이 힘겨운 싸움이 더 바람직해 보였다. 필자와 독자 사이의 전반적인 소통이 훨씬 더 진솔해지는 것 같았기 때문이다. 이런 방식이 학생들의 글쓰기에 좀 더 도움이 되는 것 같았다. 그리고 훨씬 더 재미있었다. 또한 나의 이해능력을 높여주는 것 같기도 했다. 주관적인 시각으로 평을 쓰기 시작했을 뿐인데 그로 인해 학생들의 글 속에서 무척 흥미로운 점, 게다가 학생에게도 도움이 되는 점을 포착할 때가 많았다. 그런 것들은 내가 전문가답게 공정하고 객관적인 태도에 집착했더라면 끝내 알아내지 못했을 것이다.

　정리하자면, 교단에 설 무렵 나는 학생들의 글을 평가하는 일을 했지만 그들에게 무슨 조언을 해야 할지 전혀 감을 잡지 못했다. 하지만 그러다가 점차 글에 대한 나의 솔직한 경험을 무시하는 쪽으로 변해갔다. 즉, 학생들의 글을 읽고 나서 나의 느낌과 반응에 주목한 게 아니라 그 글이 내가 정한 좋은 글의 기준과 어느 면에서 부합하는지를 찾아내 그 부분만을 칭찬한 것이다. 그리고 내가 정한 기준과 어긋나는 부분도 찾아내 그 부분을 비판하고 어떻게 고쳐야 할지를 말해줬다. 적어도 내게는 활용 가능한 기준이 있었기 때문에 나의 솔직한 느낌과 반응을 무시할 수 있었다. 그게 나로서는 무척 다행스러운 일이었다. 마침내 유용하고 객관적인 평가를 해주는 것 같아서라는 점도 있지만, 그것보다는 20편이나 40편 혹은 60편이나 되는 작문을 읽으며 거기에 일일이 몰입하는 것은 기진맥진한 일이기 때문이다. 심신의 모든 반응 기관을 작동시켜 자기만의 느낌과 반응 적어가는 작업은 감당하기 힘든 작업이다. 반면 모범이 되는 글과 기준을 활용하면 일이 몇 배나 쉬워지고 정신 건강에도 훨씬 유리하다. 이런 평가 방식에 익숙해지자, 나는 자주 한 편의 글을 있는 그대로 느끼고 경험하는 과정을 생략하고 있다는 사실을 깨달았다. 그냥 어법, 단락과 글의 구성 방식, 논증과 주장에만 주목하고 글 자체는 전혀 경험하지 않는 것이다. 그러면서도 모범이 되는 글의 기준과 모델은 능숙하게 활용해 왔다.

　나는 모범이 되는 글을 형식이나 문체뿐 아니라 '내용' 면에서도 활용했다. 작문이 잔뜩 쌓여 있을 때는 한 사람 한 사람의 주장을 실제로 깊이 들여다보기가 어렵다. 그냥 논증과 주장이란 어떠해야 하는지에 대해 모범적인 글과 대조해보는 편이 훨씬 수월하다. 이렇게 모범 글의 기준과 모델을 적용하다 보면 학생들의 글에 점수를 주고 논평을 남기는 작업이 별반 어렵지 않고, 게다가 학생들이 자신의 글 속에서 펼치는 주장마저 교사가 미리 준비한 기준과 비교하여 '점검'할 수 있어 별다른 어려움이 따르지 않는다. 하지만 글쓰기 교사의 입장에서 글에 대한 느낌과 경험을 최대한 자제하면서 학생들의 글을 비교하고 대조할 수 있는 기준과 모델을, 어쩌면 암묵적인 모델을 마련해야 한다는 압박감은 이루 말할 수 없이 크다. 그 결과 교사들이 학생의 글을 읽고 자신의 느낌과 경험을 전해줄 수 있는 기회는 서서히 사라진다.

하지만 나는 결국 학생들의 글을 읽고 나서 내 느낌을 전달하기 시작했고, 얼마 지나지 않아 학생들이 나 뿐만 아니라 다른 (학생) 독자들의 느낌까지 듣게 되면 더 좋을 거라는 생각이 들었다. 그러면 학생들은 단지 한 사람의 일방적인 반응에 국한되지 않고 더 다양한 반응과 느낌을 경청할 수 있게 될 것이다. 그래서 나는 반 전체 학생들에게 각자 자신의 느낌을 공유하게 만들었다.

내가 이런 방식에 확신을 갖게 된 계기에는 다른 경험도 있다. 이런 와중에 나는 대면 상담 모임 두 군데에 참가하면서, 심리분석가가 이끄는 집단 심리치료에도 참여했었다. 그런 모임에서 나는 내가 한 말에 남들이 보여준 반응을 전해들었고, 문득 내가 쓴 글보다는 그들이 말로 해준 반응에서 더 많이 배웠다는 사실을 깨달았다. 그런 피드백은 나의 글을 두고 자신의 반응을 말해줄 사람들이 있어야 가능한 일이었다.

뭐라고요?

종종 내가 사는 현실을 떠올리면 비현실적이고 막연한 영상이 떠오른다. 순전히 개인적이고 비정상적인 느낌 같기도 하다. 교사 없는 글쓰기 모임을 진행하다보면 이런 느낌이 더 심해진다.

마치 모든 사람들이 소통하지 못하고 겉도는 기분이 자주 들게 된다. 라디오로 치면 누군가가 소리를 끄고 스피커와의 연결선도 끊어버린 것만 같다. 주위가 온통 안개와 적막뿐이다. 다양한 상황에서 우리가 느낀 점을 실제 말로 표현한다면 "방금 뭐라고 하셨죠? 분명 뭐라 말씀하신 것 같은데 말이에요. 좀 크게 말하신 것 같아서요." 정도가 아닐까?

우리는 작가 윌리엄 포크너(Faulkner)의 소설 속 등장인물들의 대화처럼 그런 모호하고 애매한 상황을 견디지 못한다. 다른 사람의 입이 움직이는 것만 봤는데도, 마치 그가 하려는 말을 알고 있는 듯이 반응한다. 사실 나는 솔직하게 피드백을 하지 못하는 이유가 남들이 자신의 생각을 틀렸다거나 유치하다거나 나쁘다거나 멍청하다고 생각할 거라는 두려움 때문은 아니라고 본다. 그런 불평은 정작 우리가 가장 두려워하는 점, 즉 우리가 아무리 말을 해도 그들에게 다가가지 못할거라는 두려움과 비교하면 오히려 받아들이기 쉽다. 다시 말해, 우리가 한 말이 생각 없이 아무렇게나 지껄인 허튼 소리처럼 느껴지고 상대방은 이해할 수 없다는 표정으로 우리를 빤히 쳐다보며, 겨우 입을 벌려 "뭐라고요?" 하는 상황이 가장 두려운 것이다.

아마 "아무도 나를 이해 못해! 내가 하는 말을 이해하는 사람이 아무도 없다고!" 이렇게 말하며 돌아다니는 사람은 보통 사춘기 아이들이나 정서불안에 시다리는 사람들이다. 그런 사람들은 세상에 대한 자신의 느낌과 생각을 아주 복잡한 메시지로 전달하고, 남들도 자기처럼 이해해주기만을 바라는 존재다. 한편 우리들 대부분은 단순하고 평범한 메시지만 제대로 이해된다고 믿기 때문에 복잡한 메시지를 보내는 건 금세 포기하기 십상이다. 소금 좀 집어줘. 요즘 무슨 영화가 상영되고 있어? 내일 어디 갈 거야? 이제 우리는 인생의 의미는 무엇이고, 우리가 어떻게 살아가며, 우리에게 가장 절실한 것은 무엇인지 같은 심각한 문제들은 이야기하지 않는다. 그러므로 당신이 하는 말의 의미를 대부분 진심으로 이해해주는 친구가 있다면 그건 정말 기적 같은 일이다. 그러면 당신은 자신도 모르던 속 이야기까지 모두 털어놓고 싶어질 테다.

　나는 지금 교실에서 이 모든 상황을 경험하고 있다. 처음엔 다들 예의바르고 친절한 태도로 서로를 대한다. 그들은 다른 사람들의 말을 듣고 자신이 그것을 잘 이해했다고 생각한다. 하지만 오래지 않아 일부 용감한 사람들이 결국 "뭐라고요?" 라고 되묻는다. '글이 길기도 하다. 정성들여 힘겹게 썼겠구나.' 사람들은 드디어 입을 열고 누군가 하는 말을 듣는 척이라도 한다. 하지만 그들은 단 하나도 이해하지 못하고 있는 상황이다.

　이렇게 되면 글을 쓴 사람은 맥이 빠지겠지만, 다른 한편 안도감을 느끼기도 한다. 자신이 내심 의심하던 일이 마침내 현실로 드러났기 때문이다. 서로 소통이 잘 되고 있는 척 연기하는 일이 드디어 끝나버렸으니 말이다. 이제 본격적으로 글쓰기에 착수해서 자신의 글에서 어색한 표현을 파악하고 한편 의미가 제대로 전달된 문단이 어디인지 알게 된 셈이다. 사람들이 모두 제대로

이해하고 있는 척 연기하면 진정한 소통과 불통을 절대 구분할
수 없다.

 불통인 상황을 공공연히 인정했을 때야 제대로 된 소통이 시
작될 수 있다. 그제야 사람들이 상대방의 이야기에 귀를 기울이
는 것이다. 이 점은 이런 수업이 나를 당황하게 하고 불안하게까
지 했던 이유가 무엇인지 나름 설명해준다. 글쓰기 모임을 개설
하거나 글쓰기 수업에 사람들을 초청할 때, 나는 그 수업이 철
저히 '실용적' 글쓰기 수업이라는 것을 여러 번 강조했다. 위원
회 보고서, 업무 서신, 구직 지원서, 다른 수업에 필요한 실용 에
세이 쓰기 같은 수업말이다. 자신이 생각한 대로 구체적으로 글
을 썼는지 판단할 수 있도록 글쓰기가 실용적인 역할을 하기를
바랐던 것이다. 나는 소설이나 시처럼 '문예창작'에 적합한 사람
이 아니었고, 지금도 그 분야에 대해서는 자신이 없다. 하지만 실
무적인 글쓰기를 염두에 두고 글쓰기 수업에 참여했던 많은 사
람들이 나의 격려를 받은 후에 얼마 지나지 않아 원래의 목적은
잊어버리고 좀 더 내밀하고 상상력이 필요한, 즉 문예창작의 길
로 들어서게 되었다. 그리고 이제 그 이유를 알 것 같다. 물론 글
쓰기 실력이 나아졌기 때문이지만 그들의 글이 모임에서 낭독되
고, 온전히 이해되는 경험을 하게 되면, 예전에는 미처 몰랐지만
자신이 하고 싶었던 말이 무엇인지를 드디어 깨닫기 때문이다.
이전에는 다른 사람들에게 제대로 전달하는 게 불가능해서 포기
했던 복잡하고 난해한 생각들을 이제 제대로 표현할 수 있게 된
것이다.

교사 없는 글쓰기 모임에서 누구나 글을
더 쉽게 쓸 수 있다

거의 누구나 훨씬 더 쉽게 글쓰는 방법을 터득할 수 있다. 하지만 그렇다고 해서 문제가 모두 해결되는 건 아니다. 어쩌면 여전히 글의 수준이 형편없을 수도 있다. 그러나 어쨌든 그때부터 글을 쓸 수가 있다. 그리고 글을 쓰는 기쁨을 경험하기도 한다. 글을 더 많이 쓰게 되고 글의 수준도 향상된다. 또한 글을 쓰는 행위 자체에 모든 기력을 허비하지 않고, 글을 제대로 쓰는 데 기력을 쏟을 수 있다.

글을 쉽게 쓰려면 두 가지 조건이 필요하다. 교사 없는 글쓰기 모임에서는 이 조건을 충족시키는게 어렵지 않지만 이와 다른 방식으로 글을 쓴다면 여간 어려운게 아니다.

첫째 조건은, 자신이 쓴 글에 대한 사람들의 반응을 알아야 한다. 보통 대화할 때는 상대의 반응을 파악할 수 있어서 자신의 의도를 나름 정확하고 유창하게 전달할 수 있다. 다음 할 말로 넘어가기 전에, 방금 자신이 한 말에 대해 상대가 어떻게 생각하는지 짐작할 수 있기 때문이다. 그가 한 말에서뿐만 아니라 말투에서도 그의 심중을 알 수 있다. 그가 당신 말을 이해하고 있는지, 당신 말을 나름 공감하는지, 아니면 당신이 헛소리를 한다고 생각하는지를 사소한 몸동작과 몸가짐만으로도 알아볼 수 있기 때문이다.

우리가 한 말에 대해 상대의 반응을 파악하기 어려운 특이한 상황을 떠올려보자. 이런 상황에서는 맥락에 맞는 발언을 하기가 훨씬 어렵다. 생전 처음 보는 사람과 이야기할 때 이런 어려움을 겪게 되는데, 상대의 속내를 알아차리는게 쉽지 않기 때문이다. 당신이 익히 알고 지내던 사람들과 전혀 다른 반응을 보일 테니 말이다. 이처럼 아무런 단서를 얻지 못할 때, 말하기는 특히 어려워진다. 그 사람이 몸이 마비되어 몸동작이 부자연스럽던지, 당신과는 너무 이질적인 문화권의 사람이라 그의 반응을 이해하기가 너무 어렵던지, 혹은 피드백을 중단하는 실험을 하는 사회과학자이던지, 아니면 그냥 말수가 적은 심리학자이던지 말하기의 단서는 아주 중요하다. 때로는 그런 상황에 직면하면 우리는 초반에 말을 더 많이 할 수도 있다. 침묵이 너무 어색해서 이런저런 얘기를 늘어놓는 것이다. 그러다 결국 할 말이 바닥난다.

그런데 글쓰기에서는 단서나 맥락이 없는 경우가 허다하다. 당연 글쓰기가 괴롭기 마련이다. 글을 쓰는 동안 독자가 어떤 반응을 보일지 아무런 실마리가 없다. 독자가 첫째 단락을 읽고나서도 이해를 못 할 수도 있고, 속으로 필자가 과연 제정신인일까 생각할 수도 있지만 글을 다 마칠 때까지는 계속 써나가야 한다. 그뿐 아니라 우리는 과연 그 글을 읽을 사람이 누구인지도 전혀 모른다. 일단 지면 위에 글을 쓰고 나면 그 글은 사람들에게 순식간에 퍼지기 마련이다. 독자인 그들이 필자에 대해 어떻게 생각하든 그들이 필자에 대해 알고 있는 사실이 얼마나 빈약하든 말이다. (글을 쓸 때 발가벗겨지는 심정이라는 은유법이 얼마나 자주 쓰이는지 떠올려보라.) 글을 쓸 때 누가 그것을 읽게 될지 확실히 아는 방법은 한 가지뿐이다. 북북 찢어서 쓰레기통에 버리는 것이다. 그런 일은 자주 일어나는데 어찌 보면 당연한 것이다.

교사 없는 글쓰기 모임은 우리의 글이 타인에게 어떻게 읽히는지 전혀 알 수 없는 막막함에서 벗어나 한층 더 의미있는 문장을 쓸 수 있게 도와준다.

글을 좀 더 쉽게 쓸 수 있는 조건이 하나 더 있다. 독자가 우리의 글을 어떻게 느끼든 신경 쓰지 않는 것이다.

우리가 아무 말이나 그냥 해야 하는 상황이 있다. 빠져나갈 구멍이 없거나 될 대로 되라는 심정이 됐을 때다. 우리가 이상한 사람이 아니라는 것을 보여주기 위해 아니면 그나마 자존심을 지키기 위해서라도 무슨 말이든 꺼내야 하는 것이다. 그런데 이런 상황에서 일단 입을 떼기 시작하면, 말이 술술 나오면서 자신감이 생기고 그런 모습에 자기 스스로도 깜짝 놀라는 경우가 있다.

평소 글 쓰는 게 너무 힘들어도 말하듯이 글이 술술 써질 때가 누구나 한두 번은 있을 것이다. 결과가 어떻게 되든 자신을 솔직히 고백하는 사적인 편지였을 수도 있고, 절망과 체념에 압도되어 '될 대로 되라지' 하는 심정으로 임했던 작문 시험이었을 수도 있다. 혹은 어떤 평가를 받든 걱정할 새도 없이 너무 늦어버린 연구 논문이었을 수도 있다. 그렇기 때문에 마감이 닥쳐야만 글이 써지는 사람이 많다. 이처럼 절박한 감정은 자신의 글을 남들이 어떻게 볼지 걱정하는 마음도 잊게 할 정도로 강력한 힘을 발휘한다.

교사 없는 글쓰기 모임도 한동안 열심히 참여하면 이렇게 걱정없이 글을 쓰는 행운을 누릴 수도 있다. 처음엔 그 모임에서 늘 다른 사람들의 피드백에 의지하게 될 것이다. 예전에는 피드백 없이 어떻게 글을 썼는지 모를 정도로 말이다. 하지만 얼마 후에는 피드백에 별로 연연하지 않게 된다. 그리고 차차 다양한 사람들로부터 충분히 많은 피드백을 받아서 마침내 당신의 글이 독자에게 어떤 인상을 주고 어떤 효과를 발휘하는지 믿을 만한 감각을 터득한다. 실제 독자들이 당신의 글을 어떻게 느끼고 경험하는지 알게 되는 것이다. 다른 한편, 교사 없는 글쓰기 모임은 남들이 과연 내가 쓴 글을 좋아하는지 그렇지 않은지에 대해 걱정을 덜 수 있게 해준다. 자신이 쓴 글이 모든 사람의 마음에 들 수 없다는 사실을 깨닫기 때문이다. 사람들의 반응은 천차만별이다. 한 모임에 속한 모든 사람의 마음에 꼭 드는 글은 세상에 존재하지 않는다. 마침내 글에 대한 사람들의 판단보다는 그들의 생각과 느낌이 더 중요하다는 것을 알게 된다. 그래서 점차 독자들의 기준에 휘둘리지 않고 무엇이 좋고 나쁜지 스스로 판단하게 되면서, 독자들의 목표가 아니라 필자로서 자신의 목표를 달성하기 위해 독자들의 인상과 반응을 활용하게 된다. 당신은 독자의 반응이 궁금하고 그 반응으로부터 뭔가를 배우지만, 그렇다고 독자의 반응에 연연해하지 않게 된다. 더 이상 걱정하지 않는 상태에 이를 때 글쓰기는 진정 자유로워진다.

교사 없는 글쓰기 모임에서
더 좋은 글을 쓸 수 있다

교사 없는 글쓰기 모임의 가장 유익한 점은 내가 쓴 글을 한 사람이 아닌 여러 사람이 읽는다는 사실이다. 하지만 그 독자들이 당신보다 글에 대해 더 아는 게 없는데 어떻게 도움이 된다는 걸까? 그들이 도움이 되는 이유는 그들은 대개 교사보다 더 무지한 독자이지만, 달리 생각하면 더 유능한 독자이기 때문이다.

교사가 지나치게 좋은 독자가 될 수 있는 건 다음과 같은 이유

때문이다. 교사는 대체로 당신보다 글을 더 잘 읽고 더 잘 쓰며, 당신이 쓰는 글의 주제에 대해서도 더 많이 알고 있다. 당신은 아마 그가 정해준 주제로 글을 쓸 테고, 당신이 쓴 에세이는 당연히 그가 잘 아는 주제의 글이 될 거다. 글쓰기가 어떤 주제를 언어로 표현하는 작업일뿐 아니라 독자에게 전달하고 이해시키는 작업이라고 한다면, 어떤 주제든 그 교사가 이해하도록 전달하는 건 너무 쉽다. '하지만 어떤 주제든 전달이 너무 어렵다고 할 수도 있다.' 무슨 뜻이냐 하면, 당신이 말하는 것을 그는 모두 이해할 가능성이 높지만 (아마 당신이 이해하는 것보다 훨씬 더 정확하게), 그럼에도 그는 당신이 하는 말에 진정으로 귀를 기울이지 않는다는 뜻이다. 교사라는 위치로 보아 그는 당신이 쓴 글에 실제로 영향을 받지 않는다. 당신의 글이 그에게 진정으로 감명을 주리라는 기대를 하지 않는 것이다. 그가 당신의 글을 읽는 건 그것이 교사의 의무이기 때문이다. 그가 보기드물 정도로 마음이 열려있는 사람이 아니라면 당신의 글을 읽으며 영향을 받거나 감동받을 일은 없을 것이다.

　교사 없는 글쓰기 모임에서는 남들이 자신의 글을 읽어준다. 그리고 여기에서 기대할 수 있는 진정한 효과는 어찌보면 독자들이 자신보다 주제적으로 열등하다는 사실에 있다. 그 독자들은 글을 읽으며 '실수'를 하고, 교사라면 충분히 파악할 수 있는 의미를 놓치기도 한다. 그렇다보니 실제 독자가 당신의 글을 읽다 이해하기 어려운 대목이나 지점을 더 잘 알려준다. 이 경우 독자들은 자신이 생각하는 좋은 글에 대한 기준에 비추어 어떤 부분이 어색한지 지적하는 게 아니다. 그들은 실제로 글을 읽으며 이해하기 힘들거나 설득력이 부족한 부분을 지적하고 있는 것이다. 다양한 성향의 독자들은 '당신의 메시지를 이해하고 설득할 수 있는' 이상적인 '통로' 역할을 한다. 그래서 글쓰기 수업의 독자들은 어떤 대목에서 이해가 어려워 지지부진한지, 어떤 부분에서 설득력이 떨어지는지 제대로 짚어주게 된다. 이런 모임에서는 글쓴이의 주제에 관해 아는 게 거의 없는 사람들이 더 도움이 된다.

　다음과 같은 방식으로 진행되는 수업도 자주 있었다. 누군가가 자신이 정통한 분야에 대한 글을 쓴다. 그는 자신의 글을 다른 전문가들에게 읽게 한다. 그들은 해당 주제를 잘 이해하고 있는데다 딱히 질문할 거리도 없어서 그 글을 충분히 이해했다고 볼 수 있다. 하지만 그들은 그 글이 내심 마음에 들지는 않아서 그 글의 주장에 별다른 관심을 두지 않는다. 그러다보니 글쓴이의 기대와 달리 그 글은 독자들에게 특별한 인상을 주지 못한다. 글쓴이는 자기가 쓴 글에 나름 중요한 의미가 있다고 느끼지만 그들은 별반 수긍하는것 같지 않다. 그러다 그 글을 제대로 이해하지 못하는 누군가는 글쓴이에게 자신이 이해하지 못한 대목이나 부분을 지적해준다. 그러고보니 바로 글의 핵심 요지가 있는 부분들이다. 하지만 전문가 독자들은 자신들이 그 글을 이해했다고 생각하면서 글쓴이의 의도와 달리 글의 내용에 충분히 주목하지 않았고, 글쓴이의 시각에서 글을 바라보지도 않았다. 그냥 쭉 읽어나가면서 "그래 맞아. 그렇지."라고만 했을 뿐이다. 하지만 글쓴이의 관점에서 그 글을 읽었더라면 깊은 인상을 받았을지도 모른다.

교사 없는 글쓰기 모임의 참가자들은 어떤 면에서는 교사보다 못하지만, 그래도 더 유능한 독자의 역할을 한다. 그들은 당신의 글을 매주 읽는다. 당신이 글을 소리 내어 읽으면 이걸 또 듣는다. 그리고 다른 사람들의 글에 대한 당신의 반응도 듣는다. 평가를 하거나 점수를 줄 필요가 없기 때문에 당신의 글에 온전히 집중할 수 있다. 당신이 쓴 글을 충분히 경청하면서 그 글이 발휘하는 효과에 민감하게 반응한다. 그들은 당신의 언어에 익숙해지면서, 당신이 단어를 선택하고 문장을 작성하는 방식도 알게 된다. 그래서 단어나 문장 군데군데 파묻혀있는 생각이나 감정 그리고 미세한 의미까지 알아차릴 수 있다. 자욱한 안개 속에 가려진 의미마저 듣는 셈이다.

그런데 실제로 글의 의미가 전달되지 않았을 텐데 만일 누군가 다가와 자기가 쓴 글의 의미를 이해했다고 말한다면 어떻게 될까? 이런 상황이 과연 글을 잘 쓰는데 도움이 될까? 어느 날 저녁 내가 처음 이 문제와 씨름하던 시절이 떠오른다. 당시 나는 저녁시간에 성인반 수업을 맡고 있었다. 나는 나의 수업 방식이 '단호하고' '확실하며' '아주 현실적인' 방식이라고 믿었다. 그래서 나름 만족스러웠고, 사실 내 수업 방식이 은근 마음에 들었다. 왜냐하면 수업 참가자들이 교사들보다 더 냉정한 태도를 유지해야 실제 글쓰기에 도움이 될거라 믿었기 때문이다. 하지만 수업을 시작하고 3~4주가 지난 어느 날 저녁, 수업은 내 기대와 달리 화기애애한 분위기를 유지했다. 그리고 누군가가 시 한 편을 써왔다. 사람들은 그 시를 조용히 눈으로 읽었다. 그런데 다 읽고 나서 그들은 하나같이 무표정했다. 분명히 아무 감정을 느끼지 못한 것이다. 그러자 누군가가 그 시를 쓴 여성에게 그것을 소리 내어 읽어달라고 요청했다. 시를 쓴 여성이 그 시를 소리내어 읽어줬지만 별로 나아진 건 없었다. 그러자 아까 그 남자가 그녀에게 다시 한 번 읽어달라고 했다. 그 시에 대해 별로 할 말이 없자 곤혹스러워서 그런 것 같았다. 그렇게 두 번 소리 내어 읽고 난 후 사람들이 서서히 반응을 보이기 시작했다. 시 속에 은폐되었던 작가의 목소리를 듣게 되었고 드디어 감명을 받게 된 것이다. 나로서는 그들이 좀 더 냉정하지 못한 것 같아 아쉽기만 했다. 내 눈에는 분명 그 시는 별로 좋은 시가 아니었고, 소리 내어 읽는다고 해서 더 나아지는 느낌도 없었다. 그런 식으로 시를 쓰고 읽으면 안되는데 말이다. 나는 이 현실세계에 실용과 경험만을 중시하는 과학적인 실험실을 갖고 있다고 생각했는데, 그 광경을 보니 그 실험실은 사람들을 지나치게 친절하게 만드는 너무 태평하고 관대한 온실이 되어버린 것 같았다.

　나는 무척 신경이 쓰였지만, 그래도 이 수업이 서로에게 도움이 되는 것 같았는데 그 이유가 무엇일까 오랫동안 고민했다. 그러다 그들의 피드백 과정을 이해할 수 있는 단서를 발견했다.

　내가 보기에 별로 잘 쓴 시는 아니지만 어쨌든 그 여성은 시 한 편을 완성했다. 그리고 그 날 저녁 그녀는 다른 사람들도 시를 더 많이 쓸 수 있게 중요한 경험을 제공했다. 그녀가 쓴 시어들이 다른 사람들에게 전해진 것이다. 그녀는 어둠 속으로 단어들을 내보냈고, 이에 누군가가 외치며 응답하는 소리를 들었다. 그 목소리를 듣고 그녀는 다시 단어를 내보냈고, 그러자 다른 누군가가 이에 응답했다. 이런 과정을 거치며 사람들은 자신의 글을 향상시킬 수 있는 강력한 동기와 마주한 셈이다. 그날 모임에 참가한 학생들이 멋진 주제로 글을 쓰려고 했다는 뜻이 아니라, 정말로 시에서 중요한 의미 또는 느낌을 발견했다는 뜻이다. 학생이 쓴 글을 읽으며 글의 장점을 발견하고 이를 칭찬해주는 훌륭한 교사들이 있다. 그런데 이런 교사의 '재주'를 모방하기 위해 항상 좋은 점만 말한다면, 이는 진실하지도 못하고 결국 아무 효과도 거두지 못한다. 그의 '재주'는 장점을 말해주는 데 있지 않고 글쓴이의 단어와 문장 대부분을 진심으로 이해할 수 있는 유능한 독자라는데 있다.

　앞서 시를 쓴 여성의 문제로 돌아가면 그 여성의 '메시지'가 옳았다(물론 적절한 언어로 옮긴다면 어떤 생각이나 감정도 좋은 시가 된다)는 식으로 설명할 수 있을 것이다. 그런데 그녀는 적절한 단어를 쓰지 않았다. 그럼에도 결국 그 청중은 메시지 자체를 가리고 있던 잡음을 헤치고 들어가 그 시를 좋아하게 되었다.

　하지만 이런 식의 설명은 오해의 소지가 있다. 결국 잡음 같은 것은 없기 때문이다. 인간의 행동은 물론 언어활동 또한 마구잡이로 이뤄지는게 아니다. 글 쓰는 사람이 무도병(광기에 사로잡힌 춤 — 옮긴이)에 걸려 타자기를 아무렇게나 두드리거나 잉크를 종이위에 멋대로 뿌리는 경우가 아니라면 한 편의 글에 잡음이 있다고 말할 수는 없다. 이 두 가지 경우를 제외하면, 글에 나름의 약점이나 오류가 있더라도 글쓴이의 고유한 습관을 알게 되면 그 글은 얼마든지 이해할 수 있다. 어떤 단어를 완전히 엉뚱하게 말한다해도 그렇게 말한 사람이 어떤 사람인지 알게되면 듣는 사람은 그 의미를 더 잘 이해하는 법이다.

　약점이 있는 글이 좋다는 뜻은 아니다. 아무리 잡음처럼 보여도 혹은 안개가 낀 듯 애매해 보여도 그런 약점은 누구나 이해할 수 있으며, 나름 의미가 있는데다 그 자체가 메시지일 수 있다는 말이다. 다만 그 메시지가 너무 많고 복잡한 데다 거의 암호 같고 순서가 제대로 되어 있지 않아 잡음처럼 보이는 것이다.

인간은 누구나 말을 하거나 글을 쓰면서 단어에 여러 가지 메시지를 담으려는 습관이 있다. 쉽게 단어가 떠오르지 않고 딱히 필요했던 단어 같지 않다는 이유로 한 단어에 여러 메시지를 한데 섞어 사용하다보니 서로 의미적으로 충돌하기도 한다. 하지만 한 단어에 오직 하나의 메시지만 담으려는 시도는 거의 불가능하다. 이런 사실을 알고나면 글쓰기에서 이상하지만 중요한 일이 벌어지는 이유를 이해할 수 있다. 독창적이지도 않고 주목할만한 내용도 없는 글이 있다. 또한 우아하지도 않고 어찌보면 잘 쓴 글도 아니다. 그런데 이런 글이 이상하게 독자에게 직접 말을 걸어오고 명확하게 이해되는데다 깊은 인상까지 남기기도 한다. 잡음처럼 보이던 요소가 제거되었기 때문이다. 다시 말해, 모호한 암호 같고 관련없어 보이는 메시지만이 아니라, 저자의 주장을 가리고 있던 내밀한 의도나 부가적인 의미들이 말끔하게 제거되었다는 말이다.

잡음 같은 건 없다고 생각하면 한 편의 글을 더 잘 이해할 수 있다. 그러므로 누군가에게 "여기 이상한 잡음처럼 보이는 부분을 지워야 해요."라고 말해봐야 소용없다. 글쓴이는 잡음이 아니라 메시지만을 썼기 때문이다. 다만 그는 자신이 작성한 애매한 의미의 메시지를 의식하지 못할 뿐이다. 간단한 예로, 뭔가를 요청하는 내용의 편지를 썼지만 결국 원하는 바를 얻지 못한 편지를 생각해보자. 그 편지에 이해하지 못할 내용은 없었지만 결국 효과가 없었던 것이다. 편지를 받은 사람이 편지를 쓴 사람을 몰랐다면 글의 실수나 불명료한 부분을 지적할 수는 있겠지만 정작 부탁을 왜 거절했느냐고 물으면 이렇게 대답할 수밖에 없을

것이다. "잘 모르겠어요. 그냥 마음이 움직이지 않았어요." 이런
상황에서 그가 할 수 있는 대답은 그게 전부다. 하지만 편지 쓴
사람을 잘 알고 있고, 그가 단어나 문장을 어떻게 쓰고 이해하는
지 잘 아는 사람이라면 좀 더 많은 말을 해줄 수 있을 것이다. 서
로가 잘 아는 상황이라면 편지에 담긴 메시지가 명확하지 않더
라도 그 의미는 충분히 간파할 수 있다. 말하자면 편지를 쓴 사람
이 받는 사람을 별로 좋아하지 않는 것 같다거나, 그를 두려워하
는 것 같다거나, 그의 요구가 받아들여지지 않을 거라고 생각하
는 것 같다거나, 자기가 말한 이유를 스스로도 믿지 않는 것 같은
분위기를 풍기더라도 말이다. 이런 메시지들은 편지를 쓴 사람
이 일부러 의도한 것은 아니다. 다만 글쓴이를 잘 아는 누군가가
지적하기 전까지 자신도 모르고 있었던 메시지들일 뿐이다.

　여기서 잊지말아야 할 점은, 그 성가신 메시지를 자제해야하는
것처럼 여러분이 아무리 그만두어야 하는 일이 있다해도 자신이
그 사실을 의식하지 못한다면 절대 그만둘 수가 없다는 사실이
다. 자기도 모르게 힘을 주며 근육을 긴장시키거나 이를 악물고
있는 습관을 버려야한다면, 먼저 그렇게 하고 있는 자기 자신을
의식해야 하는 것처럼 말이다.[4]

　교사 없는 글쓰기 모임이 제대로 작동할 때, 독자는 안개 속에
가려진 필자의 의도와 메시지만을 듣는게 아니다. 독자는 그 안
개가 필자의 의도를 벗어나는 다양한 메시지들로 이루어져 있음
을 간파한다. 글쓴이는 자신의 글에 함축된 의미, 즉 자신이 의도
하지 않았던 메시지들이 있다는 말을 독자로부터 자주 듣게 된
다. 이처럼 독자들의 다양한 반응을 충분히 접하고 나면 글쓴이
는 결국 그 반응들이 옳다는 생각을 하게 된다. 그래서 독자들의

지적대로 자신이 무심코 모종의 메시지를 보낸다는 사실을 인정하고 이를 실제로 실감하고 나면 그제서야 글쓴이는 자신의 무의식적인 습관을 멈출 수 있게 된다. 하지만 거기에서 끝나지 않고 자신의 메시지를 더 분명하고 확실한 목소리로 표현할 수 있는데, 이야말로 더 나은 글을 쓰기 위한 강력한 전략으로 볼 수 있다.

　　아무리 뒤죽박죽이라도 우리는
　　진실에서 배운다

글을 잘 쓴다는게 과연 무엇인지 정의하기는 매우 어렵다. 누군가가 그럴듯한 이론을 제시한다해도 많은 사람들이 좋다고 믿는 글이 배제되는가하면, 역으로 일부 사람들이 형편없다고 간주하는 글이 포함될 수도 있기 때문이다. 실제 글쓰기의 진실이 존재하고 당신이 그 진실을 전달하고 싶어하는데, 사람들이 어리석게도 그 진실을 받아들이지 못한다고 해보자. 아무리 노력해도 소질이 있는 사람에게 글쓰기의 진실을 가르치고 그가 좋은 글을 써낼 수 있는 그런 이론을 공식화할 수는 없을 것이다.
　　그런데 이런 상황은 달라질 수도 있을 것 같다. 나는 신비주의에 경도된 회의론자는 아니지만 모든 질문에는 답이 있다고 믿는다. 만일 답이 없다면 질문이 잘못된 것일 수 있다. 질문을 제대로 고치게 되면 그 질문에 맞는 답이 나올 수 있기 때문에 잘못된 질문으로 인한 혼선은 말끔하게 해소될 것이다. 그런데 현재로서 글쓰기는 블랙박스다. 그것은 종이 위에 기호를 적어 다른 사람들에게 보여준 다음 그들 머릿속에서 무슨 생각이 떠오르는지를 듣는 것이다. 자료가 있고 증거가 있다. 그런데 뒤죽박죽이다. 다양한 사람들이 다양한 반응을 보일 뿐 아니라 똑같은 사람이 때에 따라 다른 반응을 보이는 경우도 많다. 독자는 단지 필자의 단어와 문장에만 반응하는 것이다. 독자의 반응은 자신의 기분이나 성향 그리고 성장배경에도 영향을 받는데, 이 모든 요인들이 결합해서 시시각각 다양한 반응을 불러일으킨다.

학습자가 바로 이런 혼란한 진실로부터 배운다는 것을 누가 상상이나 했을까? 전혀 말이 안 될 것 같다. 학교 현장에서도 교사들이 학생들의 글에 대해 자신의 반응을 정확하고 솔직하게 얘기해주지 않는데, 이는 그런 반응이 엉뚱하거나 변덕스럽거나 서툴거나 공정하지 않을 때가 많기 때문이다. 그래서 교사들은 확실한 이야기만 해주려 한다. 글이 어디가 잘못됐고, 그것을 바로잡으려면 어떻게 해야 하는지만 알려주는 것이다. 좋은 글과 나쁜 글에 대해 자신의 생각과 반응을 적당히 섞어서, 어떤 식으로든 비판과 조언을 전해주는 셈이다. 하지만 진실한 반응은 여전히 교사의 마음 속에 감춰져 있고 글쓰기에 관한 그의 이론이나 입장이 별로 설득력이 없다는 사실이다.

나는 예전부터 집착이나 강박이 있는 사람들로부터 많은 걸 배울 수 있다는 걸 알았다. 내 글에 담긴 뭔가를 알아채도록 훈련을 시키고 나면 그들은 늘 내 글에 담긴 진실을 더 많이 지적해주곤 한다. 이는 그들과는 정반대인 상식적이고 중립적인 사람들의 말보다 더 설득력이 있었다. 편견이 강한 사람들은 분명 훨씬 왜곡된 시각을 갖고 있지만, 그들은 또한 유용한 정보도 훨씬 많이 갖고 있었다. 하지만 그들이 제공하는 정보를 모조리 뒤져가며 유용한 것과 그렇지 못한 것을 구분할 필요가 있다는 말이 아니다. 그 정보들은 모두 조금씩 왜곡되어 있기 때문이다. 오히려 그들이 제공하는 정보는 나름 합리적이고 중립적인 독자들이 제공하는 정보와 비교해서 들어야 한다.

어떤 사람이 X에 관한 집착이 있다면, 전형적으로 그는 자신이 읽는 글에서 약 50퍼센트 분량의 X를 발견한다. 이제 당신이 작성한 글에서 그가 X를 발견한다면 그의 견해를 진지하게 받아들일 필요가 있다. 그는 자신이 집착하는 X에 대해 아주 민감한 사람이라서 X가 아주 희미하게 암시된 부분에서도 그것을 탐지할 수 있다. 아주 희미한 암시가 중요한 이유는 그것이 X를 발견하지 못하는 다른 독자들에게 영향을 주기 때문이다.

글쓰기 학습의 과정

수학은 한 번에 한 가지 원리만 배우는 게 가능한 것 같다. 한 가지 원리를 착실히 익힌 후 그 다음 원리로 넘어가는 것이 가능하고, 또 그렇게 해야 한다고들 한다. 이 말은 우리가 진도를 눈으로 볼 수 있다는 뜻이다. 하다가 틀리면 좀 더 세밀하게 따져보고 어디에서 틀렸는지를 찾아낼 수 있다.

글쓰기 공부에서 의외인 것은 사람들은 수학만큼이나 글쓰기도 오랫동안 가르쳐왔지만, 수학처럼 질서정연하고 체계적인 방식으로 글쓰기를 가르칠 수는 없다는 사실이다. 언젠가는 누군가가 이 일에 성공할지도 모르지만, 현재로서는 글쓰기는 서로 충돌하면서도 서로에게 의지할 수밖에 없는 방식으로만 배울 수 있다. 이는 일종의 모순으로, 즉 X와 Y를 배워야 하는데, Y를 할 수 있기 전에는 X를 할 수 없고, 그런데 X를 할 수 있을 때까지는 Y를 할 수 없는 것이다. 그래서 이론적으로는 글쓰기를 배우는 게 불가능하다는 주장은 나름 진실한 구석이 있다.

이런 상황에서 글쓰기 학습을 구체적으로 설명하는 학습곡선을 상상할 수 있다. 우선 전혀 진전이 없어 보이는 긴 정체기가 있다. 사실 눈에 띄지 않게 수많은 기술을 익히고 있는 시기이지만 꼭 필요한 다른 기술들이 없다보니 그저 불리한 상황에 있는 셈이다. 그 상태에서 나름 진전이 이루어지고 실제로도 그 기술들을 나름 활용할 수 있는 단계까지 거의 도달했더라도 나머지 모든 기술들을 익힐 때까지는 아무런 변화가 보이지 않는다.

하지만 긴 정체기가 최악의 상황은 아니다. 퇴보기도 있기 때문이다. 당신은 서로 관련되면서도 나름 대립적인 기술들 X, Y, Z를 능숙하게 다루느라 고군분투하고 있는 중이다. 아직은 가시화되지 않고 실감하지도 못하지만 어쩌면 나아지고 있는 중이다. 하지만 어느 단계에 이르면 실제 글쓰기에, X, Y, Z에 익숙해지는 시점에 다다른다. 이 말은 현재까지 당신이 사용해왔던 A, B, C와 같은 보편적인 글쓰기의 기술들을 버려야 한다는 뜻이다. 하지만 당신이 버려야하는 기술들 (A, B, C)은 너무 상식적이고 타당한 기술들인데다 당신은 이에 익숙한 상태이므로, 그와 다른 X, Y, Z의 기술들을 사용하기 시작하면 당신의 글은 훨씬 형편없어지고 사실 제대로 된 글을 쓰지 못할 수도 있다. 이처럼 글쓰기는 한 가지 원리를 분리해서 순서대로 배울 수 있는 절차적 기술이 절대 아닌 셈이다.

그러므로 글을 못 쓰는 것은 글을 잘 쓰기 위해 반드시 거쳐가야 하는 과정이다. 실제로 복잡한 학습에는 늘 퇴보와 실패를 중요하고 필수적인 요소로 간주한다.[5] 학교는 성공을 강조하다보니 배움의 토대를 해치는 경향이 있다. 그래서 실패의 대가가 너무 크면 배우는 사람은 이런 복잡하고 보편적인 기술을 배우지 않으려고 한다. 글쓰기에서도 A, B, C만 고집하고 X, Y, Z를 포기하는 것이다. 그것이 항상 더 나은 성과와 결과를, 그리고 높은 성적을 얻을 수 있기 때문이다.

글쓰기의 학습모델이 조금이라도 타당성이 있다면, 글쓰기를 제대로 배우는 방법은 특정 기술을 분해하여 한 번에 하나씩 이상적인 속도로 배우는 것이 아니라, 어떤 상황을 설정한 후 학습자가 이 복잡한 전체 상황에서 모든 기술을 꾸준히 연마하는 것임을 받아들여야 한다. 이상적인 순서나 과정은 없으므로 시간과 장소를 불문하고 다양한 주제로 과감하게 글을 써봐야 한다. 이를 위해서는 오랜 시간과 노력, 좌절이 필요하다. 기왕이면 그 과정 그 자체를 즐겁고 보람 있게 만드는 법을 터득하는 게 좋다.

문법은 어떻게 할 것인가?

문법, 맞춤법, 구두법 같은 경우 보통 옳고 그름이나 혹은 표준어나 비표준어 같은 규칙이 존재한다. 그런데 교사 없는 글쓰기 모임에서 나오는 독자의 반응이 이런 문제를 해결하는데 나름 도움이 된다. 글쓰기 모임에서 문법 규칙을 직접 가르치는 일은 없지만 적어도 그런 실수를 줄여주는 데 도움이 될 것이다. 실제 독자들의 반응을 듣다보면 어떤 실수가 어떤 결과를 초래하는지 알게 되기 때문이다. 어떤 종류의 실수가 지적되었고, 어떤 독자가 그런 실수를 포착했는가? 그 실수는 심각한 것인가, 아니면 사소한 것인가? 그 실수로 인해 의미가 모호해지는가? 독자를 거슬리게 하는가? 독자의 집중력을 방해하는가, 아니면 독자를 즐겁게 해주는가? 독자들에게 글쓴이는 어떤 사람으로 보이는가? 무식한 사람, 열등한 사람, 조심성 없는 사람, 자만하는 사람, 또는 무례한 사람이라는 인상을 주는가? 교사 없는 글쓰기 모임을 하다보면 문법을 과연 얼마나 배워야 하는지 현실적인 판단을 내릴 수 있다. 즉 글을 쓰면서 당신이 어느 수준까지 정확한 문법 지식을 갖추어야 하는지 판단하게 해준다. 참고로 문법을 완벽하게 구사하는 사람은 아주 드물다. 이 책을 낸 출판사에서도 다른 출판사들과 마찬가지로 내 글의 문법 오류를 바로잡기 위해 그리고 내가 수정하고 싶은 것만이라도 바로잡기 위해 전문 교정인를 고용했다.

교사없는 글쓰기 모임에서 특별히 문법 문제로 도움을 받고 싶다면 망설이지 말고 그렇게 말하면 된다. 그러면 모두들 당신의 문법 오류를 찾기 위해 발벗고 나설 것이다. 하지만 문법 문제에 집착해서 글을 더 잘 쓰려는 노력을 미루면 안 된다. 문법에 대한 본격적인 관심은 어느 정도 글쓰기가 편안해지고 지금보다 훨씬 더 잘 쓰게 된 다음에 해야 한다. 그때까지는 문법을 최종적으로 글을 고치는 교정 단계에서 해결하면 그만이다. 글을 쓰는 동안에는 문법같은 것은 아예 생각하지 않는 것이다. 당신이 쓰는 글을 하나하나 고쳐줄 편집자가 따로 있다고 생각하라. 그러니 글을 거의 마무리할 때까지는 당신이 직접 손을 볼 필요가 없다. 마지막으로, 문법이 정말 중요하게 부각되는 글이라면 그런 작업

에 정통한 사람을 찾아서 당신이 놓친 실수를 잡아내게 하면 된
다. 이런 식으로 진행하면 문법 문제로 크게 고민할 필요가 없다.

그런데 심각한 문법 오류를 범하면서 어떻게 글을 제대로 쓸
수 있을지 걱정하는 사람들이 있다. 하지만 사실은 전혀 다르다.
조금 극단적인 사례를 들어보자. 교사 없는 글쓰기 모임에 참여
하는 사람들이 있는데, 이들은 모두 문법적으로 실수를 많이 저
지른다고 치자. 영어에 익숙하지 않은 사람도 있고, 표준어가 아
닌 비표준어나 사투리를 쓰는 사람도 있다. 아니면 이 둘에 모두
해당하는 사람도 있을 것이다. 어떤 경우든, 그들이 평소에 하는
말을 잘 들어보면 심각한 문법 오류가 한 두가지가 아니다. 게다
가 교사 없는 글쓰기 모임에서는 이런 문법 오류에 대한 피드백
을 전혀 받지 못한다.

그들은 매번 표준어 혹은 정확한 문법에 위배되는 일종의 혼
종 언어를 사용하게 될 것이다. 그리고 각자가 서로 조금씩 다른
혼종 언어를 사용하게 된다. 그렇다고 이게 무슨 문제라도 된 단
말인가? 시간이 지나면서 그들의 글은 점점 더 명료해지고 설득
력도 높아질 것이다. 마치 다른 언어나 사투리로 쓴다고 쳐도 말
이다. 정확한 표준어나 문법에 위배되더라도 그들이 글을 쓰는
데 아무 문제가 되지 않는다. 조금 이상해 보일지는 모르지만 모
임 밖의 다른 사람들이 이해하는 데도 전혀 문제될 게 없다. 만일
대중이 표준어나 정확한 문법을 고집한다면 해당 문제를 제대로
고쳐줄 수 있는 사람을 고용하면 그만이다. 물론 표준어나 문법
에 정통하고 싶다면 이에 적합한 시기가 있다. 처음 글을 쓰겠다
고 마음먹었던 순간이 아니라 나름 유창하게 글을 쓰고 단어도
자유자재로 구사할 수 있는 시점이 가장 적기이다.

　글을 제대로 쓰려면 문법적인 실수같은 것은 없어야 한다는 생각은 마치 심각한 문법 오류가 있는 글은 그 내용마저 문제일거라는 착각을 불러일으킨다. 비표준어로 말한다고 해서 그것이 비논리적인 건 아니다. 각자가 어떤 언어로 말하던지, 다시 말해 그게 표준어나 비표준어이거나 아니면 사투리나 방언이거나 결국 그 의미는 통하기 마련이다. 진짜 문제는 혹시 실수가 있지 않을까 지나치게 연연한 나머지 문장 하나도 마무리하지 못하고 결국 글의 흐름마저 놓치는 것이다.

　사람들이 문법에 그토록 집착하는 데는 그만한 이유가 있다. 문법은 분명 글쓰기의 일부이지만 확실하게 가르칠 수 있는 요소이기 때문이다.

　요구르트 모델

교사가 있든 없든 모든 수업이 다 그렇지만, 교사 없는 글쓰기 모임을 성공적으로 운영하는게 쉬운 일만은 아니다. 글쓰기 모임이 잘 운영된다면 거기에는 그 모임을 지속시키는 강력한 동력이 존재한다. 학생이든 교사든 누구든지 초반에는 조금 삐걱거리다 결국 탄탄하게 진행되는 공부모임에 참여해 본 적이 있을 것이다. 이런 모임은 말 그대로 '비약'하면서 새롭고 더 높은 수준으로 발전해나간다. 그 곳에는 배움과 성취에 필요한 강력한 힘이 있다. 거기에서 각 사람들은 서로에게 도움이 되는 행동을 기대하고, 서로에게 해가 되는 행동은 자제하는 법을 배우기 때문이다. 일종의 자정작용이 작동하는 셈이다.

실제 이렇게 도약하고 발전하는 모임의 회원들은 그들 스스로 배움에 필요한 소중한 태도와 문화를 간직해나간다. 이것이 바로 요구르트 모델이다. 한 '학기'가 지나면 해체되는 그런 모임이 아니다. 기존의 회원이 탈퇴하고 새로운 회원이 들어오지만 그럼에도 꾸준히 지속되는 살아있는 학습 문화를 만드는 것이다. 혹시 요구르트를 싫어한다면 선수들이 교체되는 일종의 주사위 게임이라고 해두자. 서로 다른 회원들이 모임에 참여하고 각자 다른 시점에 모임을 그만둔다는 사실을 충분히 활용해야 한다. 어떤 사람들은 짧은 기간 모임에 참여하고, 또 어떤 사람들은 오래도록 모임에 참여한다. 그러면서 점차 새로운 회원을 영입하게 된다. 그리고 그들이 어깨 너머로 자연스럽게 배우게 하라. 모임의 진행과정을 지켜보며 천천히 적응하게 하는 것이다. 단 그 모임에 헌신적으로 참여하는 핵심 회원은 일곱 명 이상으로 유지해야 한다.

이 요구르트 모델을 기존의 학습 방식인 '영화' 모델과 비교해 보자. 영화 모델에서 한 과정이나 수업은 시작하고 끝나는 시점이 분명하게 정해진 일종의 '공연'이고, 이 공연은 주기적으로 반복된다. 매 학기마다 전원 신입생 회원들과 함께 수업이 시작되고, 기존의 학습 문화도 없으며, 12주 정도가 지나 이제 막 학습 문화가 자리 잡으려고 하면 한 학기가 마무리되고 막을 내린다.

대학교나 중·고등학교에서는 요구르트 모델을 정착시키는 게 어렵지 않을 수도 있다. (사실 학생 스스로 주도하는 자율 학습은 요구르트 모델과 유사한 구석이 많다.) 개강이나 종강처럼 학습 기간을 미리 정하지 않고, 미리 정해진 학습 주제에만 연연하지 않으면 된다. 대신 모임을 지속시키는 학습 문화가 있는지만 신경쓰면 된다. 그런 문화가 없다면 모임은 언제든지 해산시켜도 좋다. 하지만 어떻게든 고유한 학습 문화를 만들어냈다면 그 모임이 지속될 수 있게 각자가 노력해야 한다. 회원 중 누군가가 해당 모임을 떠나 다른 모임으로 가고 싶다고 하면 신입회원이 들어와 그 자리를 대신할 때까지 조금 기다려 달라고 부탁하라. 모임마다 다양한 학습 문화가 존재한다. 그리고 학습 문화도 서서히 변해가며, 학습의 주제도 그렇게 변해갈 수 있다. 교사를 포함해서 학습의 회원들도 나가고 들어오며 바뀔 수 있다. 하지만 배움의 가장 강력한 도구인 학습 문화만은 그대로 유지될 테다.

　근거 없는 헛소리

어떤 이들은 말한다. "아, 여기는 내가 정말 바라던 모임이야. 이제 더 이상 인간미도 없고, 객관적인척 하며 나 스스로 그리고 그 누구에게 엄격하게 굴 필요가 없어졌어. 드디어 마음 편한 곳을 찾은 거야. 긴장할 필요도 없지." 그렇다면 완전히 착각한 것이다. 사실 교사 없는 글쓰기 모임은 보통 수업보다 훨씬 더 객관적이고 냉정하고 엄격해야 한다. 공개적으로 피드백을 해줘야 하고, 각자 내면의 반응을 중요한 자료처럼 알려줘야 한다. 자기를 방어하거나 합리화하거나 토론하기 위해서가 아니라, 회원들의 반응을 온전히 드러내어 다른 사람들이 개인적으로 충분히 활용하게 하기 위해서다.
　이런 모임은 편안해야 한다고 생각하는 사람이나 비판과 조언이 아니면 별다른 피드백을 하지 못하는 사람, 교사 없는 글쓰기 모임을 녹음한 테이프에서 들은 좋은 글이란 무엇인지 장황한 설명을 늘어놓는 사람, 특히 예전 방식에 집착하는 교사와 지식인들에게 다음의 글을 읽어보라고 권하고 싶다. 기존 방식을 고집하는 교사와 지식인들은 이런 글쓰기 모임이 기껏해야 개인의 주관적인 생각을 늘어놓는 공간이라 생각한다. 그러면서 자신들은 엄격하리만큼 객관적이라고 믿지만 실상 그들은 언어의 본질이 무엇인지 그리고 엄밀한 객관성이 과연 무슨 의미인지 파헤쳐 볼 용기가 없는 사람들이다.

> 온통 개인적인 생각은 이제 사양합니다. 제 글이 너무 모호하다는 말은 이제 더 듣고 싶지 않아요. 당신이 주관적인 느낌으로 모호하다고 지적한 구절을 잘 보세요. 이제 그 부분을 잘 읽어보고 당신에게 실제 무슨 생각이 떠올랐는지 그리고 어떤 느낌이었는지만 말해주면 됩니다. 그리고 제가 형용사를 너무 많이 쓴다고 지적하지도 마세요. 형용사의 양을 판단하는 그런 기준은 없습니다. 이보다 두 배나 더 많은 형용사를 사용한 훌륭한 글도 있습니다. 당신의 내면에서 실제 어떤 반응이 일어났고 어느 대목에서 무엇이 당신 눈에 띄었는지만 얘기해 주세요. 무엇이 좋은 글이고 무엇이 나쁜 글인지 가르치려 들지 마세요. 그건 아무도 모르는 겁니다. 근거 없는 수많은 엉터리 이론도 듣고 싶지 않습니다. 출처가 모호한 자료나 잘못된 가설에 근거하는 기존의 주장들이 너무 많은데, 저는 그런 걸 더 이상 믿고 싶지도 않아요. 당신이 직접 느끼고 경험한 자료만 믿을게요.

부록 에세이에서 나는 위에 말한 내용을 확장하여 내가 주장하는 바와 근거를 밝히고자 한다.

과정 중심으로 쓰는 복수항목 일지

글쓰기를 깔끔하게 단계적으로 배울 수 있는 방법은 없다. 글쓰기 과정은 분명한 예측이 불가능한 데다 느리게 진행되다보니, 글쓰기 공부에서 가장 중요한 점은 이 절망스러운 과정 그 자체를 참고 견디는데 있다. (글쓰기는 확연하게 구분되는 지적 기술이 아니라 자신의 모든 것을 투자해야만 하는 특별한 학습 과정이다.)

이 질척거리는 글쓰기의 내면 풍경에 이정표 몇 개를 세워보고 싶어서 아래의 목록을 준비해보았다. 이 목록은 글을 쓰는 당신에게 앞으로 어떤 일이 벌어질지를 넌지시 알려줄 것이다. 자신의 글쓰기 실력을 예상하기는 어려워도, 이 목록을 자세히 들여다보면 글쓰기를 배우는 과정에서 자신이 점점 발전하고 있음을 깨닫게 될 것이다. 목록 속의 개별 항목들은 대부분 내 머리에 떠오른 대로 나열한 것이라 어느 것이 정상적이고 바람직한 순서인지는 전혀 모르겠다. 당신은 이들 중 많은 것을 경험하지 않고 건너뛸 수도 있다. 그러니 당신만의 목록을 만드는 것도 좋다. 그리고 당신에게 중요한 항목을 새로 만들어 넣어도 좋다.

__a) 내 글이 나아지는 것이 보였다.

__b) 4주 동안 발전한 게 없다. 그저 버텼다. 포기하진 않았다.

__c) 글쓰기를 포기했다. 그리고 대여섯 달 뒤에 다시 시작했다.

__d) 이번에는 정말 포기했다. 몇 년 동안 아예 다시 시작할 엄두가 나지 않았다.

__e) 예전부터 남몰래 꼭 쓰고 싶었지만 감히 시도해보지 못한

종류의 글을 써봤다. 다시 말해, 늘 희곡을 쓰고 싶었지만 6주 동안 이어진 워크숍 내내 똑같은 종류의 글을 쓰다가 결국 희곡을 쓰기 시작했다.

__f) 긴 글을 썼지만 두서없이 써간 글은 아니다. 하지만 아무 진전도 없이 제자리걸음만 하고, 포기하고 싶은데다 정신적으로 무력해진 심각한 정체기는 한 번밖에 겪지 않았다. 다시 말해, 글쓰기를 방해하는 유혹에 단 한 번만 굴복한 셈이다.

__g) 두 번 굴복했다.

__h) 글을 쓰는 내내 최악의 시기를 경험, 글쓰기 과정 내내 제자리걸음이다. 바로 이전에 최고의 글을 썼던 경험이 있다.

__i) 색다른 글 한 편을 쓰다 포기했다. 다시는 글을 못 쓸거라는 심각한 고민에 사로잡혔다. 얼마 후 뭔가에 이끌려 다시 쓰기 시작했고 결국 마무리했다. 마음에 들었다.

__j) 위와 동일한 과정을 경험했으나 이번 글은 형편없었다.

__k) 글 한 편을 거의 끝마쳤고 이 글에서 내 생각을 명확하게 표현했다고 생각했다. 그런데 나중에 다시 보니 생각을 정반대로 표현했다. 글을 다시 고쳐서 끝마쳤다.

__l) 어떤 글을 마치기 직전. 짧은 구절이 눈에 띄었는데 이전에는 그것이 별 생각 없이 쓴 세부묘사나 사례, 또는 미사여구 같았다. 다시 보니 조금은 더 중요해 보였다. 약간 다듬었다. 마무리하기 전에 보니 그것이 이 글의 핵심 요지 같았다. 그러고보니 그 전에 글의 핵심요지라고 생각했던 부분이 지금 보니 상대적으로 덜 중요해졌다.

__m) 같은 글을 매번 새로 고쳐쓰고 서너 번을 워크숍에 가지고

갔다. 제대로 쓰기 위해 거의 집착하다시피 했다. 마침내
제대로 써냈다.

__n) 위와 동일한 과정을 반복. 하지만 글을 마무리하지 못했다.

__o) 이상하고 어처구니없는 피드백을 받았다. 나중에야 그가
무슨 뜻으로 그런 말을 했는지 이해됐다. 결국 그가 내 글
을 어떻게 인식하고 어떤 느낌을 받았을지 실감할 수 있었
다. 그는 내 글을 완전히 색다른 방식으로 받아들인 거다.

__p) 뭔가 쓰는 것을 즐겁게 경험했다.

__q) 뭔가 쓰는 것이 즐거운 느낌이었다.

__r) 글 세 편을 연달아 즐기듯이 썼다.

__s) 대단한 글을 쓴 것 같다. 다른 사람들은 그것을 눈치채지
못한 것 같다. 아무도 가치를 몰라주는 것 같다. 나중에 보
니 그들이 옳았다.

__t) 위와 똑같은 상황. 다만 그 글이 정말 잘 쓴 글이라는 것을
나는 알 수 있었다. 세상 최고의 글은 아닐지 모르지만, 내
가 지금까지 쓴 글 중 가장 만족스럽고, 내가 목표한 수준
에 근접해갔다. 나는 사람들의 반응을 가볍게 넘겨버렸고
전혀 개의치 않았다.

__u) 다른 사람들의 반응을 참고해서 글 한 편을 다시 써봤더니
아주 색다른 글이 되었다. 훨씬 낫다.

__v) 위와 똑같은 상황. 하지만 더 형편없는 글이 되고 말았다.

＊무작정 쓰기

__a) 내가 쓰고 있는 글을 누군가가 읽으리라는 생각에 사로잡
　　 혔다. 그래서 단어나 문장 하나도 잘 써지지 않는다. 연달
　　 아 무의미한 단어와 문장만 반복하고 있다. 또는 전혀 진실
　　 에 다가가지 못하는 문장만 쓰고 있다.

__b) 글이 술술 쉽게 써졌다. 왜 그런지 모르겠다. 내가 썼지만
　　 정말 잘 쓴 것 같았다. 다만 글을 쓰는 사람이 나 같지 않고
　　 낯설었다.

__c) 위와 똑같은 상황. 하지만 누가봐도 내 글이라는 생각이 들
　　 었다.

__d) 한없이 똑같은 문장만 반복해서 쓰고 있다. 그런 식으로 글
　　 을 쓰는게 한심하다는 생각이 든다. 물론 다른 식으로 문장
　　 을 쓸 수도 있었다. 하지만 그러고 싶지 않았다. 그런데 그
　　 문장이 다양한 의미로 읽히기 시작했다. 이 문장을 거의 완
　　 성할 무렵에는 나 스스로 너무 화가 났다. 하지만 문장을
　　 막 끝냈을 때는 왠지 모르게 차분해지며 기분이 좋아졌다.

__e) 무작정 쓰는 동안 누군가에게 나도 모르게 계속 이야기를
　　 하고 있었다. 분명 머릿속에 떠오른 사람이었지만 전혀 모
　　 르는 사람이었다. 그런데도 떠오르는 생각들을 그 사람에
　　 게 마구잡이로 말해주었다. 하지만 글이 끝나갈 무렵에는
　　 그 사람에 대해 더 잘 알게 되었다.

__f)　내가 쓴 것은 모두 거짓이고 허구이다. 그런데 정말 재미가
　　 있다.

__g) 무작정 쓰기를 시작하면서 나는 명확한 글이 좋은 글이라
　　 는 생각으로 글을 썼다. 힘있는 주장과 명료하고 가슴 깊

은 곳에서 우러나오는 글, 다시 말해 아주 잘 쓴데다 아주 나다운 글이었다. 하지만 어느새 그렇게 쓰는 법을 잊어버리고 말았다. 다시 그런 글을 쓰고싶어 끊임없이 노력했다. 하지만 아무 소용이 없었다.

＊글쓰기 모임에서 이정표 역할을 하는 반응

__a) 참신하고 난해한 방식으로 반응을 보여줬다. 즉, 옷과 관련한 은유를 사용해 피드백을 주거나 의성어를 사용해서 느낌을 전달해줬다.

__b) 어떤 글을 읽었는데 아무런 느낌이 없었다. 내면에서 아무 반응이 일어나지 않았다. 그래서 솔직히 말했다. 그러다 15분 후에, 아니 사흘 후였는지도 모르겠다. 문득 얼마 전까지 전혀 경험하지 못한 느낌이 분명하게 전해졌다.

__c) 어떤 글을 듣고 혹은 읽고 나서 느낌을 전해줬다. 그대로 얘기해 줬다. 그런데 마음 한 켠에서 전혀 다른 느낌이 일어났고, 이를 뒤늦게 깨달았다. 즉, 처음에는 그 글이 마음에 들지 않았지만, 생각해보니 마음 깊은 곳에서 그 글이 좋았다는 것을, 하지만 내가 감히 시도하지 못한 것을 그 사람이 시도했기 때문에 기분이 나빴다는 것을 깨달은 것이다.

__d) 그날 수업에 나온 글에 대해 모두 명확한 느낌을 공유했다.

글쓰기 과정을 기록한 이런 이정표가 유익하고 재밌을 수 있다. 하지만 여러분의 글이 정말 나아지기를 바란다면 자신이 직접 글을 쓰며 깨달은 중요한 발견을 찾아야 한다. 글쓰기가 눈에 띄게 향상된 부분을 찾아 이를 이정표 삼아야 한다. 조금 더 시간과 노력을 기울이면 자신의 글쓰기 실력은 어김없이 향상될 것이다. 그렇게 하는 동안 자기 자신에 대해 그리고 글쓰기 기술에 대해 상당히 많은 사실을 배울 수 있다. 필요한 것은 그 과정을 다양한 항목으로 기록하는 자기만의 글쓰기 일지(diary)이다.

매주, 백지 한 장을 꺼내 그 주에 글을 쓰면서 깨달은 내용을 간단히 적어보라. 글쓰기 모임 시간에 하는 무작정 쓰기와 다른 종류의 글쓰기, 그리고 모임 시간에 보인 반응 등을 말이다. 이렇게 적어 간 내용들이 객관적 사실은 아니다. 당신이 그 당시에 보여준 시각을 기록한 것일 뿐이다.

그런 다음 6주 정도에 한 번씩 앞으로 돌아가서 일지에 적힌 내용들과 그 주에 쓴 글 몇 편을 다시 읽어보라. 그리고 글에서 더 나아진 부분이 있는지 살펴보라. 그 6주 동안 어떤 부분에서 글쓰기가 향상되었다고 생각하는가? 어떤 변화가 있었고 자주 반복되는 패턴은 무엇인가? 특히 도무지 헤어나올 수 없었던 오랜 정체기 때도 뭔가가 꿈틀거리고 있었다는 게 감지되는가? 잔잔한 수면처럼 보이던 그 참혹한 시기에도 수면 아래서 무언가 배우고 있었다는 걸 이제는 알아볼 수 있는가? 침체기는 당신이 고군분투하던 시기였지만 무언가 나쁜 습관에서 이제 막 벗어나던 시기라고 할 수 있다. 그 전까지 당신의 글쓰기 습관에서 부정적인 영향을 초래하고 독자들의 감흥을 방해하는 뿌리 깊은 문제가 있었는데, 당신은 그 사실을 독자들의 반응을 통해 깨닫게 된 것이다. 그 뿌리 깊은 습관이라는 것이 독자들을 향한 오만함이나 두려움같은 태도였을지도 모른다. 하지만 그때는 그런 태도나 습관을 대체할 방법이 없어 그런 문제에 사로잡혀 있었을 뿐인 것이다. 아니면 이런 부정적인 습관이 너무 익숙한 나머지 그것 없이는 도무지 불안해서 견디지 못했을지도 모른다. 당시에는 잘 드러나지 않았지만 이런 변화들이 있어야만 글쓰기는 의미있는 발전을 이뤄낼 수 있다. 하지만 너무 많은 시간이 걸리고 대개 눈에 보이지 않는 곳에서 벌어지고 있으니, 두 번 세 번 되돌아볼 때까지는 전혀 눈에 띄지 않을지도 모른다.

　어떤 주에, 글을 쓸 당시에는 전혀 감지하지 못했던 모종의 변화가 일어났다는 판단이 든다면 자기만의 일지를 펼쳐보라. 그리고 그 주에 해당하는 페이지에 그 변화를 감지한 날짜와 그 변화의 내용이 무엇인지를 적어두라. 앞으로 또 다른 깨달음을 얻게 될지도 모른다. 끊임없이 과거를 고쳐 쓰는 것이다.

　현재의 글쓰기 모임을 시작하기 전에 써두었던 글들, 즉 1년 전이나 3년 전, 혹은 10년 전에 쓴 글들을 뒤져서 그렇게 해보면 현재의 글을 제대로 판단할 수 있을 것이다.

부록 에세이
불신전략과 신뢰전략 — 지적 사고의 분석

"그건 못 믿겠는데요." 앨리스가 말했다.

"못 믿겠다고?" 여왕이 한심하다는 투로 말했다. "다시 해봐. 심호흡하고 눈을 감는 거야."

앨리스가 호호호 웃었다. "아무리 해봐도 소용없어요. 불가능한 걸 어떻게 믿어요."

"그건 네가 연습을 많이 안 해서 그래. 내가 너만할 땐 늘 하루에 30분 동안 연습했어. 글쎄, 아침도 먹기 전에 불가능한 일 여섯 가지를 믿을 때도 있었다니까..."

— 루이스 캐롤, 『거울나라의 앨리스』

교사 없는 글쓰기 모임에 대해 처음 듣는 사람들은 그게 정말 가능한지 의심하는 경우가 많다. 특히 공부를 많이 한 사람일수록 상대가 읽어주는 글을 경청하는 동안 자신의 생각은 접어두고 상대의 말을 있는 그대로 믿는다는게 너무 어색하고 불합리하게 보이기 십상이다.

물론 이런 의심을 단번에 불식하는 영리한 사람들도 많다. "지식인 좋아하시네! 누가 그런 사람들 말에 신경을 써?"

나는 신경이 쓰인다. 나는 스스로를 지성인이라고 생각한다.

그뿐 아니라 지난 몇 년간 여러 번에 걸쳐 나에게 반지성주의
(anti-intellectuality)라는 비난이 쏟아졌기에 이 자리를 빌어
이에 대해 자세히 해명하는게 좋을 것 같다.

　이어지는 내용에서는 교사 없는 글쓰기 모임이나 그 밖의 경험
에서 빚어진 다양한 실천 사례와 글쓰기에 관한 나만의 고유한
생각을 증명하고자 한다. 이 부분이 독자들에게는 너무 이론적
이라는 생각이 들겠지만 이는 나를 향한 다양한 비판이 이론 차
원에서 전개되었기 때문이며 다른 한편 나 스스로 이론을 중요
하게 생각하기 때문이다. 독자들은 앞서 소개한 장들의 내용을
잘 이해하고 활용한다면 이 마지막 장의 포괄적인 논증은 무시
해도 좋다.

　반지성주의라는 비판은 이 글쓰기 모임의 지적인 실험을 오해
한 데서 나온 말이다. 지성인이란 최선의 방법을 합리적이고 엄
격하게 사용함으로써 착오에 빠지지 않고 진리를 추구하는 사람
이다. 교사 없는 글쓰기 모임의 기본 방식은 이 지적인 실험에서
가장 중요한 부분을 차지한다.

　나의 주장을 펼치기에 앞서 진리를 추구하는 일반적인 상황을
떠올려보자. 우리 앞에 어떤 주제에 관해 서로 상충하는 정보들
이 한 더미 쌓여 있다. 그리고 우리는 어떤 것이 사실인지 알고
싶다. 우리가 선택할 수 있는 두 가지 접근 방식이 있는데, 이는
불신전략(doubting game)과 신뢰전략(believing game)이
라 할 수 있다.

　불신전략은 우선 오류를 찾아내면서 간접적으로 진리에 도달
한다. 어떤 주장을 의심하려면 그 안에 담긴 오류나 모순을 찾는
게 최선의 방법이다. 그러므로 어떤 주장이 부실하다는 것을 알

아내려면 우선 그 주장이 사실이 아니라고 전제해야 한다. 사실
처럼 보일수록 주장을 의심하는 일은 더욱 어려워진다. 나는 이
해하기 위해 의심한다.(*Non credo ut intelligam.*) 즉 무엇이
틀렸는지 파악하려면 일단 의심부터 해야 한다.

　의심이 효과를 발휘하려면 문제의 주장으로부터 거리를 두려
고 각별히 노력해야 한다. 자명해 보이는 주장이라면 특히 더 그
렇다. 자기 자신은 물론 자신의 소망과 선입견과 경험과 자신과
관련한 모든 것을 한쪽으로 치워두어야 한다. 기호 논리학의 방
법은 이런 작업에 도움이 된다. 또한 전제와 필연적인 결론을 드
러내서 숨은 오류를 찾아내기 위해 그 주장을 논리적으로 변환
시키는 것도 도움을 준다. 한편 주장과 주장을 서로 대립시키며
의심의 효과를 극대화할 수도 있다. 주장들이 서로 상충하고 갈
등하면서 각 주장의 활력과 통찰을 살펴보고 특정 주장에 담긴
논리적 허점을 찾아낼 수 있기 때문이다.

　신뢰전략도 간접적으로 진리에 도달한다. 모든 주장을 있는 그
대로 믿는 것이다. 다양한 정보를 훑어보다 가장 진실해 보이는
것을 집어든다면 이는 추론이나 직관의 방식이지, 절대 신뢰전
략이라 할 수 없다. 추론방식도 나름 특별한 장점이 있지만 여기
에서 별도로 다루지는 않겠다.[6]

　신뢰전략의 첫번째 규칙은 문제의 주장을 전혀 의심하지 않는
것이다. 이를 위해 한 번에 하나의 주장을 받아들이고 그때마다
다른 주장은 아예 염두에 두지 않는다. 주장과 주장이 서로 상충
하지 않는다고 믿으면 그만이다. 신뢰전략은 적대적 방식이 아
니기 때문이다.

　신뢰전략은 기독교 신학자인 테르툴리아누스의 저 유명한 신

념을 연상하게 한다. 나는 이해하기 위해 믿는다.(*Credo ut intelligam.*) 우리는 오류가 아니라 진실을 찾기 위해 노력하며, 이를 위해서는 의심하기 보다는 신뢰하는 편이 더 낫다. 어떤 주장을 맹목적으로 신뢰하는 것, 즉 있는 그대로 믿고 행동에 옮기는 과정은 너무 터무니없어 보이기도 한다. 하지만 세상에는 불쾌하고 불합리하게 들리는 주장에 진지하고 강력하게 그리고 진심으로 자신을 내맡기는 그런 믿음도 있다. 이를 위해서는 강렬한 의지와 관심 그리고 일종의 내적 헌신도 필요하다. 이런 신뢰전략을 이해하려면 세상을 그렇게 바라보는 사람의 머릿속으로 들어간다고 생각하는게 좋다. 아니면 그런 사람을 상상력을 발휘해 만들어 봐도 괜찮다. 맹목적인 믿음만으로 자신의 주장을 펼쳐나가는 그런 사람의 심정을 느낄 수 있게 말이다.

이를 위해서는 특정 주장과 거리를 둘 것이 아니라 오히려 적극적으로 개입하고 스스로 그 주장에 참여해야만 한다. 자신을 그 주장에 투사하는 것이다. 또한 신뢰전략에서는 그 주장의 근거를 따지기보다는 해당 주장을 은유적으로 확장하고 그와 유사한 주장을 탐색하며 다양한 연상작용을 시도하는게 효과적이다. 이렇게 하면 그 주장에 잠재되어 있는 인식과 느낌을 파악할 수 있다. 이를 발판으로 주장 속으로 걸어들어가 그 주장의 의미를 여러 각도에서 바라볼 수 있다.

간단히 말해 이 장에서는 불신전략과 신뢰전략의 기능을 본격적으로 소개한다. 각 방식의 특징을 잘 보여줄 수 있는 다른 용어가 있다면 그렇게 불러도 무방하다. 불신전략은 아마 자기 배제의 기술(self-extrication game), 논증의 기술(logic game), 또는 주장의 변증법(dialectic of propositions)으로 불러도 좋고, 신뢰전략은 몰입의 기술(involvement), 적극적 개입의 기술(self-insertion game), 은유하기의 기술(metaphor game), 또는 경험의 변증법(dialectic of experience)이라고 불러도 좋다.

독주하는 불신전략

어쩌면 이 글은 글쓰기에 만연한 불신전략을 본격적으로 비판하는데 있다. 하지만 나는 불신전략의 가치를 충분히 이해하고 그 전략을 본격적으로 구사하는 사람의 입장에서 실행할 것이다. 다시 말해 불신전략에만 의존해서 글을 쓰는 사람들을 설득하고 싶어 나만의 논증을 펼치겠다는 의미이다. 나의 목표는 불신전략이 신뢰전략에게 조금 더 양보하고 신뢰전략에 나름의 정당성을 부여하는 데 있다.

현대 사회에서 불신전략은 정당성의 차원에서 독점권을 행사하고 있다. 어쩌다 이렇게 됐는지 나도 모르겠다. 지적인 사고와 불신전략을 동일시하는 이런 경향이 나는 저 위대한 철학자 소크라테스에서 비롯되었다고 본다. 내 생각에 그의 '목소리'에서 전해지는 오직 한 단어는 다름 아닌 '아니오'이다. 소크라테스도 증명의 절차 없이 많은 것을 믿었지만, 그는 오직 이성(reason)이라는 하나의 논리에만 지나치게 집착하는 것 같다. 소크라테스의 대화에서 드러나는 자명한 특징은 그가 논증의 과정이나 절차를 지나치게 단순화한다는 점이다. 그와 대화하면 어떤 신념은 분명 어리석고 공허하며 쉽게 모순이 드러난다. 그는 자주 논리를 활용해서 자신의 주장을 증명하려고 노력했다. 예를 들어, 사후 영혼의 존재를 증명할 때처럼 말이다. 하지만 정반대로 불신전략이나 변증법은 아예 버려두고 자주 신화나 비유 혹은 알레고리와 같은 비논리적인 방식에 의지해 주장을 펼치는 경우도 허다했다.

데카르트는 소크라테스의 부정적인 대화 방식을 이어받아 '의심하기' 혹은 '회의론'을 주창한 인물이다. 그는 진리에 다가서기 위해 모든 것을 의심해야 한다고 생각했다. 이런 태도는 합리성(rational process)이라는 서구문명의 핵심적인 사고방식으로 자리 잡았다. 소크라테스가 성찰 없는 삶은 살 가치가 없다고 한 말이나 데카르트가 사실상 의심받지 않은 생각은 받아들일 가치가 없다고 한 말은 모두 합리성의 맥락에서 이해할 수 있다.

합리성을 대변하는 불신전략이 나름 독주하게 된 원인은 17세기부터 비약적으로 성장한 자연과학의 성장 덕분인지도 모른다. 분명 과학은 회의주의라는 이념에 충실한 것 같다. 과학자들은 속단하지 않는다는 점, 즉, 뭐든지 쉽게 믿지 않는다는 데 자부심을 느낀다. 심지어 자신들은 사실 아무것도 믿지 않는 것처럼 얘기하는 과학자들도 있다. 어떤 주장이 아직 반박되지 않았기에 그 주장을 사실로 믿는 척할 뿐이라는 것이다. 이런 시각으로 보면, 실험 방법(experimental method)은 특정 주장의 오류를 지적하고 증명하는 과정에 불과하다.

어떻든지 간에 우리는 지금 학계나 지성의 세계에서 거의 누구나 불신전략을 사용해야만 엄밀하고 체계적이고 합리적이며 객관적이라고 간주하는 현실에 살고 있다. 그리고 어떤 이유에서든 불신전략과 거리를 두고 이를 활용하지 않으면 반지성적이고 비합리적인데다 나태하다는 느낌마저 받게 된다. 더욱이 불신전략을 신뢰하지 않는 소수의 사람들마저 이런 입장에서 완전히 자유롭지 못한 것 같다. 불신전략에 반대하면 마치 지성과 합리성에 반대하는 것처럼 보이기 때문이다.

이는 모두 불신전략의 독재에서 비롯된 생각의 함정이다. 그리고 나는 이렇게 만연한 이 생각의 함정을 무력화하고 싶다. 이제 나는 단어나 문장 혹은 한편의 글에는 분명한 의미가 존재한다는 사실을 입증하면서, 신뢰전략은 그것을 우리에게 충분히 보여주지만, 불신전략은 그렇지 못함을 증명하고자 한다.

의미와 단어에 관한 진실

이 장에서 나는 누군가가 "이 문장은 이러이러한 의미다"라고 말하면 그 말은 옳을 수도 있고 그렇지 않을 수도 있다는 사실을 상세히 설명하려고 한다. 그의 주장이 참일 수도 아니면 거짓일 수도 있다는 것이다. 물론 참과 거짓 사이에 걸쳐 있는 상황도 있는데, 이도 자세히 설명하겠다.

여기서 말하는 '의미'는 실생활에서 쓰는 말이나 글을 바탕으로 한 것이다. 사람들이 서로 자연스레 말을 하거나 글을 쓸 때 이는 의미가 전달되는 과정으로 볼 수 있다. 즉, 화자는 단어들에 의미를 주입하고 반대로 청자는 그 의미를 꺼내는 것이다. 이를 넓게 보면 이렇게 설명할 수 있다. 화자는 청자가 알았으면 하는 내용을 전달하며 청자는 결국 그 내용을 알게 된다. 그렇게 청자는 그 전에 몰랐던 내용을 알게 되므로 단어들이 이 지식을 담아서 청자의 머릿속에 전달하는 셈이다. 하지만 엄밀히 말해서 단어는 의미를 담을 수 없다는 사실을 알아야 한다. 의미를 갖고 있는 주체는 오직 인간 뿐이다. 단어는 오직 사람들이 부여한 의미만 갖고 있다. 청자는 단어에서 자신이 과거에 투입해 놓지 않은 의미는 전혀 얻을 수 없다. 인간의 언어는 그 사람의 머리에서 의미를 만들어내는 데 필요한 지침서 세트로만 구성되어 있다. 청자에게 지식이 새로 생긴 것 같아도 그것은 새로운 게 아니다. 즉 그 의미는 이전의 머릿속에 전혀 없었던 구조로 생각될지 모르지만, 사실 이 새로운 구조는 그가 이미 갖고 있던 재료로 만들어낼 수밖에 없는 것이다. 화자의 단어들은 기존의 이 재료들을 조합하라는 지시문 세트인 것이다.

다른 비유를 해보자. 의미란 머릿속에 있는 영상 같은 것이다. 내 머릿속에 영상이 있다. 나는 그 영상을 당신의 머릿속으로 전달하고 싶다. 그런데 우리 둘의 머리는 물리적으로 있는 그대로 보여줄 수가 없다. 내가 할 수 있는 것은 당신이 머릿속에서 똑같은 영상을 만들어내도록 사운드트랙을 영리하게 잘 보내는 것뿐이다. 우리 둘은 상대방의 머릿속 영상을 볼 수 없으므로, 각자 생각하는 영상을 상대방에게 아무리 그대로 보여주려 해도 상대방은 그것을 잘못 받아들일 수 있다.

어떤 문장이 '의미를 갖고 있고' 더 나아가 '한 사람의 머리에서 다른 사람의 머리로 의미를 전달한다'고 말할 수 있으려면 이 말들이 복잡한 절차를 의미한다는 것을 이해해야 한다. 즉 단어들은 내 머릿속에서 당신 머릿속으로 내용을 전달하지 않는다. 다만 당신이 스스로 의미를 만들어낼 지시문 세트를 줄 뿐이다. 두 사람이 모두 의미 구축을 위한 지침서를 잘 쓰고 잘 따른다면 우리는 각자의 머릿속에 비슷한 내용을 갖게 될 것이다. 다시 말하면 우리가 의사소통을 하게 될 것이다. 그렇지 못하면, 우리는 서로의 단어들을 '아무 의미도 없는 것'으로 또는 '잘못된 의미를 담고 있는 것'으로 치부하게 된다.

그렇다면 문제는 이러한 의미구성 규칙이 일상어(ordinary language)에서 어떻게 작동하는가이다. 영어 같은 일상어에서의 의미는 꿈속에서의 의미와 수학에서의 의미 사이 어디쯤에 존재한다.

꿈은 해석하기가 어려울 수 있지만, 꿈에서는 청자가 없으므로 본질적으로 의미를 해석하는 상황이 간단하다. 꿈에서는 모두 '말하기'만 있고 '듣기'는 없기 때문에 꿈은 해석을 위한 게 아니라 꿈꾸는 것 자체로 끝나는 것이다. 따라서 꿈 또는 꿈속의 이미지에는 특정하고 분명한 의미가 있지만 그것들은 무엇이든 의미할 수 있다. 그 특정한 꿈을 꾼 사람이 무슨 의미를 만들든 꿈에는 그것이 담겨 있는 것이다. 꿈의 규칙은 다음과 같다. 모든 내용이 모든 의미를 나타낸다.(이것을 좀 더 그럴듯하게 꿈에서의 의미구성 규칙은 '유사함'과 '연상'이라고 설명할 수도 있을 것이다. 그런데 만물은 어느 정도까지는 무엇이든 닮을 수 있고, 어떤 식으로든 다른 것을 연상시킬 수 있다. 따라서 모든 것이 모든 것을 의미할 수 있는 것이다.) 총이나 뾰족탑을 꿈에서 봤다면 그것을 남성의 성기에 대해 이야기하는 것으로 볼 수도 있지만, 꼭 그렇다고 단정할 수는 없다. 또한 그 밖의 다른 이미지로 남성의 성기를 의미하는 꿈을 꿀 수도 있다. 따라서 꿈을 꿀 때는 실수란 게 있을 수 없다.

꿈과 정반대에 있는 것이 수학 같은 언어다. 수학에서는 의미를 상징화하는 규칙을 명확히 따라야 하는 수고를 해야 한다. 어떤 문장이 있을 때 그것은 오직 공식적인 규칙이 인정하는 의미만 나타낼 수 있다. 꿈에서와 달리 수학에서는 실수가 있고, 어떤 수식의 의미 또는 그 수식에 실수가 있는지 여부가 의구심이나 모호함 없이 확실히 결정된다. (어쩌면 고급수학 분야에서는 예외가 있을 수도 있다.)

일상어에서의 의미는 꿈과 수학의 중간에 걸쳐 있어서, 꿈처럼 유연하게 만들려는 힘과 수학처럼 고정하려는 힘이 동시에 작용하며 그 의미를 밀고 끌어당기기를 반복한다.

일상어 사용자들은 꿈을 꾸는 사람과 같다. 그에게는 기존의 단어에 익숙한 의미를 무엇이든 담으려는 성향이 있다. 이미지를 다룰 때처럼 단어에도 무엇이든지 자기만의 함축과 연상을 담는 것이다. 따라서 개인의 입장에서 단어는 분명 무엇이든 의미할 수가 있고, 그런 경우도 많이 있다.

일상어의 이러한 꿈같은 유연성을 설명하려면, 실제로 단어들이 시간의 흐름과 공간의 변화에 따라 그 의미가 변한다는 사실을 명심해야 한다. 예를 들어 고대영어에서는 down이라는 단어가 없었고, 그 대신 off dune이라는 어구로 썼다. 그러다 어구가 줄어서 off dune은 o'dune이 되었고, 더 줄어들어 dune으로 쓰이게 되었다. 그리고 결국은 철자와 발음이 다른 down이 된 것이다.

언어학의 입장에서 어휘 형태의 변화는 중요하지 않다. 자음은 거의 쓸모가 없고 모음은 전혀 중요하지 않다. 하지만 단어의 의미는 늘 변하는데다 무엇이든 의미할 수 있다. 게다가 언어에는 질서를 추구하는 수학적인 힘이 무척 강하게 작용한다. 즉, 일상어 의미가 지속적으로 변한다 해도, 그 의미는 당대의 언어공동체가 허용하는 범위 내에 있어야 한다. 그런데 수학과는 달리 이 허용범위는 명확하게 규정되거나 합의된 것이 아니다. 다시 말하면 특정 단어에 의미를 부여하는 규칙은 암묵적인 규칙이라서 직접 말을 함으로써, 다른 사람의 말을 들음으로써, 심지어 자신의 말을 들음으로써 배우게 된다. 이는 마치 규칙을 배우기도 전에 놀이에 참여하는 파티의 게임과 같은 것이다. 실제로 놀이의 재미는 서서히 규칙을 이해하고 따르면서 경험하게 된다. 즉 자신도 모르는 사이에 게임의 규칙을 따르며 즐겁게 놀고 있는 셈이다. 그 규칙을 아는 사람들과 메시지를 주고받는 것이다. 의미를 만들어내는 이런 규칙들이 이미 사전에 나와 있다고 볼 수도 있다. 하지만 사전은 어제까지의 규칙을 기록한 것일 뿐, 오늘의 규칙은 그것과 조금 다를 수 있다. 그리고 사람들 사이에서 오고 가는 단어의 의미가 모두 사전에 등장하는 건 아니다.[7]

　일상어에 내재된 꿈의 특성과 수학의 특성 사이에서 상충되는 힘들이 작용한다. 끊임없이 줄다리기가 일어나기 때문이다. 우리는 어떤 단어라도 다양한 의미를 부여하려고 한다. 꿈속의 이미지에 원하는 의미를 모두 담으려듯 말이다. 이것은 우리가 제멋대로여서가 아니다. 우리 스스로 의미를 창조하는 존재이고 대면하는 모든 존재와 사물에 끊임없이 새로운 의미를 부여하려는 본능을 억제할 수 없기 때문이다.

　하지만 언어공동체는 늘 이런 자유분방함을 억제하려 한다. 어떤 사람이 단어들을 조합해서 거기에 어떤 의미를 부여했는데 청자들이 그 말이 '들리지' 않는다면, 그 사람은 그 공동체에의 압력에 굴복하여 그 단어들을 조합한 의미를 만드는 과정을 포기하고 만다. 즉, 그가 의미를 구성한 방식으로 청자들도 동일하게 의미를 구성하지 않는다면 그는 자기만의 의미 구성 방식을 단념하거나 아예 그 사실도 모른 채로 지내게 될 것이다. 어떻든지 그는 자신이 부여했던 의미를 더 이상 그 단어들의 실제 의미로 생각할 수 없다. 마찬가지로, 어떤 사람이 특정 단어나 문장을 그가 속한 언어공동체의 화자들이 이해하는 바와 다르게 듣게된다면, 그 사람도 결국 공동체의 이해에 굴복하여 공동체가 이해하는 의미로만 들으려고 한다. (물론 예외의 경우도 있다. 다른 사람의 머릿속을 들여다보고 싶은 욕망이 남달리 강한 청자들이 있다. 예를 들어 각별한 사랑을 받은 아이들이나 윌리엄 블레이크 같은 시인들처럼 말이다. 그런 사람들은 누군가가 꿈을 꾸는 몽상가처럼 이야기하더라도 그 말의 의미를 해석하는 방법을 터득한다. 충분한 양의 말이 오가고 그 말에 충분한 관심을 기울인다면 암호같은 단어의 의미를 풀 수 있기 때문이다.)

오랜 세월에 걸쳐 보았을 때 언어의 의미는 꿈과 수학 사이에서 충돌하는 힘들의 역사라 할 수 있다. 만일 어떤 강력한 화자가 등장해 언어 사용자들이 어떤 말 속에서 예전에는 한 번도 쓰인 적 없는 의미가 통하게 한다면 의미를 구성하는 규칙은 결국 변하기 마련이다. 반면, 언어공동체가 기존의 규칙을 계속 고집한다면 언어의 의미는 변하지 않는 법이다. 동화 속 인물 험프티 덤프티(Humpty Dumpty)가 이런 원칙을 분명히 보여준다.

"하지만, '영광'은 '한방에 이긴 말싸움'이라는 뜻이 아니잖아." 앨리스가 따졌다.

"'내'가 어떤 단어를 쓰면 그것은 내가 결정한 의미로만 쓰는 거야. 더 이상 왈가왈부할 필요 없어." 험프티 덤프티가 코웃음치듯 말했다.

"문제는 단어의 의미를 그렇게 네가 원하대로만 쓸 수 있는 '권한'이
　너한테 있냐는 거야." 앨리스가 말했다.

"중요한 건 누가 상황을 장악하느냐야. 그게 제일 중요하지." 험프티
　덤프티가 말했다.

– 루이스 캐롤,『거울나라의 앨리스』

물론 언어사용 집단이 하나밖에 없다 해도 위의 상황은 지나치
게 단순화한 면이 있다. 사실 개인들은 다양한 언어공동체에 발
을 담그고 있으며, 이들 각자가 모두 모여 큰 공동체를 이룬다. 예
를 들면 영어사용자 공동체를 들 수 있다. 규모가 작은 언어공동
체들 또한 서로 경쟁하며 공존한다. 이들 작은 언어공동체들은
한편으로는 꿈처럼 유연하게 의미를 해석하는 개인의 성향을 억
제하려 하지만, 좀 더 큰 언어공동체에 비하면 그 억제력이 약하
다. 쉽게 말하면, 친구들 사이에서의 의미구성 규칙은 그보다 더
큰 언어공동체에서의 규칙보다 더 쉽게 바꿀 수 있다. 그래서 작
은 공동체는 큰 공동체를 상대로 의미 해석의 '유연성'을 강요하
는 세력이 된다.

　이 말은 일상어의 경우 서로 중첩되는 언어공동체 내에서는 섬
세하고 유연한 의미의 교환이 일어난다는 뜻이다. 이 독특한 교
환은 단어와 어구에 어떤 의미를 부여할 것인지가 구체적으로
정해지지 않은 상태에서도 끊임없이 변하는 규칙을 지켜 나간다
는 무언의 합의에 따른다. 모든 언어 사용자들은 의미해석을 두
고 지속적으로 거래하며 다른 사람들도 자신들과 동일한 규칙과
합의를 따를거라 믿는다. 따라서 단어들은 유능한 화자나 독자

사이에서는 아주 엄밀한 의미로 사용되지만 그럼에도 그 의미는 늘 변화하기 마련이다.

　나는 이제 말이나 글의 진실한 의미가 무엇인지, 즉 텍스트를 정확하게 해석한다는게 무엇인지 명확하게 설명할 수 있을 것 같다. 어떤 단어나 문장을 정확히 해석한다는 것은 언어공동체가 해당 단어나 문장에 부여한 의미대로 해석하다는 말이다. 하나의 해석이 어떤 언어공동체에는 적합하고 어떤 언어공동체에는 그렇지 않은 애매한 경우도 있다. 예를 들면 16세기의 어법에는 맞지만 현대 어법에는 맞지 않는 해석이 있고, 속어(slang)에는 맞지만 표준어에는 맞지 않는 해석이 있다.

　이런 사례는 한 개인의 독자적인 해석이 옳을 때도 있고 때에 따라서는 틀릴 때도 있다는, 상식적이면서도 가끔 애매한 상황을 잘 보여준다. 지금까지 보았듯이, 단어나 문장의 의미를 그 언어공동체가 암묵적으로 합의한 것보다 더 유연하게 해석하는게 자연스럽기 때문이다. 하지만 이와 같은 개인의 의미 부여는 대개 틀린 경우가 많다. 꿈꾸는 것, 다시 말해 개인적인 의미 해석은 자유지만 일상어의 의미란 공동체와의 의사소통을 목적으로 하기 때문이다. 다만 그 공동체에서 아무도 생각해내지 못한 방식으로, 그러면서도 그 공동체의 규칙에 맞는 방식으로 텍스트를 새롭게 해석하는 것은 허용된다. 그 공동체에서 아무도 그런 생각을 못해봤다 해도 그런 해석은 정확하다고 인정받는다. 가장 이상적인 실험은 다음과 같다. 자신이 해석한 내용을 그 공동체 구성원들에게 얘기했을 때, 그들이 "아, 그렇군요! 맞아요! 우리는 한 번도 그렇게 해석할 생각을 못했는데, 당신 얘기를 들어보니 분명히 그게 맞아요. 우리의 의미규칙에 따르면 분명 그런 해석이 나올 수 있지요." 하고 말한다면 당신의 해석은 정확한 것이다. 그런데 만일 그들이 "네? 뭐라고요?" 또는 "그건 말도 안돼요"라고 반응한다면 이는 당신의 해석이 틀렸다는 말이다. 그런데 사실 틀렸다고 말한 그게 정확한 해석이면서 그 공동체의 규칙과도 부합하는 경우도 있다. 다만 일부 언어 사용자들이 너무 서툴러서 제대로 의미를 파악하지 못하거나 텍스트가 너무 난해해서 미처 그 의미를 간파하지 못하는 상황도 있기 때문이다. 그래서 다음과 같이 정리해 볼 수 있다. 해석은 그 언어공동체가 부여한 규칙, 또는 부여할 수도 있는 규칙을 위반하지 않아야만 정확하다고 할 수 있다.

이 설명이 맞다면 한 편의 글을 두고 두 가지 이상의 정확한 해석이 가능한가를 두고 벌이는 논쟁도 해결된다. 두 가지 이상의 정확한 해석이 가능하려면 어떤 해석이든 다른 해석만큼 정확하다는 입장을 전제하거나 그렇다고 받아들여야만 한다. 하지만 여기서 우리가 알 수 있는 것은 한 텍스트에 대해 두 가지 이상의 해석이 가능하려면 그 해석들이 언어공동체의 의미구성 규칙에 부합해야 하며, 그래서 어떤 해석은 분명 틀리다는 사실이다.

한 편의 말이나 글이 두 가지 이상의 의미로 읽히는데는 분명한 이유가 있는데, 이는 사람들이 실제로 단어를 사용하는 방식과 관련이 있다. 이런 현상은 언어 사용에 필요한 에너지나 노력을 최소화하려는 경향에서 비롯된다. 예를 들어 세 가지 일을 하려면 세 가지 동작을 해야 하는데 한 가지 동작만으로 그 세 가지 일을 하는 방법이 있다면, 누구나 행동의 경제성을 포기하지 않을 것이다. 누구나 말 한 마디나 글 한 편으로 두 가지 이상의 메시지를 보낼 수 있다는 사실을 잘 안다. 그렇기에 편지의 우표 값을 아끼기 위해서라도 자연스레 그 사실을 적극 활용하기 마련이다. 그래서 우리는 단어나 문장을 활용해서 상대방의 머릿속에 두 가지 영상을 떠오르게 할 수 있다. 혹은 두 사람이 각자 다른 영상을 떠올리게 할 수도 있다. 다시 설명해 보겠다. 이는 앞서 설명했던 해석의 정확성과 상충되지 않는다. 이 두 가지 영상은 무작위로 떠올린 과거의 영상들이 아니라, 언어공동체의 규칙을 통해 만들어진 바로 그 영상들이다. 한 편의 말이나 글이 누군가의 머리속에 하나가 아닌 두 개의 합법적인 영상을 떠오르게 하는 이유는 언어공동체의 유연하고 반복적인 특징 때문이다. 그렇다해도 여전히 잘못된 영상들도 있기 마련이다.

신비평주의자 일별하기

신비평주의(The New Criticism)는 진짜 알맹이를 추구했다. 그들은 텍스트의 진실한 의미만을 알고 싶어했다. 그런 태도는 분명 바람직하다는 생각이 든다. 나도 진실을 원하기 때문이다. 단, 진실에 다가서려면 그들이 신성하게 여겼던 잘못된 관행을 일부 폐기해야 할 것 같다. 물론 나도 그들이 추구했던 목표를 그들이 추구했던 방식으로 달성하고 싶다.

　진실한 의미를 추구했던 신비평가들의 위대한 업적은 진실을 미리 가정하지 않고 실증적으로 철저하게 탐색했다는 점이다. 그들은 작가나 학자들처럼 기존에 텍스트의 의미를 독점해왔던 소수의 전문가 집단으로부터 해석의 권리를 빼앗아왔고 작가마저도 자신이 쓴 텍스트의 의미를 오해할 수 있다고 주장했다. 당연 이는 정당한 주장이다. 탁월한 학자라고 해서 작가의 주제 의식이나 당대의 시대정신을 분석하고 이를 바탕으로 어떤 특정 텍스트의 의미를 함부로 단언해서는 안 된다. 다시 말해 텍스트의 의미가 오직 하나로만 해석될 수 있다는 가정은 틀린 것이다.

신비평주의자들은 텍스트의 밖이 아닌 그 안에서 의미를 찾아냈고 작가나 학자도 의미를 잘못 해석할 수 있다는 사실을 보여주며 해석의 전쟁에서 승리를 거두었다. 하지만 그들은 의미를 오직 텍스트 안에서만 찾아야 한다는 실수를 저지르고 말았다. 해석의 오류가 너무 두려웠는지, 아니면 그들 스스로 설정한 작품 분석의 기준이 너무 높아서였는지 그들은 감히 저자의 머릿속에 다시 들어가보거나 실제 독자들의 머릿속을 들여다볼 엄두를 내지 못했다. (저명한 신비평가였던 I. A. 리처즈는 그 내부를 잠시 들여다보고 그만 겁에 질리고 말았다.) 누군가의 복잡다단한 머릿속에 아예 발을 들이지 않는 게 나을 수도 있지만, 사실 의미라는 건 언어공동체의 의식 속에서 벌어지는 사건들에 분명히 영향을 받는다. 그리고 의미의 규칙은 공동체의 생각에 따라 그리고 시간의 흐름에 따라 끊임없이 변하기 마련이다.

불변의 진실을 찾으려는 욕망으로 인해 그들은 단어의 실제 의미보다 더 확고한 진실을 찾을만한 방법을 강구했고, 결국 단어나 문장에는 오직 하나의 의미만 존재한다고 믿게 되었다. 하지만 당시 가장 탁월하고 명석한 독자였던 탓에 그들은 텍스트의 정확한 의미를 거의 모두 발견하게 되었다. 하지만 역설적으로 그들은 거의 모든 텍스트에서 역설, 긴장, 모순과 마주하지 않을 수 없었다. 한 편의 텍스트에 역설과 모순이 실제로 존재하는 경우가 있다. 하지만 이런 문학장치는 별도의 의미를 함축하기보다는 있는 그대로 자명한 의미를 표현한건지도 모른다.

　하지만 역설이나 모순을 탐색하는 그들의 태도에도 분명 장려할 만한 점이 있다. 그들이 분석하고 해석했던 대상은 대부분 위대한 문학 작품이었고, 내가 보기에 예술 작품의 특징은 바로 작품을 형성하는 요소나 장치들 간의 유기적 통일성이라고 볼 수 있기 때문이다. 작가가 성공적으로 작품 속 모든 의미들을 유기적으로 통일시켰다고 믿어야만 독자는 실제 작품 속에 존재하는 그 통일성을 발견할 가능성이 높아진다. 신비평가들은 그런 좋은 작품들을 많이 발굴했다. 하지만 너무 성급하게 작품의 유기적 통일성을 찾아내려다가 그만 그들만의 고질적인 단점을 노출시키고 말았다. 즉 그들은 유기적 통일성을 밝혀내지 못하는 해석을 도무지 용인할 수가 없었다. 특히 단순하고 강렬한 감정에 대한 독창적이거나 순진한 해석을 견디지 못했다. 텍스트에 실제 존재하는 유기적 통일성을 찾고 싶다면, 적어도 그렇게 정말 존재한다고 믿어야 한다. 하지만 유기적 통일성을 찾으려면 우선 텍스트에 존재하는 모든 의미들을 찾아내야하고, 아무리 유기적 통일성을 해친다해도 자신이 파악한 의미들이 실제 존재한다고 가정해야 한다. 하지만 신비평가들은 역설의 부재는 물론 유기적 통일성의 부재를 감내할 만한 의지가 전혀 없었다.

　불신전략은 의미 해석에 전혀 도움이 되지 않는다

그런데 말이나 글과 관련해서 분명한 사실이 하나 있다. 확실하고 상식적이며 근거가 있는 사실 말이다. 그것은 언어공동체가 기존의 규칙을 위반하지 않으면서 의미를 부여할 수 있어야만 해석이 정확하다는 것이다.

하지만 불신전략은 의미를 정확히 해석하는데 전혀 도움이 않는다. 비평가는 시의 의미를 두고 그릇된 주장을 펼칠 수 있고, 학생은 책의 의미를 두고 그릇된 주장을 펼칠 수 있으며, 나 자신 또한 어떤 말의 의미를 두고 그릇된 주장을 펼칠 수 있다. 그럼에도 불신전략은 그런 주장이 오류라는 사실을 입증하지 못한다. 의미를 다루면서 어떤 주장이 오류라고 밝힐 수 있는 규칙은 존재하지 않기 때문이다. 누군가 말이나 글에 의미를 부여할 때 그것이 틀렸다고 주장하는 건 늘 시간낭비에 불과하다. 부정적인 논증은 전혀 소용이 없다.

누군가가 나서서 내가 제안하는 의미가 자기 모순적이라고 지적할 수 있다. 실제 그 지적 그대로 의미의 모순이 있을 수 있다. 그럼에도 한 편의 글을 정확하게 읽고 해석하는 예외적인 상황도 존재한다. 누군가 나의 해석이 우리가 이미 알고 있는 의미나 아니면 충분히 믿을 만한 의미와 상충된다고 주장할 수 있다. 그리고 이런 주장에도 두 가지 모순점이 존재할 수 있으며, 그 결과 나의 주장은 물론 상대방의 주장 모두가 옳을 수도 있다. 한편의 시를 두고 상대가 나의 해석이 3연에 나타나는 의미와 모순된다고 말할 수도 있다. 물론 그 시의 3연은 나보다는 다른 사람들이 더 정확하게 해석할 수 있다. 상대방은 내가 검은색을 지시하려고 흰색을 의미하는 단어를 사용한다고 지적한다. 하지만 이 시에서 검은색이 실제 흰색을 의미할 수도 있다. 극히 예외에 해당하지만 그 언어공동체의 의미구성 규칙에 부합하는 상황에서는 충분히 가능하다. 하지만 나는 시대정신과 무관하게 전혀 새로운 의미를 발견할 거라고 볼 수도 있다. 당연 글을 쓰는 필자 입장에서 그 사실을 사전에 간파하고 있었던 것은 아니다. 한편 상대방은 어떤 근거도 나의 해석을 뒷받침할 수 없다고 비난하며, 이제 더 이상 내 주장은 들을 필요가 없다고 단언할지도 모른다. 하지만 그렇다고 해서 나의 해석이 결국 틀릴 거라고 단정해서는 안 된다. 분명 텍스트에 존재하지만 그 누구도 주목해지 못했던 의미를 내가 발견한건지도 모른다. 다시 말해, 내가 주목한 의미는 언어공동체의 의미구성 규칙에 부합한다는 점에서는 '합법적'이지만, 무슨 이유에선지 그 언어공동체의 구성원들이 아직 부여한 적이 없는 의미일지도 모른다. 이런 의미는 대부분 파악하기 어렵고 너무 애매한데다 해당 글의 두드러진 의미들과 상충하는 듯 보인다. 그러면 나로서도 그 의미를 명확하게 파악하기 어렵고 내 생각과도 맞지 않아서 내가 그렇게 해석하게 된 근거가 무엇인지 딱 집어 설명하지 못할 수도 있다.

하지만 그런 경우 나도 그 의미를 완전히 잘못 짚었을 가능성이 충분히 존재한다.

사실상 불신전략에 기반한 부정적 논증은 논리와 근거가 필수적인데, 의미를 발견하고 그 의미를 해석하는 경우에 이런 논증은 아무 소용이 없다. 서로 상충하고 모순되는 의미가 존재하기에 그 결과 잘못된 해석을 내릴거라는 근거는 찾아보기 힘들다.

이런 상황은 현재 텍스트 해석의 관행이나 대화 방식과 충돌하는 것처럼 보이지만 다분히 상식적인 판단에 따른 것이다. 어느 하나의 의미만을 강요하지도 밀어붙이지도 않는 "겸손한" 주장은 어떤 불신전략에 밀리지 않는다. 만일 "그 의미는 X가 아니고, Y입니다."라고 말한다면 여러분은 비웃음만 살지 모른다. X 를 부정한들 아무 소용도 없기 때문이다. 하지만 "그 의미는 Y입 니다. 하지만 X인지는 잘 모르겠군요."라며 겸손할 주장을 펼치 게 되면 이도 도무지 반박할 근거가 없다.

혹자는 내가 문학 토론처럼 의미를 풍부하고 특별하게 논의하 는 상황만 언급한다고 생각할 지 모른다. 문학 분석에서는 텍스 트의 의미를 가급적 정확하게 해석하려고 노력한다. 명백한 의 미는 물론 좀더 희미한 의미에 주목해야만 비로소 의미의 통일 성내지는 의미 그 자체가 드러나는 문학작품이 수없이 많기 때 문이다. 하지만 파악하기 어려운 희미한 의미는 일상 언어에서 도 작동하고 있다. 정신분석의 성과는 우리가 아주 '희미하면서 도 상징적인' 의미, 즉 문학 작품 같은 시적인 의미에 매우 민감 하게 주목한다는 사실을 밝혀주었다.

이제 우리는 인생의 곤혹스러운 현실을 이해할 수 있다. 선생 님이나 정신분석가와는 싸워서 이길 수 없다는 사실말이다. 어 떤 의미를 주장하고 나면 그 주장이 틀렸다고 증명할만한 규칙 이 없기 때문이다. 이런 점에서 논쟁의 성패는 대부분 누가 더 권 위있는지, 누가 후원을 받는지, 또는 누구 목소리가 더 큰지, 어 떤 대답이 시대정신에 부합하는지와 같은 요인들에 좌우된다. 그러므로 불신전략을 추종하는 과학자나 실증주의자들이 이 분 야에 발을 들이는 순간 오직 비상식과 극도의 상대주의만이 만 연해 있는 것 같은 느낌을 받게 된다.

신뢰전략의 효과(The Believing Muscle)

우리의 사회에 만연한 불신전략으로 인해 사람들은 불신 능력
(doubting muscle), 즉 모순을 예민하게 감지하는 능력만 발
휘할 수 있고, 신뢰 능력이란 단지 불신 능력이 없는 상태를 의미
한다고 생각한다. 즉 뭔가를 믿는다는 행위는 의심하는 노력을
포기하는 상태, 좋게 말하면 의심하려 노력하지만 결국 실패하는
행위로 간주한다.

하지만 우리에게는 신뢰 능력이란 게 있고, 그것은 불신과는
성격이 다른 능력이다. 다시 말해 자신을 무언가에 투사하며 자
신과 다른 입장에 서는 능력이다. 신뢰 능력을 통해 진리에 도달
하는 방식은 흔히 시각 작용에서 일어나는 사건들로 설명할 수
있다. 우리가 눈을 들어 먼 곳을 바라보다 들판에 있는 어떤 동물
을 보게 된다. 그런데 그 동물의 정체는 잘 모르겠다. 말 같기도
하고 개 같기도 하다. 아마 비슷하게 보이는 다른 동물들도 많을
것이다. 하지만 우리는 의지할만한 별다른 지식 (예를 들어 그
곳이 누구의 땅인지 같은 정보)이 없고, 이 궁금증을 해소할만한
주변의 사물도 없다. 하지만 약 30초가 지나자 우리는 '분명히'
그것이 말이 아니라 개라는 사실을 알게 된다. 어떻게 그 사실을
알게 되었을까? 그런 지식은 과연 어디에서 온 것일까?

대부분 그런 지식은 일종의 부정적인 실험을 거치면서 알아낸
정보가 아니다. 예를 들면 말의 사진 한 장을 들고 내가 본 것과
비교하며 동물간의 불일치와 모순을 찾는 식으로 말이다. 물론
이런 부정적인 절차가 필요한 상황은 분명 존재한다. 예를 들어,
꼬리의 움직임 같은 걸 확인하며 그 차이를 확인하는 경우가 있

다. 하지만 현실에서 우리는 이런 방식을 별로 사용하지 않는다. 대부분의 경우 개와 말 둘 다를 '믿으려고' 또는 여기서는 '보려고' 하다가 개가 더 맞을 거라고 확인하는 과정을 거친다. 이것은 말이 아니라고 반증(disprove)하기 보다는, 개가 맞을거라고 확인(affirm)하는 과정이다. 그 동물을 말이라고 생각하기도 하고 개라고 생각하기도 하다가 결국 개에 더 가깝다는 결론에 이르는 것이다. 이는 순전히 주관적인 시각에서 개의 형상이 더 또렷하게 드러나는 경험이다. 만일 우리가 그 동물을 말로 보려고 하면, 그 모습은 점점 더 흐릿하게 보일 뿐이다. 정리하면 눈에 보이는 동물을 말로 보려고 할 때보다 개로 보려고 할 때 그 시각적 정보가 더 선명하게 드러난다고 말할 수 있다. 말보다는 개의 모습으로 더 잘 보인다는 것이다.

일단 어떤 주장을 믿게 되면, 우리는 점점 그 주장에 더 가까이 다가설 수 있고, 그 주장을 토대로 혹은 그 주장을 '통해서' 더 많은 것이 보이기 시작한다. 또한 그 주장을 가설로 이용하여 더 높은 경지에 올라서서 더 많은 것을 보고 이해할 수 있으며, 마침내 그 주장의 진실을 한층 더 확신하거나 완전히 확신할 수 있는 지점에 다다르게 된다.

이는 불신전략을 버려야만 비로소 가능하다. 의심부터 하기 시작했다면 너무나 많은 논리적 공백과 비상식적인 전제들이 눈에 띄었을 것이고, 결국 그 주장 자체를 내팽개치고 말았을 것이다. 그러므로 어떤 주장이든 그 주장에 최대한 가까이 다가서야만 그것이 정말 진실하다는 충분한 근거와 이해의 가능성과 마주할 수 있고, 그러려면 우선 그 주장을 있는 그대로 믿어야 한다.

신뢰전략을 활용해서 텍스트를 정확하게 해석하는 상황을 생각해보자. 당신은 그 텍스트가 X를 의미한다고 믿는다. 다른 어떤 사람은 그것이 Y를 의미한다고 믿는다. 그런데 당신이 틀리고 다른 사람이 맞다고 해보자. 이런 일은 흔하게 벌어진다. 그런데 처음에는 둘 다 그 사실을 모르고 있다. 문제는 당신이 어떻게 진실에 다가가고 자신의 오류를 버리는가이다. 당신이 불신전략을 절대적으로 신뢰한다면 두 사람의 주장은 도무지 합의에 이르지 못하게 된다. 이런 상황에서 논증의 성패는 각자의 화려한 언변에 달려있지 진실과는 아무 연관성도 없어 보인다. 어떤 시점에 가면 두 사람 모두 이 사실을 실감하고 자신의 강점에만 집착하게 된다. 그래서 결국 논증은 사소한 기법이나 권위에 호소하면서 점차 지루하게 이어지고 만다.

　결국 당신 스스로 텍스트의 의미가 X가 아니라는 사실을 깨달으려면 Y를 믿기 위해 최선을 다하는 수 밖에 없다. 이런 노력에 점차 익숙해지면서 Y가 더 진실에 가깝다는 사실을 이해하고 실감하는 순간이 찾아온다. 이는 마치 개와 말의 모습을 파악하는 사건과 동일하다. 텍스트의 의미가 Y라고 간주할 때 비로소 더 많은 사실들이 드러나고 그 의미도 더 일관성 있고 선명해진다.

　그렇기에 두 가지를 믿었다가, 하나의 주장이 다른 주장보다 더 진실에 가깝다는 사실을 이해하는 과정은 신뢰전략의 지렛대 효과(leverage)라고 부를 수 있다. 하지만 우선 양자 모두를 믿어야 하는데, 그렇지 않으면 이런 지렛대효과는 기대할 수 없고 진실을 판단하는 능력은 더 이상 신뢰하기 어려워진다. 다시 처음으로 돌아가 신뢰전략을 활용해서 텍스트를 해석하는 경우를 살펴보자. 하지만 이번에는 당신의 입장이 조금 까다로운 상황에 있다. 즉 당신이 처음부터 옳았던 것이다. 당신은 텍스트의 의미가 Y라고 믿고 있다. 물론 이번에도 당신은 자신의 해석이 옳다는 걸 모른다. 이제 문제는 Y가 진실이라는 것을 뒷받침할만한 지식을 당신이 어떻게 확보하냐는 것이다. 당신의 유일한 전략은 앞서 소개한 지렛대효과의 사례를 참고하는 수밖에 없다. 다시 말해 텍스트의 의미를 Y로 해석하는 당신의 믿음은 당신 스스로 X라는 해석을 정말로 믿을 때만이 확실하게 드러난다. 당신이 X라는 해석을 그대로 믿고 그리고나서 Y로 돌아와서 Y가 더 진실에 가깝다는 사실을 이해하게 되면 비로소 지렛대효과를 충분히 활용한 셈이다. 그래서 마침내 Y에 대한 당신의 지식이 훨씬 더 견고하고 신뢰할만해진 것이다.

혼자서 이런 이상한 연기를 하며 당신이 지금껏 한 작업은 바로 신뢰전략을 적용해 본 것이다. 결정적인 반박이 불가능한 문학 비평에서 명석한 판단력을 발휘하는 사람들, 즉 우리 같은 보통 사람들보다 더 올바른 판단을 내리는 사람들이 두각을 나타내는 이유는 적어도 내가 보기에 그들 스스로 진실하게 믿는 사람들이라서 그렇다. 다시 말해 신뢰전략을 특별하게 활용할 줄 아는 고독한 선수들이기 때문이다. 그들은 대부분의 사람들보다 더 많은 것을 믿으면서 더 많은 진실을 발견한다. 그리고 우리보다 더 잘 믿는다. 진심으로 믿는 것이다. 앞서 소개한 사례에서 X를 믿으려는 노력을 마지못해 그것도 억지로 한다면, 즉 Y라고 믿는 자신의 신념을 강화하고 싶어서 눈요기로 대충 믿어보는 거라면 그 사람은 X에서 어떤 진실도 발견하지 못할 것이다. 왜냐하면 사실 X가 진실이고 Y가 틀리는 상황에서 당신은 X를 건성으로 믿는 척하다 그만 Y를 잘못 믿어버리게 될 수 있으니 말이다.

불신전략에 사로잡힌 사람은 그것이 아무리 사소해도 논리적 모순이나 허점을 어김없이 알아챈다. 그들은 마치 매우 섬세하고 고도로 발달된 불신 능력을 타고난 것처럼 보인다. 신뢰전략이라고 해서 예외는 아니다. 믿음에 익숙한 나머지 어떤 사람들은 카멜레온처럼 쉽게 다른 사람들의 입장에 서게 되고, 자신과 다른 주장이나 모순적인 주장에서도 진실을 발견하고, 모순이 존재하면 탁월한 은유를 통해 모순을 극복하며, 미처 상상하지도 못한 의미 해석의 모델을 만들어 내기도 한다.

불신전략과 신뢰전략의 차이는 종(class)과 차(difference), 다시 말해 전체와 부분의 차이에 있다고 볼 수 있다. 보편적인 주장(모든 X는 Y다)을 다룰 경우 당신이 사용할 수 있는 버튼은 하나뿐이다. 반박하는(disconfirm) 기능의 버튼말이다. 보편적인 주장을 다루는 가장 신뢰할만한 작업은, 즉, 그 주장이 진실인지 아닌지를 판단할만한 지식을 확보할 수 있는 유일한 작업은 그 주장을 반박해보는 것이다. 하지만 어떤 구체적인 주장, 일종의 구체적인 의미의 경우 유용하게 사용할 수 있는 나머지 버튼이 있는데, 이는 확증(affirm)의 버튼이다. 구체적인 주장이나 의미를 다루면서 가장 설득력 있는 작업은, 다시 말해, 이런 혹은 저런 의미가 텍스트에 실제 존재하는지 알아보려면 그런 주장을 있는 그대로 받아들이고, 그 의미를 그대로 느껴보는 것 뿐이다.

신뢰전략의 핵심 원리는 우리가 어떤 실수를 하더라도 이를 바로잡기 위해서는 일단 긍정하고, 있는 그대로 믿고, 반박하지 않는다는 것이다. 우리가 흔히 저지르는 두 가지 실수는 맹목(blindness)와 투사(projection)이다. 맹목적인 태도로 인해 실제로 존재하는 의미를 보지 못할 수 있고, 분명 이런 문제를 해

결하려면 미처 보이지 않았던 의미가 드러날 그런 의미가 있다
는 주장을 일단 믿어보는 것이다.

그리고 자기도 모르는 사이에 일어나는 투사작용, 다시 말해
실제 존재하지도 않는 의미가 있다고 착각하는 경우가 있다. 이
문제를 해결하고 싶다면 앞서와 마찬가지로 더 나은 관점에서
바라보며 자신의 착각을 깨달을 때까지 그 의미를 다르게 해석
하는 여러 주장들을 인정하고 믿어보아야 한다. 물론 이게 완벽
한 해결책은 아니다. 하지만 신뢰전략만이 유일한 희망이 될 수
있다. 텍스트를 제대로 이해하고 싶다면 자신의 환상에서 벗어
나야 한다.

나는 신뢰전략이 문학비평의 현실을 정확하게 이해하도록 보
여준다고 믿는다. 물론 신뢰 방식에도 치명적인 단점이 있다. 고
집스레 자신의 해석에만 집착하는가 하면 당대의 시류에 영합하
거나 권위자의 의견에 맞추어 자신의 생각을 바꾸기도 하기 때
문이다. 그렇다고 해서 비평이나 해석이 늘 자의적이고 주관적
인 것은 아니다. 독자 집단이 X가 Y보다 더 나은 해석이라고 인
정한다면 대부분 그 입장이 맞다. 반론에 부딪쳐 고전하기도 하
지만 독자 집단이 신뢰전략을 사용했기 때문이다. X라는 주장을
두고 그들이 그 주장에 동의하려고 노력했고, 그 주장을 들여다
보았고, 그 주장에 맞추어 보았고, 그들 모두가 그 풍성한 결과에
감명받았다. 개를 볼 때와 마찬가지로, 그들이 텍스트의 의미를
X로 볼수록 그 텍스트의 세부사항과 통일성이 두드러지게 드러
났다. Y의 경우, 그들은 최선을 다해 그 주장에 동의했고, 그 주
장을 자세히 그리고 주장에 맞추어 보고 믿어보려 했지만, 이런
노력의 결실은 초라하기만 했다. '말'을 볼 때처럼 여전히 흐리

고 희미하게만 보였기 때문이다.

그러므로 훌륭한 비평가의 역할은 잘못된 해석을 불신하고 반박하는게 아니라 올바른 해석을 알리는데 있다. 좋은 독해는 좋은 렌즈와 같다. 우리는 '렌즈'를 보는게 아니라 그것을 통해 텍스트의 의미를 더 많이 보는 것이다. 잘못된 해석은 단순히 반박되거나 훼손되는게 아니다. 다만 텍스트를 제대로 '분석'하지 못하기에 결국 사라지고 마는 것이다.

우리는 형태를 인식하듯 의미를 파악한다

논의의 범위를 좀 넓혀야겠다. 지금까지 나는 단어나 문장들의 의미에 대해서만 이야기했다. 잘못된 해석을 반박하지 못하는 이유가 마치 단어의 단어나 문장들의 특수성 때문인 것처럼 말이다. 불신전략은 하등 쓸모가 없고 신뢰전략은 의미를 주장하는 상황에서만 적용할 수 있는 것처럼 말이다. 하지만 나는 나의 입장이 문학만이 아니라 다양한 인문학과 사회과학의 방법에도 적용된다고 믿고 있으며, 심지어 토마스 쿤이 과학의 패러다임으로 명명한 과학적 논쟁에도 적용될 수 있다고 본다.

신뢰전략을 설명하려고 말과 개를 구분하는 시각의 사례를 소개했다. 혹자는 단어나 문장에서 의미를 발견하는 과정과 저 멀리 있는 동물을 식별하는 과정은 전혀 다른 문제라고 반박할지도 모른다. 하지만 두 가지 모두 게슈탈트(gestalt, 형태)를 발견하는 행위로 볼 수 있다.

게슈탈트는 그림이나 풍경에서 발견하는 어떤 의미있는 형

태, 모양, 또는 구조이다. 게슈탈트를 인식하면서 우리는 단절되
고 흐릿하고 그 정체가 뭔지 모를 윤곽이 아니라 어떤 통일된 대
상으로 보게 된다. 착시현상은 게슈탈트를 정의하는 형태지각
(gestalt-building) 현상을 잘 설명해준다. 예를 들어, 아래에
보면 선으로만 된 그림이 있는데 어떻게 보면 술잔 같고 또 어떻
게 보면 마주보고 있는 두 사람의 옆 모습 같다. 하지만 이 두 가
지가 동시에 보이지는 않는다. 게슈탈트가 바뀌면 전체 윤곽이
변하면서 전혀 다른 형태의 사물로 보이게 되는 것이다.

게슈탈트를 만들거나 보는 것은 무척 중요한 시각활동이다. 우
리는 일반적인 풍경이나 그림 뿐 아니라 부서지거나 단절된 대상
도 유기적으로 통일된 대상으로 보는 경향이 있는데 이것은 게슈
탈트 심리학이 밝혀낸 중요한 사실이다. 시각적 착오는 통일성을
제거하기도 하지만 정반대로 통일성을 부여하기도 한다. 보는 행
위는 본질적으로 조각들을 모아 전체를 구성하는 조합행위인 것
같다.[8] 소리에서도 똑같은 현상이 일어난다. 어떤 소리가 마치 끊
어진듯 들려도 우리는 이를 의미있는 멜로디나 소리로 듣는 경향
이 있다.[9]

　여러 단어들이나 문장들 속에서 의미를 발견하는 과정에서도

똑같은 일이 벌어진다. 단어는 무의미한 의미반복과 모호함으로 가득 차 있고 (사실 이 점이 의사소통을 효율적으로 만든다), 한 번 말을 하게 되면 거기에는 통상 17개의 단어가 사용된다. 그리고 각 단어마다 다시 서너 개의 의미를 나타낼 수 있다. 따라서 누군가의 말을 들으면 우리는 각 단어들에 함축된 확정되지 않은 다양한 의미들을 검토하며 가장 적합한 의미를 찾아내야 한다. 물론 말 전체도 막연하기는 마찬가지다. 읽거나 듣는 행위는 의미 차원에서 가장 일관성이 높은 게슈탈트를 구성해야 한다는 점에서 보는 행위와 별반 다르지 않다. 그렇다면 단어나 문장들의 조합에 의미를 부여하는 작업은 형태구성(gestalt-making)이라는 보편적인 인간 활동의 일부분이다. 말을 하고 글을 쓰는 것처럼 자료를 취합하고 설명을 부여하는 행위 또한 형태구성의 일부분인 셈이다.

불신전략이 형태를 인식하고 설명하는 과정에 효과를 발휘하려면 두 가지 특수한 규칙을 받아들여야 한다. 1. 단 한 가지 형태 인식 또는 단 한 가지 형태 해설만이 허락되고, 그것은 모든 자료를 활용해야 한다. 2. 어떤 하나의 정확한 형태 인식과 형태 설명은 다른 것과 상호 모순되지 않을 수 있다. 이 두 가지 규칙을 제대로 적용할 때 불신전략은 그 효과를 발휘한다. 즉, 어떤 게슈탈트(형태 인식이나 형태 설명)가 틀렸다고 반박하려면 해당 게슈탈트가 일부 자료를 사용하지 않았다거나 다른 정확한 게슈탈트와 상충한다는 것을 보여주면 된다.

하지만 이런 규칙들을 꼭 받아들일 필요는 없다. 내가 보기에 현실 세계는 물론 문학작품을 애써 읽는 순간에도 이런 규칙들을 적용할 일은 거의 없기 때문이다. 어떤 게슈탈트도 모든 자료

를 완벽하게 설명하는 경우는 없으며, 하나의 게슈탈트만 적용
되는 분야도 여간해서는 찾아보기 힘들다.

실험실 쥐의 허구

플라톤은 인간의 삶을 동굴의 비유를 통해 설명했지만, 나는 심
리학 실험실의 허구를 통해 설명하고 싶다. 우리는 원과 직사각
형만 보도록 훈련 받은 쥐와 같다. 그런 우리에게 타원을 보여주
면 어떻게 될까? 길고 뾰족한 타원이라면 우리 눈에는 직사각형
으로 보일 것이고, 둥글고 부드러운 타원이라면 원으로 보일 것
이다. 우리 눈에는 타원은 전혀 보이지 않는 셈이다. 우리에게는
타원이라는 형태가 존재하지 않기 때문이다. 물리학자들은 빛을
'입자와 파동'설로 설명하는데 그들의 논리를 타원에 적용해보
자. 과학자들이 아직 타원이라는 개념을 발견하지 못했다. 하지
만 적어도 그들이 목격하는 형태는 원이면서 직사각형이라는 판
단력은 갖추고 있다.
　물리학자들이 그렇게 판단하는 이유는 그들이 문학평론가나
정치학자들보다 더 똑똑해서가 아니라 그들이 불신전략이 더 잘
들어맞는 조건에서 작업하기 때문이다. 그들은 빛에 대한 인상
을 충분히 반박가능한 주장으로 펼쳐 나갈 수 있다. 문학 연구와
비교하면 과학은 오류를 주장하는 작업이 훨씬 유리한 분야이다.
그들이 보는 것은 단순히 직사각형도 아니고 그렇다고 원도 아
니다. 마치 빛이 단순한 파동이나 단순한 입자가 아닌 것처럼 말
이다. 그들은 불신전략을 충분히 발휘해서 빛은 파동이며 입자

라는 주장에 도달한 것이다. 그러므로 언젠가 그들이 계속 바라 보고 있는 것이 다름 아닌 타원이라는 사실에 도달할 가능성이 있어 보인다.

하지만 문학비평가나 정치학자들의 경우, 그들이 보고 있는 것이 직사각형이냐 원이냐 하는 논쟁은 영원히 계속될 여지가 다분하다. 그들에게는 오류를 증명할 수 있는 별도의 규칙이 없기 때문이다. 그들은 물리학자들이 파동모델과 입자모델 모두에게 오류가 있음을 증명한 것처럼 상대방의 모델에 오류가 있음을 증명할 수 없을 것 같다. 그래서 그들은 신뢰전략을 적용하기 전에는 계속 그것을 직사각형으로 보거나 원으로 볼 것이다.

상호작용하는 신뢰전략과 불신전략

이 두 전략 모두 진실에 다가서는 강력하고 중요한 방식이지만 신중하게 사용하지 않으면 안 된다. 불신전략이나 신뢰전략을 적용했다고 해서 무조건 오류를 피할 수 있는 것은 아니기 때문이다. 최선을 다해 진실에 다가서고 싶다면 각 활동은 다양한 절차로 구성된 하나의 체계 속에서 작동해야 한다. 이견이나 모순에 민감한 불신전략은 논증의 규칙을 작성하고, 주장들이 논리에 부합할 수 있게 다양한 형식으로 전환하고, 주관성과 거리를 유지해야 한다. 특히 일견 합리적으로 보이는 주장들을 의심하고, 상반되는 주장들에 맞서 시비를 가릴 수 있어야 한다. 마찬가지로 신뢰전략이 효과를 발휘하려면 논리정연한 논증의 형식을 갖춘 후에 해당 규칙을 충실하게 따라야한다. 절대 반박하지 말고 모든 주장을 있는 그대로 수용하되 특히 이상하고 불쾌한 주장까지 믿을 수 있어야 한다. 나와 다르게 생각하는 사람들의 속내를 헤아리려 노력해야 하며, 이를 위해 건조한 주장을 은유적인 언어로 바꿔봐야 한다. 무엇보다 다른 사람들도 당신의 입장에 동조하도록 유도하고 이런 작업을 장기간 지속해 나가야한다.

요약하자면, 신뢰전략과 불신전략은 서로 변증법적으로 상호작용하는데, 이는 생각을 실험하는 장소이며 흥정이 이뤄지는 시장이고 근거를 찾아가는 실험실에 해당한다. 이 두 전략은 자기 오류를 바로잡고 근본적으로 오류에 취약한 인간의 성향을 극복하기 위해 치밀하게 설계된 절차라고 말할 수 있다.

신뢰전략을 활용하는 집단은 서로가 더 많이 믿고, 더 많이 느끼고 경험하도록 도와주며, 그 결과 최소한의 합의에만 만족하는 안일한 태도에서 벗어나야 한다. 예를 들어, 한 집단 내에서 다수의 사람들이 4번과 5번 주장이 가장 믿을 만하며 진실에 가장 가깝다고 생각하고 있다. 반면 8번 주장은 그 누구도 받아들이지 않는다. 그런데 누군가 한 명이 4번과 5번 주장은 매우 설득력이 있긴 한데 왠지 8번 주장에 마음에 가고 그 주장이 진실에 가장 가깝다고 믿는다. 신뢰전략을 적용한다면, 그는 나머지 사람들도 8번 주장을 자신처럼 이해하고 해석할 수 있도록 노력해야 한다. 그는 자신이 생각한 것을 남들에게 자세히 설명하면서 그들도 자신의 입장에 서 보게 할 수 있다. 어쩌면 8번 주장이 유일한 진실일지도 모른다. 하지만 남들도 그렇게 믿게 하려면 서로 논쟁이나 반박은 삼가하고 그 주장만이 옳다고 서로 인정하거나 밀어붙여야만 한다. 이렇게 볼 때 남들과 함께 하면서 모두가 시간과 노력을 투자하고, 한 사람의 입장을 모두에게 전달하고, 서로 같은 입장을 확인하는 작업은 처음에는 파악하기 힘들었던 진실을 간파하게 만들 뿐만 아니라 반복되는 자기 편향적인 오류에서 벗어날 수 있도록 도와준다.

하지만 신뢰전략이 최고의 성과를 발휘하려면 충분한 시간이 필요하다. 3개월 이상 꾸준히 노력한다면 처음에는 전혀 수용할 수 없었던 주장마저 이해하고 신뢰할 수 있으며 결국 그 주장 속에 갇혀 있던 진실의 실마리들을 발견할 수 있게 된다. 꾸준히 훈련하면서 다른 사람들의 느낌과 경험을 공유하려고 노력해야 자신의 '선입견'과 편견에서 벗어날 수 있고, 자신과 다른 입장과 주장에 유연하게 반응하고 기존의 무비판적인 반응이나 독선적인 성향에서 한결 자유로워진다. 부정적인 투사(projection)를 중단하려면, 다시 말해 습관적으로 편견과 선입견에 근거해서 보지 않으려면 적지 않은 시간이 필요하다. 마찬가지로 긍정적인 투사, 즉 문장 하나하나에 새겨져 있는 의미를 더 잘 이해하는 데도 오랜 시간의 연습이 필요하다.

나는 불신전략을 주장의 변증법이라고 생각한다. 자신의 생각과 느낌을 나름 주장의 형태로 바꿔갈수록 그 효과는 더 커지기 때문이다. 그리고 신뢰전략은 경험의 변증법이라고 부를 수 있다. 자신의 생각과 느낌을 가급적 충분히 경험할 수 있는 형태로 바꿀수록 더 큰 효과가 있기 때문이다.

이 두 종류의 변증법이 오류라는 함정에서 벗어나는데 어떤 역할을 하는지 살펴보자. 그러려면 내가 보기에 우리의 생각이 자주 빠져드는 세 가지 오류를 자세히 들여다볼 필요가 있다. 그리고 이 두 변증법이 그런 오류를 어떻게 다루는지 살펴보려 한다.

1. 이기심(*self-interest*) : 오랫동안 생각(thinking)은 뭔가를 구성하는 행위라고 믿어왔다. 그런데 오늘날 많은 심리학자들은 인식(perception) 또한 구성하는 행위이며 사고와 인식이 서로 유사하다는 사실을 풍부한 근거를 통해 증명했다. 쉽게 말해, 사고 행위는 질문을 컴퓨터에 넣어서 해답을 도출하는 과정이라기보다는 머릿속에서 무언가를 추측하는 행위라고 할 수 있다. 마찬가지로 인식 행위는 사진을 찍기 보다는 일종의 그림을 그리는 행위에 더 가깝다. 이처럼 사고와 인식이 적극적으로 무언가를 구성한다는 점에서 이기적인 존재는 답을 찾기보다는 답을 만들어낼 가능성이 농후하다. 우리가 남에게서 받을 돈이 세 가지나 되고 그 총액을 머릿속에서 계산해보려는 순간 자기에게 유리하게 계산할 가능성이 농후하다. 심리학자들은 오래 전부터 인간은 자신이 바라는대로 보고 싶어한다는 사실을 증명해왔다. 즉 사진을 찍는 데 만족하지 않고 오히려 자신이 보고 싶어하는 것을 그림으로 그리려는 것처럼 말이다.

불신전략, 즉 주장의 변증법은 자기 자신, 자신의 바람과 편견마저 버림으로써 이기심의 문제에서 벗어난다. 이 전략은 머릿속에서 추측하기보다는 기계적으로 컴퓨터를 사용하는 쪽에 더 가깝게 만들어 버린다. 따라서 최대한 인간적인 요소가 개입할 수 없는 체계를 만든다. 일종의 논리 혹은 규칙을 적용해서 무엇이 가능하고 무엇이 불가능한지를 결정하다보니 당사자가 개입하지 않을수록 더 나은 판단을 얻게 된다. 그리고 인식이나 경험을 논리적인 주장의 형태로 '종이 위에' 표현하면서 섣부른 추측은 봉쇄해 버린다. 추측하지 않고 길고 자세한 계산을 하는 셈이다. 자기 자신을 배제하고 인간적인 요소가 전혀 없는 존재로 변신하게 만든다. 그뿐 아니라 이 전략은 항상 자기 자신과 논쟁을 벌이도록 부추기고, 자신이 틀렸다는 것을 전제로 하며, 자신의 이기심에서 나온 주장에서 허점을 찾게 만든다.

반면 신뢰전략은 자신을 배제하는 게 애초에 불가능하다는 사실을 인정한다. 완전한 객관성은 있을 수 없다는 뜻이다. 이기심에서 벗어날 수 없기에 늘 자신 스스로 이기심의 흔적을 의식하고, 더 나아가 다른 사람들의 이기심을 더 많이 수용하도록 자극한다. 신뢰전략은 그림을 그리는 인식 행위와 추측에 기반한 사고 행위를 지양하지 않는다. 오히려 이 두 행위를 적극적으로 활용한다. 항상 다른 사람들이 그리는 그림과 그들이 추측하는 내용을 따라가도록 요구한다.

2. 흔하게 저지르는 두 번째 오류는 투사(*projection*)다. 외부세계에 존재하지 않는 것이 실제로 보이는 것 같은 착각, 이는 자기 내면세계의 내용을 외부세계에 투사했기 때문에 벌어지는 것이다. 음식을 생각하고 있는 사람은 어디를 가나 음식이 보일 것이다. 이것은 인식과 사고가 무언가를 만들어내는 구성행위이며, 이런 구성행위마저도 이미 과거에 구성된 생각이나 경험을 토대로 만들어진 것이다. 사고와 인식이라는 행위는 우리가 예전부터 알고 있던 기존의 틀을 이용해서 새로운 자료를 구분하고 정리하는 행위에 속한다. 우리 눈에는 우리가 이미 알고 있는 것만 보이니 외부 세계와 접촉을 해도 우리 머릿속에 있는 것들만 보일 뿐이다. 따라서 이전과 다른 새로운 내용을 접하게 되면 이를 익숙한 정보로 간주하거나 아예 못 보는 일까지 벌어지면서 늘 잘못된 판단을 내리기 쉽다.

불신전략은 이런 투사 현상을 최대한 멀리하려고 한다. 이 전략은 투사에서 비롯된 오류를 찾아내고 투사의 주체인 자기 자신을 끊임없이 배제하려고 시도한다. 하지만 투사로 인한 오류는 투사가 벌어지는 생각의 틀에서 벗어나서 완전히 다른 차원에서 바라보지 않는 한, 그것이 오류라는 점을 밝혀낼 수 없는 법이다. 우리가 바라보는 대상을 전혀 다른 시각에서 제대로 보지 못한다면 자신이 투사를 하고 있다는 사실을 아예 깨닫지 못한다. 이렇게 다른 시각은 종국에는 옳다고 증명되겠지만, 처음에는 어김없이 틀린 것처럼 보일 것이다.

신뢰전략은 우리가 투사로부터 자유롭지 못하다는 전제에 근거한다. 그러면서도 투사라는 행위는 진실을 파악하고 이해하는 데 필수적인 과정이며, 정작 문제의 원인은 투사 그 자체라기보다는 경직되고 일방적인 투사 행위에 있다고 본다. 새로운 내용을 제대로 파악하려고 기존의 분석 틀과 범주를 비워내봐야 전혀 소용이 없다. 이는 어리석음을 반복할 뿐이다. 오히려 기존의 범주들을 새롭고 독창적인 순서로 능숙하게 재구성할 줄 알아야 한다. 신뢰 전략은 우리의 마음이 새롭고 색다르며 낯선 내용을 있는 그대로 바라보고 생각하도록 끊임없이 훈련하는 과정이다.

불신전략은 차이와 구별을 통해 지식을 습득하는 모델에 해당한다. 어떤 주장에 결함이 있는지 없는지를 판단하려고 실험대에 올리는 것이다. 그러면서 카메라처럼 내용을 실물 그대로 포착하고 인식한 내용을 논리적인 틀에 맞추어 비교한다. 즉 어떤 정보가 입력되면 이를 정확하게 정립된 모델과 대조하는 과정이다.

신뢰전략은 지식습득에 필요한 구성(construction), 몰입(investment), 개입(involvement)의 행위를 강조한다. 이는 마이클 폴라니(Michael Polanyi)가 "신뢰의 교환(fiduciary transaction)"[10]이라고 말한 내용과 일치한다. 인식 행위는 적절하게 통제된 투사라고 볼 수 있다. 울리히 나이셀(Ulrich Neisser)은 과정의 차원에서 신뢰와 환영은 정확하게 구분하기 어렵다고 지적했다. 신뢰는 옳고 환영은 틀리지만, 양자 모두 기존의 범주와 틀을 기반으로 외부의 자극-정보를 활용해서 지식을 구성한다는 점에서는 일치하기 때문이다.[11]

3. 인간의 마음은 정교함이 부족하여 오류를 일으키기도 한다. 마음은 디지털 컴퓨터보다는 아날로그에 더 가깝다. 일상어로 표현하면 인간의 마음은 딱 이거라기 보다는 '대략' 이 정도라고 표현할 수 있다. 그러므로 이런 유형의 오류를 바로잡는다는 데는 불신전략이 더 효과적이다. 불신전략은 가능한 한 인간의 마음을 컴퓨터 수준으로 향상시켜서 실수나 오류는 없는지 끊임없이 확인하기 때문이다.

신뢰전략은 분명 정확성이 떨어지는 결과를 내놓는다. 하지만 여기서 꼭 강조하고 싶은 사실은 미숙한 사고에 비하면 신뢰전략은 놀라우리만큼 뛰어난 정확성을 보여준다는 것이다. 하지만 이런 미숙한 사고가 잘 드러나는 예는 불신전략이 전혀 효과가 없는 상황에서 불신전략을 고집하는 행위라고 할 수 있다.

두 가지 변증법

누군가에게 억지로 신뢰전략을 강요하는 건 사실상 불가능하다. 그 사람이 진심으로 모든 주장을 있는 그대로 액면 그대로 믿고, 반박하지 않으며, 다른 사람의 생각이나 경험에 몰입하지 않는 한 억지로 그렇게 만들 수는 없다. 아무리 밀어붙여도 달리 방법이 없다. 그저 안타까울 뿐이다. 마찬가지로 누구에게든 논리규칙과 불신전략만을 사용하라고 밀어붙일 수도 없다. 물론 그게 가능해 보이기도 하지만 그러려면 불신전략의 규칙만을 따라야만 지식인의 모임에 입장할 수 있다는 조건이 붙어야 한다. 그리고 그런 조건이라면 엄청나게 많은 사람들이 그 모임에서 배제되고 마는데, 그들은 어린 시절 철저하게 짜여진 규칙 위주의 방식으로 진실을 찾았지만 언제부턴가, 아마 학교에 다니면서, 그런 방식은 더 이상 즐겁지도 않고 오히려 짜증만 유발한다는 사실을 잘 알고 있다. 그런 사람들에게 정작 본인이 원치 않는 방식으로 작업하도록 강요할 수는 없다.

불신전략에서 비롯되는 불필요한 마찰은 그것만이 유일한 전략이라고 생각하는 사람들 때문이다. 다방면으로 신뢰전략을 연구하며 얻은 가장 중요한 성과는 불신전략이 그저 선택가능한 하나의 방식에 불과하다는 것, 다시 말해 그래서 유일한 방식은 아니라는 깨달음이었다.

농구경기를 하는데 누군가가 혼자 공을 가지고 드리블도 하지 않고 점수도 틀리게 매긴다면 여러분은 경기를 계속 이어가면 안 되고 실력행사를 해야 한다. 그 사람을 붙잡아 집어 던지거나, 아니면 포박을 해서 가둬놓거나 혹은 고함을 질러대거나 아예 내일은 그와의 경기는 포기하거나 할 수 있고 그것도 아니라면 그를 설득해서 경기를 다시 시작할 수도 있다. 이런 점에서 나는 신뢰전략이 불신전략보다 본질적으로 우월하다고 본다. 이 두 전략 중에 어느 전략도 제대로 작동하지 않을 때 그나마 당사자들이 계속 대화를 이어가게 만드는 전략은 바로 신뢰의 기술이다. 제 3자의 관점에서 허점을 찾기보다는 타인의 생각과 경험을 공유하는게 더 낫기 때문이다.

나는 규칙에 반대하기보다는 오히려 규칙에 찬성하는 주장을 하고 있다. 게임의 활력과 재미는 미리 정해진 규칙을 따를 때만 드러난다. 즉 게임의 즐거움은 마치 의식과 같은 과정 그 자체, 그 일관성과 짜임새에 있는 것이지 경기의 최종 목표나 내용에 있는 게 아니다. 경기를 주도하는 활력과 열의는 규칙과 틀을 따르는데서 나온다. 경기는 당연 규칙이 지배하는 세계이지, 잠시 방어본능을 내려놓고 삶의 해방감을 느낄 수 있는 세계가 아니다. 신뢰전략과 불신전략은 사회적으로 상호작용하는 과정이다. 언어와 논증은 원래 여러 사람들이 참여했던 대화나 토론을 점차 혼자서도 할 수 있는 과정으로 발전시켜온 과정이다. 당연히 소크라테스도 논증이란 상호작용하는 과정으로 생각했다. 바로 그런 이유때문에 그는 책을 쓰지 않았다. 그래서 불신전략은 자신 혼자보다는 여러 사람이 동시에 구사할 때 효과가 더 크다. 다만 우리가 이 전략을 지나치게 그것도 너무 오래 당연시해왔고 너무 자주 사용했기 때문에 혼자 있을 때도 신뢰전략보다는 불신전략에 훨씬 더 익숙해져 있을 뿐이다. 하지만 신뢰전략을 더 자주 연마할수록 점점 더 많은 사람들이 혼자서도 이 전략을 능숙하게 구사하게 될 것이다. 또한 신뢰전략은 개인보다는 집단 속에서 더 극적인 효과를 발휘할 수 있어서 본질적으로 더 바람직한 사회적 의미를 갖게 될 것이다.

지식세계에 들어서려는 사람들에게 지성인들은 불신전략을 적극적으로 사용하라고 요구하지만, 이는 바람직한 태도가 아니

다. 예를 들어, 오직 신뢰전략만 사용하도록 요구하고, 이를 거부
하기라도 하면 아래처럼 비난을 쏟아 붓는게 과연 바람직할까?
"당신은 정말 멍청한데다 비합리적이고 그저 자기밖에 몰라. 마
치 어린 애가 무서울 때마다 꼭 쥐고 사는 담요처럼 그저 자기만
의 환상만 붙잡고 있거든."

　이제 지금까지 논의한 내용을 학교나 대학 현실에 적용하고 나
름 중요한 실마리를 찾아보자. 이 전략은 상호보완적이고 상호
이익을 가져다준다. 하지만 그 두 전략을 동시에 사용할 수는 없
다. "철저하게 비판적으로 따져보고, 동시에 상대 주장을 좀 더
많이 포용하고 믿어봅시다."라고 말할 수 없다. 이는 우리가 진
정 원하는 바이지만, 그게 지금 당장의 목표가 되어서는 안 된다.
그렇게 되면 결국 모든 게 복잡하게 꼬이고 만다. 누구든지 의심
의 여지가 있으면 주저하지 않고 의심하게 되지만, 의심하고 싶
지 않은 것만큼은 절대 문제삼지 않으려고 한다. 또한 믿기 쉬운
것은 바로 믿게 되지만 낯설고 이질적인 것을 있는 그대로 받아
들이려는 모험은 절대 하지 않으려 한다. 이 두 전략은 엄격한 기
준에 따라 실행해야 한다. 즉, 열정어린 모임과 명확한 체계 그리
고 꾸준한 노력을 요구하는 강제적인 활동이 뒷받침되어야 한다.
명확한 목표가 있어야 시작과 끝이 있는 법이다. 일주일에 한두
시간씩 신뢰전략과 그 규칙들을 철저하게 실행해본다. 그러고나
서 다시 한두 시간은 불신전략을 실행하는데 할애한다. 그야말
로 혁명적인 변화를 경험하게 될지 모른다.

신뢰전략 연습하기 : 서둘러 마무리짓지 말아야 한다

교사 없는 글쓰기 모임은 신뢰전략을 구사할 수 있는 완벽한 실험실이다. 하지만 나는 이를 일반 학교와 대학은 물론 지적 활동이 요구되는 모든 분야에서 활용했으면 좋겠다. 하지만 그게 가능하려면 각별한 주의가 요구된다.

　내가 신뢰전략을 옹호하는 이유는 그래야 편안하게 친목을 다질 수 있어서도 아니고, 아무래도 불신전략이 전혀 성과가 없어서도 아니다. 다름 아닌 신뢰전략이 진실을 찾아가는데 도움을 주기 때문이다. 즉 올바른 답을 도출할 수 있는 방법인 셈이다. 하지만 신뢰전략을 구사할 때 명심해야 할 원칙이 하나 있다. 바로 정답을 찾으려는 충동을 가급적 억제해야 한다는 것이다.

　우선, 신뢰전략을 구사하는 모임이라면 두 세 달 만에 믿을만한 해답이나 결론에 도달하는게 쉬운 일이 아니다. 신뢰전략은 오히려 시간을 두고 서서히 지적 유연성을 달성하고 성장하는 훈련 과정으로 볼 수 있다.

　또한 해답을 찾다보면 논쟁과 설득, 반박과 증명처럼 자기 주장만 고집하는 수가 자주 있다. 예를 들어, "그럼 제 생각이나 판단이 결국 맞는 거 아닌가요?"라고 물어보는 것처럼 말이다. 조급하게 결론에 다가갈수록 분쟁이 초래되기 쉽다. 그러므로 신뢰전략을 구사한다면 서둘러 해답이나 결론을 찾으려 해서는 안된다.

　따라서 신뢰전략을 적용한다면 자신이 추구하는 진실은 무엇이고 언제 그 진실과 마주하고 싶은지 냉정하게 고민해야 한다. 이런 질문에 솔직하게 대답할 수 있다면 자신이 원하는 진실이 생각처럼 그리 완벽할 필요는 없다는 점을 알게 될 것이다.

당신이 원하는 진실은 무엇인가? 오염된 진실이 있는가 하면 순수한 진실이 있는데, 신뢰방식은 대부분 오염된 진실을 수용한다. 오류가 섞인 진실 말이다. 많은 사람들은 오류가 섞인 진실은 진실이 아니라고 할 것이다. '진실'이라는 말할 때 우리는 확실한 것(certainty)을 떠올린다. 하지만 이런 생각은 자칫 착각을 일으킨다. 만일 우리에게 세 개의 해답이 있는데, 그 중 하나만 진실하다고 하자. 그렇다해도 우리는 분명 진실을 갖고 있는 셈이다. 비록 그 중 어느 것이 진실인지 모른다해도 말이다. 마치 궤변처럼 들리겠지만 절대 궤변이 아니다. 그 이유는 다음과 같다. 1. 진실과 오류가 혼재된 해답 꾸러미일지라도 그 안에는 분명 진실한 해답이 있는 것이다. 지나치게 까다롭게 굴면서 아예 시작부터 진실과 거짓을 구별하는데 몰두하다가는, 최고라고 할 만한 정확한 판단의 기회를 놓쳐버릴 수 있다. 물론 모임에 참석한 일부 회원들까지 말이다. 2. 해답 꾸러미 안에 진실이 들어있는 한, 그 진실로부터 분명 배우는 점이 있다. 아직 어떤 게 진실인지 모르는데도 말이다. 그 세 가지 해답을 자세히 들여다보고, 깊이 생각하며 하나씩 음미하다 보면 진실한 답이 서서히 여러분을 이끌어가기 때문이다. 통째로 쥐를 삼키는 올빼미처럼 먹지 못하는 부분까지 삼켜야 한다. 평소 의식적인 판단만으로는 불가능한 일을 여러분의 오감과 직관이 훌륭하게 해낼 수 있다.

진실은 언제 그 모습을 드러낼까? 최종적인 해답을 찾느라 서두르기 보다는 오히려 풍부한 생각과 다양한 판단을 불러내는데 주력한다면 이 모든 지적인 활동들은 마치 올바른 공부처럼 결국 성과를 드러내기 마련이다. 신뢰전략 본연의 특징은 기다리고 인내하는 것, 즉 서두르지 않는 데 있다. 정답은 나중에 드러난다. 결국 생각이나 인식의 방향이 재설정되면서 과거에 제기되었던 문제의 해답이 명쾌하게 떠오르는 것이다. 그러면 이제 불확실성은 해소되고 논쟁은 불필요해지면서 해답이 분명해진다. 예전에는 이게 정답이라고 주장하며 논쟁을 벌였을테고 아마 각자의 주장을 비판하느라 시간을 허비하다 결국 잘못된 답을 찾았을지도 모른다. 기다려야만 우리는 각자의 생각과 느낌을 정확하게 공유할 수 있다. 바로 그게 목적이다. 한 주 한 주 지나면서 예전이라면 마주하고 싶지 않았던 다양한 생각과 주장들의 의미도 차차 정교해지기 시작한다. 그래서 만일 신뢰전략을 구사하면서 3개월 후에 해답이나 결론에 다가서고 싶다면, 처음 두 달 반은 해답을 찾느라고 고민하지 말라. 만일 시간이 한 시간 밖에 없다면 처음 50분도 답을 찾으려 애쓰지 말라.

어떤 상황이건 결론을 내리고 싶어 조급해 하는 건 아닌지 좀 더 의식할 필요가 있다. 많은 사람들이 수업이나 회의가 끝날 즈음에 어떻게든 결론을 내려는 습관 혹은 무슨 합의라도 이끌어내려는 버릇이 있음을 눈여겨 보자. 심지어 30분 짜리 회의가 끝나도 "자, 이제까지 정리한 내용을 살펴볼까요."라고 말한다. 이런 조급한 버릇이 얼마나 부질없는지 충분히 느껴봐야 한다. 서둘러 마무리하고 싶은 이런 조급함이야말로 느리지만 본격적으로 우리의 사고와 경험을 재구성하는데 얼마나 큰 장애물이 되는지, 그리고 일체의 변화를 거부하는 내면의 타성에 얼마나 기생하는지도 말이다.

두 종류의 전략과 관련 특징

두 종류의 논증방식은 인지과정과 정서차원에서 다양한 특징들을 보여준다. 양쪽의 특징들은 일종의 연관망 또는 복합적인 유형으로 나타난다.

불신전략	신뢰전략
분리, 비개입	개입, 참여
초연, 관망	투사, 몰입
새로운 것을 거부하거나 경계함	새로운 것을 호의적으로 살펴봄
종결, 폐쇄	개방, 여유
사실에 집착	의미에 집중
완고한 태도	유연한 태도
고집스러운 불변의 태도	양보하고 타협하는 태도
안정 추구	위험 감수
자기중심적인 견고한 자아	개방적이고 유연한 자아
더 예리하고, 세밀하고, 통찰력 있고, 확고해지도록 배움	더 포괄적이고, 수용적이며, 관대하고, 타협가능하도록 배움
공격적 : 위협과 마주하면 이를 격파함	비공격적 : 위협을 마주하면 이를 수용하고 통합한다. 비폭력을 선호함
반박	지지
경쟁 추구	협력 추구
고독하고 적대적인 작업	사교적이며 집단적인 작업
발언, 소란, 논쟁	경청, 침묵, 동의

분명히 나는 앞 페이지의 오른쪽(신뢰전략)에 나열한 특징들을 아주 중요하다고 믿지만 그렇다고 왼쪽(불신전략)의 특징들을 폄하하는 건 아니다. 양쪽의 특징들이 서로 보완하며 균형을 이룬다면 전혀 문제되지 않기 때문이다. 하지만 우리 문화는 지성이라는 미명하에 불신전략의 특징만을 더 강조하고 있는 상황이다. 이제 나는 두 종류의 전략과 그 심리적 차이를 요약하고 그 심리적 차이를 세 가지 차원에서 설명해 보려 한다.

1. 두 전략간에 극명하게 드러나는 차이는 확실성을 갈망하는 태도와 불확실성과 모호함을 수용하려는 태도이다. 불신전략은 확실성에 대한 갈망이 지나친 나머지 확실성과 진실을 혼동하는 경우가 많다. 이런 혼동은 너무 만연해 있어서 그 두 가지가 서로 같은 거라고 착각하는 사람들도 적지 않다. 하지만 확실성과 진실은 전혀 다른 개념이다. 어떤 주장이 확실한가와 어떤 주장이 진실한가는 전혀 다른 질문이다. 확실성을 얼마나 중요시하느냐에 따라 당신의 행동과 연구결과는 아주 딴판일 가능성이 크다.

이아고(Iago)의 계략은 일단 오델로를 꾀어내서 그가 아내의 부정을 확신하는 수준까지 몰아가면서 끝내 성공에 이른다. 오델로에게는 오직 한가지 대답만이 주어졌다. 즉 아내의 부정이라는 대답. 결백은 확실성으로 결정될 수 있는 문제가 아니다. 확실성을 추구하다보면 자연스레 모종의 조사와 모종의 결과로 이어지기 마련이다. 하지만 세상에는 불확실성을 견디며 작업할 때만이 얻을 수 있는 자료나 주장 그리고 통찰력이 있다.

2. 또한 위의 표에는 우리 사회가 규정하는 남성성과 여성성의 차이가 반영되어 있다. 불신전략이 우세한 문화에서는 흔히 남성적인 것으로 이해되는 성향과 스타일이 강화된다. 즉, 공격

적이고 자기 주장을 강요하고 전투적이고 경쟁적이고 주도적인 성향이 그 특징이다. 그래서 여성이 불신전략에서 두각을 나타내면, 다시 말해 주도권을 잃지 않고 논쟁에서 이기거나 상대의 주장에서 오류를 지적하면 이는 여성스럽지 못한 태도로 받아들여진다. 남성의 경우에 그의 논증이 불신전략을 따르지 않으면, 즉 그가 나긋나긋하고 뭐든 받아들이고 자신의 주장을 강요하지 않으면서 너그러운 태도를 보여주면 이는 남성적이지 못한 것으로 이해된다. 불신전략을 작동시키는 대결과정은 이처럼 성(gender)과의 연관성을 드러내는 표현들에서 잘 드러난다. 예를 들면, 주장을 개진하다(advance points), 주장을 밝히다(make points), 주장이 성립하다(a point stands up), 헛점을 찾다(find holes), 헛점을 찌르다(poke holes) 등이 그것이다. 우리 문화와 지성인 사회는 불신전략의 일방성으로 인해 활력을 상실하고 말았다.

3. 두 종류의 전략은 서로 다른 에너지의 특징을 보여준다. 불신전략 혹은 대결 방식은 근육에 힘을 꽉 준 것 같은 전투적인 에너지를 수반한다. 마치 근육이 긴장하도록 전류를 보내는 것 같다. 불신전략이 주도하는 논쟁에서 발현되는 에너지의 특성은 '팽팽함'과 '단단함'과 같은 영어로 표현된다. 이렇게 논쟁하는 사람은 주도적이고 날카롭다는 특징을 보여준다. 훌륭한 논객은 실제로 파고든다. 문제를 파고들고, 불명확함을 파고들고, 군더더기를 파고든다. 문제의 본질로 꿰뚫고 들어가는 것이다.

신뢰전략에 수반되는 에너지는, 특히 그것이 처음 작동하는 순간에는 활력에 차 있고 상대의 마음을 여는 데 필요한 독특하고 섬세한 에너지이다. 생리학에서는 뭐라고 표현하는지 모르겠지만 이 에너지는 근육이 긴장되지 않게 만드는 에너지라고 볼 수 있다. 어쩌면 그것은 근육의 중용 같은 것이다. 실제 근육이 처지거나 흐느적거리지 않으면서도 팽팽하거나 굳어있거나 긴장하지 않은 상태 말이다. 이런 유형의 에너지를 발휘하려 노력하는 게 쉬운 일이 아니다. '노력'을 하는 순간 근육이 긴장되기 때문이다. 개방적인 태도를 유지하려 노력하는 행위도 어떻게 보면 노력하지 않으려 노력하는 것과 같다. 방 하나를 긴장으로 가득 채우고 토론을 벌이는 사람들은 고도의 에너지를 발산한다. 하지만 그들에게 토론을 멈추고 상대방의 주장에 동조하라고 지시한다면 그 강한 에너지는 돌연 쇠약해지고, 그들 대부분은 그런 지시를 맥없이 지루한 방식으로 토론하라는 뜻으로 받아들일 것이다. 특히 지성인이라면 오류를 파고드는 날카로운 논쟁을 할 수 없다면 그저 무기력하게 시간을 보내는 수 밖에 없을 것이다.

신뢰전략을 제대로 구사할 때 발생하는 에너지는 쉽게 표현할 수 있다. 그것은 방향 재설정, 즉 형태전환(gestalt-shift)을 통해 '아하' 하는 깨달음을 얻을 때 나오는 에너지이다. 당신이 다른 사람의 시각으로 보는 데 성공했을 때, 그리고 기존의 시각으로는 발견하기 어려운 것을 간파했을 때 당신의 마음 속에서는 일종의 감정 폭발, 또는 에너지의 분출이 일어날 것이다. 어린이들이 뭔가를 '깨닫는' 순간, 즉 사고의 전환 또는 '아하' 하는 깨달음의 순간에 그들은 거의 예외 없이 움찔 하는 동작이나 심리적 긴장이 해소되는 경험을 보여준다는 실험결과도 있다.[12]

신뢰전략에 대한 두려움

신뢰전략을 충분히 받아들이기 전에, 다양한 성격의 두려움을 언급해야겠다. 느슨하고 제멋대로여서 결국 진리 탐구를 방해하는 허다한 사고방식을 불신전략이 막아준다는 생각은 아주 자연스러운 것이다. 나아가 신뢰전략을 받아들이면 유아적 사고나 획일적인 집단적 사고, 게다가 상대를 너무 쉽게 믿는 속단이나 순진한 사고의 우려도 부정하기 어렵다. 과연 그런지 이를 하나 하나 검토해 보자.

먼저 유아적 사고다. 처음에는 신뢰전략이 개인의 주관적인 생각과 느낌만을 존중하고 다른 사람들의 생각과 느낌은 모두 배제하는 것처럼 보일지 모른다. 신뢰전략을 적용하면 다른 사람들이 당신의 주장을 반박하지 않기 때문이다. 하지만 이는 가장 중요한 단계, 즉 자신의 생각과 느낌에서 벗어나 다른 사람의 생각과 느낌안으로 들어가는 단계를 촉진하기 위한 것이다. 오히려 신뢰방식은 유아적 사고에서 탈피하게 만드는 수단인 것이다.

의외인 것은, 적어도 우리 사회에서 유아적 사고를 강화하는 주 원인이 불신전략이라는데 있다. 실제로 지식인과 학자들은 자신들이 유아적 사고와 같은 허약한 토론 전략을 사용하지 않는다고 하지만 그들은 논쟁이나 토론을 다른 사람들의 생각이나 느낌 혹은 경험을 부정하면서 자신을 방어하는 수단으로 활용하고 있는 셈이다. 그렇게 불신전략을 오용하는 사람들은 스스로를 자기만의 세계에 가두어 버린다. 상대방의 관점을 반박하려면 절대 그 관점을 진지하게 받아들이지 않아야 된다고 믿기 때문이다.

다음은 집단적 사고다. 유아적 사고처럼 이 또한 지성인의 심각한 병폐라고 할 수 있다. 적지 않은 사람들이 집단적 사고의 위험을 막기 위한 최선책은 불신전략이라고 생각하고 있다. 물론 불신전략의 목표는 오류를 증명하는 것이고, 오류증명은 현명한 개인이나 소수가 오류에 물들어 버린 다수의 생각을 변화시키는 방식이기도 하다. 하지만 문제는 오류증명은 지극히 소수의 중요한 질문에서만 가능하다는 점이다. 그게 아니라면 논쟁을 아무리 오래하더라도 결론이 나지 않는다. 당신은 '오류를 증명'했거나 그의 '주장을 뒤집었거나' '꺾었거나' '크나큰 허점을 찾았다'고 말할 수도 있지만, 사실 당신은 그의 주장에서 오류를 증명한 것이 아니기 때문에 그는 설득당하지 않았을 가능성이 크다. 당신이 정통성과 권위에 힘입어 어느 개인이나 다수를 상대로 아무리 열심히 설득했어도 말이다. 그렇다면 불신전략은 집단적 사고를 뒷받침하는 꼴이 되고 만다. 이 불신전략은 새로운 아이디어나 소수파의 아이디어가 인정받으려면 기존의 아이디어가 틀렸음을 증명해야 한다는 생각을 조장하는데, 대부분의 경우 이것은 불가능하다.

불신전략보다는 신뢰전략을 사용할 때 약자나 소수자의 입장에 있는 사람들이 다수에게 훨씬 더 큰 힘을 발휘할 수 있다. 다수에 속한 사람들이 소수자의 입장을 반박하기보다는 그의 말을 경청하고 심지어 그의 말을 있는 그대로 믿으려고 노력하는 태도, 그것이 바로 신뢰전략의 본질이기 때문이다.

마지막으로 속단 혹은 순진한 사고의 문제를 들여다보자. 이 문제는 '비판적 사고'가 부족한 데서 오는 것처럼 보인다. 사람들은 비판적 사고를 할 수 있다면 무엇이든지 쉽게 속단하는 순진한 사고에서 벗어날 수 있다고 믿는다. 대학의 홍보자료를 작성하거나 연구 결과를 증명하는 과정에서도 비판적 사고를 가르치는게 중요하다고 내세우는 사람들이 있다. 나는 불신전략의 가치를 부정하지 않듯이 비판적 사고의 가치를 부정할 생각은 없다.

하지만 속단이나 순진한 사고를, 즉 사람들이 믿어서는 안 될 것을 믿는 문제를 다른 시각에서 바라볼 필요가 있다. 우리가 누군가를 언급하며 그가 뭐든 잘 믿는다고 할 때, 보통 우리가 의미하는 것은 그가 Y에 대해 들어본 적이 없기 때문에 X를 믿는다는 것이 아니라 그가 X와 Y에 대해 다 들어봤는데도, 그러고도 그러면 안 되는데 X를 믿는다는 것이다. 그 이유는 보통 다음 중 하나다. 그는 부모님이나 선생님이나 정부 같은 권위 있는 존재로부터 X라고 들었다. 또는 당시 X가 유행하고 있다. 또는 그가 생각한 끝에 얻은 결론이 X다. 또는 X야말로 자신은 물론 자신을 둘러싼 현실을 제대로 볼 수 있게 만드는 시각이다. 아니면 X는 그에게 딱 어울리는 생각의 '일종'이다. 그것이 자신의 사고방식, 예를 들어 자신의 직관적 사고나 과학적 사고와 잘 어울리는 것이다. 그 외 다른 이유들도 나열할 수 있지만, 이를 모두 요약하면 그에게 X가 Y보다 믿기 쉬웠다일 것이다. 인간은 누구나 진실을 믿기보다는 자신이 믿기 쉬운 것을 믿으려는 성향이 있지만, 유독 이런 성향이 두드러지는 사람들을 우리는 쉽게 믿는 사람이라고 한다.

이런 생각이 상황을 제대로 판단해서 내린 거라면 문제될 게 없다. 하지만 '쉽게 속단하는' 사람은 실제로는 무언가를 쉽게 믿어서가 아니라 오히려 잘 믿지 못해서 힘들어한다. 그에게 다양한 주장을 내놓아보라. 그러면 그는 항상 무언가를 믿는 데 소모되는 에너지가 가장 적은 것을 믿을 것이다. 그는 무언가를 믿을 수 있는 능력이 약해서 믿기 쉬운 것만 믿을 수 있는 것이다. 말하자면 미리 씹어놓은 음식만을 소화시킬 수 있는 것이다. 실제로는 쉽게 못 믿는 이런 순진한 사고를 문제라고 지적하는 사실이 우리 사회가 믿음의 문제를 얼마나 두려워하는지 단적으로 보여준다.

유아적 사고, 집단적 사고, 속단하며 쉽게 (못) 믿는 병, 이들은 모두 학계에 만연한 병폐이다. 이런 문제 이면에는 딱 한 가지 중요한 문제가 놓여있다. 그것은 자신의 생각을 바꿀 수 있는 능력의 결핍이다. 진리탐구를 가로막는 가장 큰 장벽은 아마 현재 자신의 신념보다 더 나은 신념을 만났을 때 자신의 것을 버리지 못하는 습성일 것이다. 비록 그것이 믿기가 더 어려울 수도 있고, 당신이 틀렸음을 인정해야 하는 일일 수도 있고, 아니면 당신이 공감하고 싶지 않은 사람의 신념일 수도 있겠지만 말이다.

생각의 변화를 분석해보면 그 과정에는 규칙이 있다. 나 자신을 예를 들어보겠다. 나는 내가 고집이 세고 남을 비판하고 설득하려는 성향이 있음을 인정한다. 그런 이유로 나는 전형적인 지식인과 학자로 인정받을 수 있었다.

때로는 불신전략이 다음과 같이 원래의 순기능을 발휘한다. 내가 믿으면 안 되는 것을 믿고 있다. 누군가가 나의 믿음을 반박하는 주장을 편다. 그렇게 서로 비판적 사고를 발휘하는 계기가 마련되고, 그 결과 나는 그것을 믿지 말았어야 한다는 사실을 깨닫는다. 그리고 더 이상 믿지 않게 된다. 하지만 현실은 이렇게 순조롭게 진행되지 않는다. 나도 그렇고 상대방도 마찬가지다.

많은 경우, 불신전략이 제대로 작동한 것처럼 보이기도 한다. 마치 내가 자신의 잘못된 입장에서 벗어난 것처럼 말이다. 하지만, 실상은 다르다. 나는 원래의 입장을 번복했고, 내가 잘못했다는 걸 인정했고, 내 생각을 바꿨다고 생각했다. 하지만 마음 깊은 곳에서는 나의 첫사랑, 즉 겉으로 폐기처분한 신념에 대한 의지를 포기하지 못했고, 내 말과 행동이 함축하는 의미를 유심히 살펴보면 내가 여전히 그 오류에 의지하고 있음을 알 수 있다.

그런데 흔한 일은 아니겠지만 내가 진짜로 내 생각을 바꾸는 경우도 있다. 내 기억에 내가 생각을 바꾼 것은 상대방이 그것을 통렬하게 반박했기 때문이 아니었다. 그것만으로는 부족했다. 내가 생각을 정말 바꿀 때는, 항상 어떤 불가피한 과정이 있었고, 그 후에야 논쟁을 멈추고, 나 자신의 오류를 인정하고, 그저 시능만 내는게 아니라 실제로 생각을 바꾼 것이다. 그 과정은 조금은 수수께끼 같지만 그것이 언제 가장 자주 일어나는지, 그리고 어떤 느낌을 주는지는 말할 수 있다. 그 일이 가장 자주 일어나는 때는, 내 의견을 반박하는 사람이 자신의 공격을 누그러뜨리며 나의 어리석음을 입증하려는 시도를 멈추고, 실제로 내가 왜 그렇게 믿게 되었는지 이해하려는 노력을 할 때였다. 그가 나의 생각과 느낌을 흔쾌히 공유하려는 태도를 약간이라도 보여주면, 나도 그의 생각을 공유하고 싶은 마음이 조금 더 드는 것이다. 그리고 객관적으로 설명할 수는 없지만, 나 스스로 생각의 변화를 허용하는 쪽으로 마음이 기우는 것을 분명히 느끼게된다. 이런 변화는 내려놓음, 단념, 그리고 어느 정도 나만의 고집을 포기하는 것과 비슷하다. 어떤 면에서는 나 자신의 일부를 포기하는 것 같기도 하고, 끝나지 않기를 바라던 외도에 작별을 고하는 기분

같기도 하다.

이렇게 생각을 바꾸는 과정은 불신전략보다는 신뢰전략에서 더 유연하게 등장한다. 신뢰전략은 끌어들이고 개입하려는 특징이 있기는 하지만, 이런 끌어들임은 더 큰 공감과 이해를 가능하게 만든다. 반면 불신전략은 집착하고 고집하는 특징을 강화한다. 모든 공격에 맞서 뭔가를 지켜내려는 태도는 비싼 대가를 치르더라도 자신이 가진 것에 집착하는 보편적인 특징이다. 내려놓기 위해서는 포용과 신뢰의 분위기가 필요한데, 신뢰전략은 불신전략보다 이런 분위기를 훨씬 더 많이 만들어낸다.

내가 보기에 학계와 지식인 사회에서 활동하는 사람들, 특히 인문학과 사회과학 분야의 종사자들은 자신의 생각을 고수하려는 그 특유의 성향 때문에 자주 난관에 부딪힌다. 이 문제의 원인은 불신전략에 지나치게 의존하기 때문이다. 불신전략에서 두각을 나타내는 사람일수록 더욱 고집스러워지고 어지간해서는 자신의 생각을 바꾸지 않는다고 나는 믿는다.

불신전략이 득세하는 원인으로 여기에서 더 살펴봐야 할 것이 있는데, 바로 정서적 두려움이다. 우리는 모두 정도의 차이는 있지만 잘못된 생각에 넘어가거나, 감염되거나, 휘둘리는 것을 두려워하는 것 같다. 신뢰전략은 말하자면 우리에게 앞으로 제시되는 모든 생각을 받아들이라고 요구하는 방식이다. 생각이 뒤죽박죽이 되더라도 말이다. 절대 거절같은 것은 못하는 사람이 되어 무엇이든 '네' 하는 사람이 되라고, 아첨꾼이든 하인이든 무엇이든 쉽게 믿는 사람이 되라는 것이다. 닥치는 대로 뭔가를 집어넣을 수 있고 늘 침범할 수 있는 커다란 입구처럼 말이다.

　인간은 누구나 자신의 약점을 잘 알고 있다. 심리적으로 불신전략의 주기능은 자신에 대한 무차별적인 침입을 막아내는데 있다. 당연하게 우리는 외부 요인에 의해 피해를 입거나 심각한 영향을 받을 수 있다고 믿는다. 실제로 살아가는 동안 어쩔 수 없이 위험한 물질에 빈번히 노출되기는 하지만, 그런 위험물질이 정말 몸 안에 들어오는 것은 너무 위험한 일인 것이다. 그리고 그런 위기 상황을 피하는 일은 가능하다. 모든 것을 의심한 후에 명확하고 분명한 것들만 인정했던 철학자 데카르트는 불신전략의 전형적인 인물로서 그는 일종의 지적 정화의식(purification rite)에 몰두한 셈이다. 마치 새로 장만한 빗자루를 사용해 집안의 모든 악령을 쓸어버렸다는 우화와 여러모로 닮은 구석이 있다. 지적인 차원에서 자주 사용되는 불신전략은 마치 퇴마의식을 닮은 또 하나의 정화의식이라 할 수 있다. 즉 불신전략을 거쳐 '정화'되지 않은 새로운 생각은 진지하게 경청할 필요도 없고, 진실하게 수용해서도 안 된다는 것이다.

　인간의 감정과 인식능력을 더 깊이 이해하면서 분명히 깨닫게 된 사실은 아무리 새롭거나 강력한 빗자루로 쓸어낸다 해도 완벽하게 깨끗할 수는 없다는 점이다. 잘못된 생각들, 불쾌하고 위험한 생각들, 이미 편견에 물든 생각들, 어떤 식으로든 감염된 생각들을 완벽하게 막을 수는 없다. 이런 문제의 유일한 해결책은 영국 작가 조셉 콘래드(Joseph Conrad)의 작품 『로드 짐』(Lord Jim)에서 스타인이 한 말 "파괴적인 원소에 몸을 담그라"(In the destructive element immerse.)에 잘 드러나 있다. 우리는 생각들이 들어오지 못하게 막을 수 없기 때문에 오히려 생각들이 들어오도록 하는 수밖에 없다. 겉으로 보기에 아무리 진실과 동떨어져 보이고 또 불합리해 보이더라도 그저 생각들을 모두 받아들이되 거기 담겨 있을만한 진실을 발견하려 노력해야 한다. 그러면서 온갖 편견에서 비롯된 오해와 무지도 걸러내야 한다.[13]

이런 두려움에는 나름 타당한 구석이 있다. 자의식의 허약함을 간파하고 자의식의 경계를 통합하려는 요구는 결코 쉬운 일이 아니다. 남들이 보기에 너무 무리한 생각을 있는 그대로 받아들이라고 요구하는 것은 불가능하고 그렇게 해서도 안 된다. 마찬가지로 자신의 생각이 남들로부터 침해당할까봐 전전긍긍하는 사람들의 판단도 쉽게 믿어서는 안 된다. 우리가 할 일은 위험해 보이는 생각일지라도 그런 생각을 천천히 받아들이는 연습을 반복하는 것이다. 신뢰전략은 이런 점차적인 연습을 통해 구체화된다.

신뢰전략의 역사

불신전략이 득세하고 신뢰전략이 불신받는 데는 나름 역사적인 근거가 있다. 아마 옛날에는 상황이 지금과는 달랐을지 모른다. 과거에는 신뢰전략을 더 선호하고 불신전략은 아예 고려하지 않았을 수 있다. 불신전략을 사용하여 상대방의 주장에 거리를 두고 그 주장이 틀렸다고 전제하는 것보다는 신뢰전략을 통해 그런 주장에 몰입하는 것이 더 쉽고 자연스럽기 때문이다. 투사하고 개입하고 참여하는 것은 인식활동과 사고활동의 자연스러운 속성이다. 따라서 한편으로는 무언가를 인식하고 이해하려는 노력하고 다른 한편 오류를 드러내기 위해 그것이 틀렸다고 가정하는 이런 인위적이고 역설적이고 강력한 방식은 수백 년 동안 험난한 투쟁을 거쳐 세상에 드러났을 것이다. 무언가를 의심하는 행위는 서로 상반되는 작업을 동시에 처리하는 것과 같다. 어떤 생각을 받아들이는 것과 거부하는 것을 동시에 하기 때문이다. 많은 언어에서 '의심하다'(doubt)는 '둘'(double)이라는 단어와 어원이 같다. '두 가지 생각'을 품는다는 것이다. 그러므로 지금은 우리가 무언가를 잘 믿지 못해서 어려움을 겪지만 분명 과거에는 의심을 잘 하지 못해 어려움을 겪었을 것이다.

사실, 내가 보기에 완벽한 형식의 신뢰전략, 즉 구체적인 지시와 절차를 갖춘 완벽한 신뢰전략은 불신전략이 자리잡은 후에야 가능했을 것이다. 불신전략에서 우리가 분명히 배운 것은 근육의 움직임을 온전한 논증으로 전환하는 법이었다. 즉, 앉아서 입을 꽉 다물고 이마를 한껏 찌푸리는 것 말고 자신의 생각을 하나의 논증으로 전환하는 법을 배운 것이다. 불신전략이라는 이 논리적 사고방식은 처음으로 인위적이지만 체계적이고 여러 단계에 걸쳐 생각을 전환하는 기술이었다. 바로 그 인위적인 특성이 아무리 영리한 사람이라도 '무심코 떠올렸을'만한 생각을 똑바로 교정하는 역할을 했다. 이제 우리는 신뢰전략을 이런 식의 논증으로 전환하는 법을 배웠다. 하지만 신뢰전략도 오랜 시간에 걸쳐 진화하며 등장한 것이기에, 과거에는 과연 어떻게 활용되었는지 살펴보는게 좋을 것 같다.

1. 가장 최근에 등장했고 내게도 영향을 준 신뢰전략은 집단에서 활용하는 방식이다. 집단치유나 집단상담 그룹은 대부분 내가

설명한 신뢰전략과 비슷한 원리로 작동된다. 이런 모임의 기본 원칙은 어떤 주장이 틀리다는 것을 입증하는데 있지 않고, 그런 주장들을 이해하고 경험하는 진술 형태로 변환해서 다른 사람들이 모두 그 인식과 경험을 공유하게 만드는 데 있다.

2. 퀘이커교도 모임에서는 합의에 도달하지 못하면 어떤 결정도 내리지 않는다. 이런 방식은 신뢰전략을 완전하게 그리고 정확하게 사용하는 사례로 볼 수 있다. 분명한 사실은 퀘이커교도들도 그들의 모임 속에서 의견충돌이 있다는 점을 부인하지 않는다. 실제로 퀘이커교도들은 매사에 회의적인데다 유난히 이의 제기를 잘하는 사람들이다. 의심도 실력이라면 그들을 능가할 사람은 없으며 그래서 서로 의견이 충돌하는 지점을 그들은 예민하게 포착해낸다. 퀘이커교도들이 그들만의 고유한 합의와 신뢰정신을 발전시킬 수 있었던 이유도 아마 자유롭게 이의를 제기하며 능숙하게 토론할 줄 알았기 때문인지도 모른다.

퀘이커교도들의 토론 전략은 마지못해 최소한의 합의만을 받아들이는 소극적인 전략이 절대 아니다. 그들은 논쟁이나 이견의 소지가 가장 적을 것 같은 결정에 절대 안주하지 않는다. 어디서나 늘 한 명 이상은 심각하게 반대 주장을 펼치는데, 그런 단편적인 이견마저도 종종 감당하기 어려울 때가 있다. 하지만 퀘이커교도들은 모두가 수용할 수 있거나 확신할 수 있는 최상의 결론을 추구한다. 다시 말해 그들은 의심의 여지가 가장 적은 부분을 찾기보다는 모두가 신뢰할 수 있는 부분에 집중하는 행동방식을 추구한다.

3. 미국의 배심원제도를 살펴보자. 법정은 다른 어떤 장소보다 적대적인 현장이다. 법정은 불신전략에 의지해서 상대의 주장에

서 허점을 찾아내는 경쟁의 장소이다. 하지만 거기에 오직 불신전략만 존재한다면, 배심원단이 왜 필요하겠는가? 변호사들과 판사들은 불신의 기술에 정통한 자들인데, 사실에 근거한 주장이든 법리에 근거한 내용이든 거기서 모순을 찾아내는 이 전문가들만으로 뭐가 부족하단 말이가? 그런데도 이런 법정에 배심원이 존재하는 이유는 그들이 불신전략을 거의 사용할 여지가 없어서이다. 더구나 그들은 불신전략에서 배제될 뿐 아니라 신뢰전략을 의무적으로 활용해야만 한다. 그들에게는 발언의 기회가 거의 없고, 목격자나 변호사에게 질문을 던질 수도 없다. 당연 판사들에게도 그렇게 할 수 없다. 그들에게 허락된 것은 오직 조용히 앉아서 경청하는 것 뿐이다. 경청과 침묵은 신뢰전략의 중요한 특징으로, 입력만 있고 출력은 없는 과정이다. 최근 대법원에서는 그간의 관례를 깨고 배심원단이 반드시 만장일치의 평결을 내리지 않아도 된다는 결정을 내렸다. 이 판결이 있기 전에 배심원단은 만장일치의 평결만을 내릴 수 있었다. 그래서 퀘이커교도들의 모임처럼 다수나 집단이 어떤 결정을 내리고 그 구성원이 자유로이 그 결정의 내용을 의심할 수 있지만, 그럼에도 최선의 전략은 그들 모두가 서로 합의하는 확신의 절차라고 할 수 있다.

배심원 제도와 퀘이커교도의 모임에는 아주 분명한 사실이 담겨 있다. 그것은 누구도 좋아하지 않지만 그렇다고 누구도 싫어하지 않는 결정에 다다르고 결국 모두가 그 결정을 수용하게 된다는 사실이다. 그런데 여기서 뭔가 잘못됐다는 느낌이 든다. 이런 과정이 원래 기대와는 다른 결과를 초래하는 것 같아서다. 자신이 적극 지지하는 시각과 자신이 원래 품었던 생각에서 벗어나 결국 자신의 성장과 변화를 가능하게 하는 구조가 드러나기 때문이다. 합의는 보통 유기적으로 성장하고 발전하는 조직에서 이루어진다. 퀘이커교나 배심원단과 같은 모임에서 고압적이고 갈등을 초래하며 심지어 "합의가 이루어지지 않으면 아무도 집에 못 가"처럼, 사람을 혹사하는 과정마저 '선입견'이나 습관적인 타성에서 벗어나는데 도움을 준다. 그리고 이런 과정은 신뢰전략의 중요한 단계에 해당한다.

4. 토마스 쿤이나 마이클 폴라니같은 학자들은 과학의 역사를 언급하면서. 거의 모든 과학자들은 스스로 불신전략을 활용한다고 생각하지만, 정작 중요하고 결정적인 인식의 전환은 신뢰전략과 유사한 방식으로 가능하다는 주장을 펼친다. 비록 위대한 발견이란게 거물급 과학자들만이 참여하는 장이지만 말이다. 서로 상충하는 패러다임이나 모델이 과학혁명의 패권을 둘러싸고 경쟁하던 시절에 과학 이론과 시를 해석하는 방법은 별반 차이가 없었다. 과학 이론이든 시의 해석 이론이든 그것이 틀렸다해도 이를 증명할 방법이 딱히 없기 때문이다. 대신 그 분야의 권위자들은 더 유용한 결과를 가져오며 실제 진실에 더 가깝다고 믿는 다른 방법과 원리를 파악해 나간다. 그들은 이런 진실을 이론의 외부가 아닌, 내부로부터 발견해 나간다.

5. 나는 앞서 문학비평가들이 신뢰전략을 사용하면서 최고의 성과를 발휘한다는 사실을 언급한 바 있다.

　　결론 : 신뢰전략과 불신전략은 상호의존한다

신뢰전략을 옹호하는 나의 주장은 두 가지로 요약할 수 있다.

1. 신뢰전략은 언어해석과 형태구성 차원에서 진실에 다다르는 유일한 방식이다. 2. 신뢰전략은 체계적인 지적 논증에 해당하며 이 전략을 제대로 연습할수록 이해력은 증가하고 사고는 더 유연해지며 전체적으로 더 현명해진다. 이 전략은 우리 사회가 놓치고 있는 특성을 보강하고 있다.

　　신뢰전략을 두고 오랫동안 고민하면서 나는 불신전략이 마치 심각한 문제인양 간주해 왔다. 그래서 하나같이 나쁜 것들은 모두 불신전략 때문이라고 생각했다. 예를 들어, 불신전략은 자기이해의 과정이 결여되어 있어서 자기기만을 심화시킨다. 불신전략은 경험에서 유리되어 있기에 우리 사회에 만연한 극도의 비인간성을 강화한다. 그래서 이 전략은 인류에게 폭탄을 투하하는 재앙을 초래한다고 말이다.

　　하지만 원고를 쓰면서 불신전략이 그 자체로 문제거리가 되지 않는다는 사실을 깨달았다. 한편 나 자신도 불신전략에 상당히 의존하고 있음을 알게 되었다. 어떤 주장을 일정한 거리를 두고 관찰하는 능력, 주장으로부터 감정이나 경험의 개입을 최소화하는 능력, 주장을 논리적으로 변환하는 능력, 초연한 태도를 유지하는 능력, 불합리한 주장의 허점을 파고드는 능력, 저돌적으로 자기주장을 전개하는 능력, 부동의 자세를 유지하는 정신의 능력, 확실성을 갈망하고 추구하는 능력, 전체를 의심하는 능력, 자기 입장을 확고부동하게 방어하는 능력, 어느 하나 소홀히 할 수 없는 능력들이다. 이런 능력들이 없다면 어떤 의미있는 성과도 이뤄낼 수 없다.

신뢰전략과 불신전략은 상호보완한다고 말할 수 있다. 결론적으로 신뢰전략은 불신전략을 선용하기 위해서라도 꼭 필요하다고 말할 수 있다. 우선, 불신전략에 대한 반감이 점차 증가하고 있는데, 아마 신뢰전략이 충분히 존중받는 날에 불신전략은 더 이상 영향력을 발휘하지 못하게 될지 모른다. 또한 불신전략에 지나치게 의존하게 되면, 이 전략을 조잡하게 사용하는 사람들이 늘어나는데, 만일 그들이 신뢰전략을 병행해서 사용한다면 불신전략도 매우 탁월하게 사용할 수 있을 것이다. 우리는 불신전략이 여러 전략 중 하나에 불과하다는 사실도 깨닫지 못하고 불신전략을 '대세인양' 배워나간다. 이는 우리가 '대세인양' 비판적 사고를 배운다는 말이며, '대세인양' 경계하는 태도를 학습한다는 말이며, '대세인양' 모든 것을 의심하도록 배운다는 말이며, '대세인양' 속단하거나 쉽게 속지 않으려고 배운다는 말이다. 하지만 우리가 이런 태도를 모든 일에 적용하지는 않는다. 정말 중요한 문제라면 그것을 정말로 의심하는게 아니다. '왜냐하면' 우리는 무의식적으로 '어쨌든 무언가는 믿어야 한다'고 생각하기 때문이다. 하지만 불신전략에 따르면 이는 잘못된 태도다. 이것을 보면 우리가 불신전략을 제대로 이해하는게 아니라는 것을 알 수 있다. 불신전략에 따르면 우리는 아무것도 믿어서는 안 된다. 불신전략은 하나의 방식에 불과하며, 이 전략은 철두철미하게 모든 것을 의심하고나서 머릿속에 어떤 생각이 떠오르는지를 봐야 하기 때문이다.

간단히 말해, 이 두 가지 사고전략은 사고의 전체 순환에서 각기 반반씩만을 차지할 뿐이다. 인간의 지적 능력은 유기적으로 발전하기 때문에, 다작의 작가가 된 후에야 냉정한 편집자가 될 수 있듯이 불신전략이든 신뢰전략이든 어느 하나를 아주 능숙하게 사용할 수 있게 된 후에야 다른 하나도 완벽하게 사용할 수 있게 되는 법이다.

문법, 어법, 철자와 관련한 참고자료

정확한 문법과 훌륭한 글은 같은 게 아니다. 둘 다 바람직하지만 이 둘을 혼동하지 않아야 인생이 편해진다.

정규 교육 과정을 이수한 독자라면 대부분 "표준 문어체 영어(SWE : Standard Written English)"의 규정을 따라야만 정확한 글이라는 생각을 한다. 좀더 부정적으로 말해, 당신이 표준 문어체 영어에 맞지 않는 문장이나 표현을 쓴다면 그들 다수가 당신의 글에 오류가 있다고 판단할 것이다. 그리고 안타깝지만 당신이 무식하다고 단정지을 가능성도 크다. 따라서 최종 원고를 표준 문어체 영어 규정에 맞추는 게 중요하다.

내가 조언하고 싶은 것은, 글을 쓰는 동안 그리고 다른 사람과 그 글을 공유하는 동안에는 글의 내용에만 집중해야지 정확한 문법이나 어법에 주목해서는 안된다는 점이다. 문법과 관련한 의문이나 궁금점은 글 한 편을 마무리하는 단계까지, 즉 글의 '본문'을 원하는 대로 다 쓸 때까지는 보류해야 한다. 그런 다음에, 자신의 관심을 온통 문법이나 어법에 집중하면 된다. 문법, 단어, 철자에 관한 문제는 다른 사람들로부터 도움을 받을 수도 있겠지만, 그와 관련한 참고서적을 찾아보며 스스로 의문을 해결하는 것도 좋다.

아마 가장 큰 도움이 되는 것은 훌륭한 사전이다. 내게 큰 도움이 되었던 사전은 *The American Heritage Dictionary of the English Language*이다. Houghton Mifflin 출판사에서 출간되었다.

출판사 대부분이 글을 작성하고 편집하는 사람들을 위해 유용한 '지침서(Guide)'를 출간한다. 이런 책들은 독해나 학습을 위한 서적이 아니다. 오히려 글에서 뭔가 오류를 발견했지만 그것이 과연 오류인지 확신하지 못하거나 혹은 그런 오류를 정확하게 수정하고 싶을 때처럼, 어법에 대한 의문을 해소하기 위한 용도로 제작되었다. 내가 보기에 유용한 지침서 몇 권을 소개하면 다음과 같다.

The Right Handbook : Grammar and Usage in Context. 2nd edition. Pat Belanoff, Betsy Rorschach, Mia Oberlink. Boynton / Cook Heinemann. 이 책은 사실 그냥 읽어도 재미있다.

A Writer's Reference. Diana Hacker. Bedford Books of St. Martin.

The Simon and Schuster handbook for Writers. 그리고 *The Simon and Schuster Quick Access Reference for Writers*도 있다. 둘 다 Lynn Troyka가 집필했다. Simon and Schuster에서 출간했다.

The Blair Handbok. Toby Fulwiler와 Alan R. Haya-kawa. Prentice Hall.

English Online : A Student's Guide to the Internet and the World Wide Web. Eric Crump와 Nick Carbone. Houghton Mifflin.

나는 간단하게 확인하고 싶은 내용이 있으면 사무직 종사자나 타이피스트를 위한 지침서를 이용할 때가 많다. 자세한 설명은 필

요 없고 빠르게 정답만 알고 싶기 때문이다. 그런 종류의 지침서
는 군더더기가 없고 다른 책들에 비해 빠르고 볼 수 있고 간결하
고 구체적인 답변을 알려줘서 실용적이다. 영어교사가 이런 지침
서를 집필하면 당연하게도 문법과 어법에서 복잡하고 난해한 부
분들을 설명하느라 자칫 지루해지기 쉽다. 신속하게 궁금한 내용
을 해결할 수 있는 아래 책들을 추천한다.

　　Gregg Reference Manual. William A. Sabin.
Glencoe / McGraw Hill.

　　Irwin Office Manual. Joann Lee and Marilyn L.
Satterwhite. Glencoe / McGraw Hill.

철자와 문법 규칙 그리고 어법 규정을 제대로 '공부하고 배우고'
싶으면 다른 종류의 책들이 필요하다. 자세하게 원칙을 모두 설
명하고 연습 문제도 많은데다 자세한 해답도 제공하는 독학용 학
습서도 구비할 필요가 있다. 다음은 내가 아는 훌륭한 참고서들
이다. 하지만 이중 일부는 나도 끝까지 읽어보지는 못했다.

　　Spelling 1500. J. N. Hook. Harcourt Brace and
Jovanovich.

　　Spelling by Principle. Genevieve Love Smith. Prentice
Hall.

　　English 3200. Joseph C. Blumenthal. Harcourt Brace
and Jovanovich. 참고로 *English 2600*은 이보다 약간 더
간략하다.

　　*The Least You Should Know about English : Basic
Writing Skills*. Teresa Ferster Glazier. Holt, Rinehart and
Winston.

The Simon and Schuster Concise Workbook. Emily
Gordon. Simon and Schuster.
Signals : A Grammar and Guide for Writers. Evelyn
Farbmann. Houghton Mifflin.

컴퓨터 프로그램이나 인터넷을 활용해서 문법이나 어법 그리고
철자를 쌍방향으로 공부하는게 더 효과적이고 재미있을 수 있다.
일부 출판사들이 컴퓨터에 기반한 프로그램을 제작하고 상용화
하고 있지만 나는 아직 사용해본 적 없다.

미주

1   Ken Macrorie, Telling Writing, Hayden Press, 1970
2   윌리엄 페리(William Perry)와 그의 동료들은 대학생들의
     발달 단계에 관해)『대학생들의 지적 발달과 정서적 발달』
     (Intellectual and Emotional Development in the College
     Year)이라는 좋은 책을 썼다.
3   1) 이것은 다트머스 대학 학생들의 작문 분석 보고서인『주제와
     이론, 그리고 치유』(Themes, Theories and Therapy)(Albert
     Kitzhaber, McGraw Hill, 1963)에서 발췌한 내용이다.
4   근운동감각 훈련에 관한 알렉산더 테크닉은 억제에 관한
     풍부한 연구에 바탕을 두고 있다. The Resurrection of the
     Body : Selected Writings of F. Matthias Alexander(Edward
     Maisel, editor. New York, 1969)를 참조하라.
5   브루너(J. S. Bruner)의『인지발달 연구』(Studies in
     Cognitive Growth)(Wiley, 1966)를 참고하라.
6   교양교육연구(Journal of General Education(XXIII, #2,
     July, 1971))에 실린 논고,「진정한 배움」(Real Learning)을
     참고하기 바란다.
7   관련 사례로 오스굿(C. E. Osgood)이 쓴『의미의 해석』(The
     Measurement of Meaning ; Urbana, 1957)을 참조하라.
8   울리히 나이셀(Ulrich Neisser)의『인지심리학』(Cognitive
     Psychology ; New York, 1967)을 참조하라.
9   빅토르 주케르칸들(Victor Zuckerkandl)의『소리와 기호』
     (Sound and Symbol ; Princeton, 1956)를 참조하라.

10 『개인적 지식』(Personal Knowledge ; New York, 1958)

11 『인지심리학』(Cognitive Psychology ; New York, 1967, 118쪽 이하)

12 거트루드 헨드릭스(Gertrude Hendrix), 「교육훈련 전이의 새로운 단서」(Elementary School Journal, Dec. 1947, pp. 198 – 200) ; 모리스 비그(Morris L. Bigge), 『교사를 위한 학습이론』(Learning Theory for Teachers ; New York, 1964, p. 283)에서 인용.

13 이것은 콜린 터베인(Colin Turbayne)이 쓴 의미 있는 저서 『은유의 허구』(The Myth of metaphor ; 사우스캐롤라이나 대학 출판부, 1970)의 주제다.

글쓰기를 배우지 않기
Writing without Teachers

1판 2쇄 발행 2025년 2월 5일

발행처   도서출판 일월서각

지은이   피터 엘보
옮긴이   한진영
감수   라성일, 유호영
편집   이경인
디자인   정지영
마케팅   안소은

출판등록   1978.3.15(제10 – 73호)
주소   서울특별시 마포구 마포대로 3다길 18
메일   linolenic@hanmail.net
SNS   @publisher_peramica
ISBN   9791198219541(03700)